肖福赟 ◎ 著

高等学校学分互认机制创新研究

——基于**课程地图**的视角

GAODENG XUEXIAO
XUEFEN HUREN JIZHI
CHUANGXIN YANJIU

—— JIYU KECHENG DITU DE SHIJIAO

兰州大学出版社
LANZHOU UNIVERSITY PRESS

图书在版编目（CIP）数据

高等学校学分互认机制创新研究 ：基于课程地图的
视角 / 肖福赟著. -- 兰州 ：兰州大学出版社，2025.
4. -- ISBN 978-7-311-06886-8

Ⅰ．G642.471

中国国家版本馆 CIP 数据核字第 20253671QX 号

责任编辑　武素珍
封面设计　汪如祥

书　　名　高等学校学分互认机制创新研究
　　　　　——基于课程地图的视角
作　　者　肖福赟　著
出版发行　兰州大学出版社　（地址:兰州市天水南路222号　730000）
电　　话　0931-8912613(总编办公室)　0931-8617156(营销中心)
网　　址　http://press.lzu.edu.cn
电子信箱　press@lzu.edu.cn
印　　刷　甘肃发展印刷公司
开　　本　710 mm×1020 mm　1/16
成品尺寸　170 mm×240 mm
印　　张　15.5
字　　数　265千
版　　次　2025年4月第1版
印　　次　2025年4月第1次印刷
书　　号　ISBN 978-7-311-06886-8
定　　价　60.00元

序

    学分互认和课程地图是现代教育体系中两个重要的概念，尤其在高等教育领域。学分互认允许学生在不同教育机构之间的学习成果得到认可，而课程地图则提供了不同教育项目和课程的视觉化表示，帮助学生规划学业路径。客观来说，二者都是世界高等教育现代化与开放的产物。

    关于学分互认的缘起，从时间角度而言，并没有一个统一的认知，但比较可信的是，它是近代尤其是"二战"以来高等教育"扩张"的结果。在近代以前，作为高等教育代表的大学基本是以大学自身为单位进行建构的，其间的诸种架构、运作完全是大学自己的命题与主张，大学在其间逐渐完善自己独特的个性，也因而形成了大学自己的韧性，我们今天看到的大学的样貌就是这一命题的结果。但"二战"以后，随着世界范围内对知识平等主义的主张，也随着人类理性文化的扩张，人们对大学的功能有了新的诉求，国家的大学、世界的大学、人民的大学、人类的大学等观念开始进入新的世界中，与之相伴随的，就是大学的开放。可以说，大学的开放度成为评判一所大学文明与否、发展与否的一个关键词，学分互认就是这一趋势的产物。顺应这一趋势，作为大学发源地的欧洲首先尝试进行了学分互认的行动。从空间角度而言，其缘端在于高等教育大众化而来的大学城的兴起。1989—1990学年，欧洲学分互认体系（ECTS）开始推行。其最初目的是根据欧共体"伊拉斯莫"计划，对学生流动转学期间的学习给予认可，学生将获得经由ECTS认证的学分和一个ECTS等级，这些学分和等级可以使学生流动期间就读学校的成绩获得母校的认可。而到了1999年，随着博洛尼亚进程（Bologna Process）倡议的施行，欧洲高等教育区建设开始提上日程，自然，作为其中一个实践元素的学分互认也逐渐成熟起来。此后，美国、加拿大、澳大利亚、日本等国也形成了自己独特的学分互认体系。20世纪90年代以来，我国高等教育领域也一直致力于学分互认的探索和实践。尤其自2015年以来，教育部出台多项政策，学分转换、学分银行等概念频繁出现在教育部文件中，教育部也积极推动高校间的学分互认，显示出教育部对学分认定和转换工作的重视。但尽管有政策推动，学分互认在我国实际推进中仍面临诸多障碍，如高校间课程质量标准不统一、开放程度不足、自主权限制等问题仍然制约着我国学分互认的发展。但可以肯定的是，体现着"以学生为中心"这一核心理念的学分互认将会越来越完善。

在具体的教学实践中，要实现真正意义上的学分互认，课程体系的衔接与转换是其中的关键所在。而作为一种新颖的学校课程体系设计理念与方法，课程地图（Curriculum Mapping）契合了高校课程知识选择的实践逻辑，可以为高校课程体系的优化整合提供新的分析视角和实践路向，这是二者的勾连所在。对于我国高等教育而言，课程地图是一个比较新颖的词，相比较而言，早在20世纪90年代，美国哥伦比亚大学教授雅克布斯（Heidi Hayes Jacobs）就提出了"课程地图"的概念，自此以后，课程地图日益成为大学进行课程管理、提升教学质量、检视学生学业水平的一种重要手段。可以说，课程地图作为高校课程质量设计的一个重要词汇在西方国家应用已趋成熟。对学生而言，课程地图不仅有助于学生个人生涯规划，提升学生的学习成就与兴趣，还聚焦了学生学习历程档案的构建。课程地图作为学生和教育工具的一种，具有多角度的功能，它既是学生学习路径的指南，也是教学单位检视和调整教育内容的依据，对于激励学生的学习兴趣、提升学术水平有着不可忽视的作用。

总体而言，学分互认和课程地图作为教育领域创新的重要组成部分，正在逐步改变传统的教育模式，为学生提供更加灵活和个性化的学习路径。尽管存在一些挑战，但在政策支持和技术发展的推动下，未来有望实现更加广泛和深入的应用。

以上是我个人对学分互认与课程地图关系的一些粗浅认识。肖福赟同学是我早年指导的在职博士。记得博士论文选题他征求我的意见时，我告诉他结合他自己的工作背景去选题，当时他在学校教务处任职，由于所学专业是比较教育，我告诉他同时可多去参考港澳台地区的相关话语，后来他确定以"课程地图"为核心话语去做研究。事实上，"课程地图"是港澳台地区常用的一个教育词汇，时至今日，我国的基础教育，也包括高等教育对这一概念仍然没有完全吸纳，这是一件比较遗憾的事。在读期间，他又任职学校办公室主任，可想而知，写作过程的辛苦。我也以他的学习经历鞭策后学的博士研究生按期保质保量地毕业。

正是在以上的理念框架下，肖福赟完成了他的博士学位论文《课程地图研究》，呈现在大家面前的《高等学校学分互认机制创新研究——基于课程地图的视角》就是他基于课程地图研究、结合实际思考探索的结晶。也许是一种学术的命运，肖福赟后来又去了陇东学院，分管教学工作，希望他能把所学用到具体的实践工作中，进行具身化的表达，这是一个好的教育学博士的伦理规制。

是为序。

王兆璟

2024年6月28日于西北师范大学

前　言

从世界高等教育的发展历史来看，高校学分互认是推动校际合作交流、教学资源共享的重要纽带，是完善终身教育体系和促进高等教育国际化的必然要求；从高校课程设置的理论视角来看，课程地图理念为基于整体思维构建相互衔接的课程体系、实现"实质等效"的学分互认提供了全新视角；从高校学分互认的探索实践来看，创新学分互认机制是满足学生个性化发展需求、搭建高等教育人才培养"立交桥"的重要基础性工作，也是我国高等教育改革的重要举措，更是智慧教育时代的必然选择。2016年9月，我国教育部颁布了《关于推进高等学校学分认定和转换工作的意见》，对落实高校学分认定和转换工作提出了总体要求，强调高校要深化教学管理人才培养模式改革、畅通学分认定和转换通道、实现学分互认。之后，我国高校学分互认工作进入全面探索和纵深发展的新阶段。近年来，随着信息时代的来临，特别是MOOC的兴起以及新冠疫情对高等教育教学管理带来的冲击与变革，学分观范有序认定和转换问题已经成为"互联网+"背景下保障高等学校学生"学习自由"的合理性和维护高校教学秩序稳定的一个重要课题。但"受制于区域的不均衡性、办学类型的多样性、需求的不统一性和影响的巨大性，选择何种学分认证机制始终是难题"①。课程地图作为一种新颖的学校课程体系设计理念与方法，其在高校课程教学实践中的应用，契合了高校课程体系化整合的实践逻辑，能够为构建高校学分互认机制提供新的分析视角。

本书认为，课程地图体现了课程概念的本体性内涵，既彰显了课程"用来跑"的承载意义，又发挥了课程"跑出来"的创生价值；集中体现了课程组织

---

① 赵倩:《学分互认区域比较与重庆策略选择》,《成人教育》2018年第11期。

形态秩序的方法论意义，反映了关联性、严密性的后现代课程观和动态性的教育目标评估要义。作为"地图"隐喻的课程地图，在教学实践中以模型或图、表等方式为学生提供清晰的认知构架，展示课程之间以及课程要素之间的关联信息，它所呈现的既是学生学习的"路径导向图"，也是教师对课程资源整合的"课程列表图"，更是学校课程规划管理的"特色展示图"。课程地图的社会需求价值、学科知识价值、个人发展价值、文化传承价值共同构成了课程地图的价值取向结构。课程地图围绕课程的教与学，将教师、学生、教学管理者以及相关利益者联结在一个动态的系统之中，其功能主要体现在它是教师优化整合课程体系的省察工具，是学生规划检测学业发展的导向示图，也为课程开发人员、教师、学生和教学管理者提供了一个整体把握课程体系的重要载体。

本书坚持"和而不同"的比较教育研究方法论取向，以理性的态度、开放的心态、宽阔的胸怀和鲜明的批判精神，通过对欧洲学分转换与累积系统（ECTS）、美国高校学分互认转换体系、加拿大高等教育学分累积与转移制度以及韩国国家学分银行制度的比较研究认为，高校学分互认机制国际比较的政策启示主要集中在三个方面：一是树立"大教育观"的教育理念。"大教育观"要求高等教育的发展要突破国家、地域的限制，摆脱等级门第和封闭办学思想的影响，破除阻碍学生流动的坚冰，在全球视野下整合教育资源、实现优势互补，着眼于全人类的发展和共同进步。二是基于学分制的统一课程标准和信息要求。学分制既是课程计划管理的一种有效方法，也是学生学习质量的一种评价模式，高校通过实施学分制，有利于建构合理的课程结构体系，实行灵活的学籍管理制度，给学生更大的自主选择的空间和余地。建立在完全学分制基础之上的学分互认，便于各国家地区对课程与教学内容有严格统一的标准要求、规范的信息披露、一致的文件格式及标准化的课程体系，为学校之间学分比较、互认搭建统一的平台。三是组织机构健全，政策保障到位。建立超越政府国界的学分互认管理机构并制定相应的法规政策保驾护航是落实学分互认举措的重要保障。纵观欧盟的学分互认实施过程，无论是最初的博洛尼亚进程中ECTS的诞生，还是作为补充说明的《欧洲学分互认与累积体系用户指南》（第三版）、《职业教育与培训学分互认体系与累积（European Credit Transfer System for Vocational Education and Training，简称ECVET）用户指南》，不管是澳大利亚学历资格框架（AQF），还是为了实施学分互认而成立的韩国教育改革总统委员会（PCER），都建立了权威性的组织机构、适时的政策跟进，形成了较为完整、科学的学分互认政策体系和实践框架。在此基础上，本书客观揭示了学分互认机制建设的实践困境：缺乏科学的理论支撑，运行成本较高，社会认可度不高，课程设置僵化，质量保障困难，学分认证转换方式不统一。其中，缺乏统一的学分认证、转换方式已经成为制约高校学分互认机制创新的最大影响因素。

本书坚持实践导向和问题导向，介绍了课程地图编制的基本程序和常用技术，并进行了高校学分互认机制创新的本土研究。从高校学分互认的历史考察来看，我国高校在学分互认方面依据高校所在区域位置、学校之间的层次及教育的类别形成了不同的学分互认模式。一是基于同区域高校的学分互认模式，主要包括："基于大学城或相邻院校"的学分互认模式，这一模式充分发挥了园区高校间教育资源共享、优势互补的特点，通过跨校选课、学分互认的方式实现了多学科的交叉，有助于提高学生多学科的创新能力、拓宽学生的知识面和学术视野；"基于同城或同区域内高校之间"的学分互认模式，这种学分互认模式成为同一城市或区域内高校互派交换生、建立合作联盟的主要载体。二是基于跨区域高校的学分互认模式，主要包括：相同层次高校间的学分互认模式，常见于部分一流大学；不同层次高校间的学分互认模式，常见于本科、专科阶段实行校际学分互认，以及具有鲜明行业特色的重点院校与普通院校之间的学分互认；具有支援性质的高校间学分互认模式，这是一种适合我国国情的远程教育资源共享模式，一般由经济发达地区高校支援经济欠发达地区高校，以促进我国高等教育的公平与均衡发展，在这一过程中跨区域高校之间通过各种形式推进学分互认。

从我国高校间学分互认主要模式的特点以及探索实践来看，目前高校学分互认机制存在的问题主要集中在四个方面：一是学分互认所涵盖的范围有限。由于学习成本等因素限制，目前实现学分互认的高校大多集中在同一大学城或相对集中的同一区域，学生可以跨校选修课程的范围仅限于小区域内。二是学分互认的课程类型相对单一。目前我国高校间学分互认的课程类型除了共同开设的辅修专业的课程外，其余主要集中在公共选修课程方面，专业课程方面的学分互认还会受到很多限制。我国高等教育领域的学分互认很少涉及先前学习评价学分的互认。三是学分制、选课制落实不充分。国内很多高校学分制的实施还没有实现完全学分制，不同程度上存在学分设置标准不统一、师资力量与课程资源不足、教学硬件设施落后、学制缺乏弹性、学生选课不规范、课程教学质量保障机制薄弱等问题，这些都阻碍了学分互认的实施。四是尚未形成完善的学分互认系统。学分互认难，从表面上看似乎是制度衔接的问题，但实际上是人才培养规格、课程标准的问题。多年来，国内高校学分互认建立在高校之间合作协议的基础上，虽然各高校在校际选修课开设、跨校学生交流规程等方面做出了积极探索，形成了一些规则制度，但在具体操作层面比如何种课程学分能够得到认可、如何保证课程工作量的对等性、如何保证课程内容的可替代性、如何保证转换学分的质量等方面，尚未形成比较完善的认证机制。

本书基于课程地图视角对我国高校学分互认机制创新进行检视，认为高校课程体系建设中存在的专业设置"学科化"、课程结构"单一化"、师资结构性短缺等问题成为制约高校学分互认机制创新的深层次原因。而找准课程规划管理中存在的问题，从解决问题入手，根据经济社会发展需求对所培养人才应具备的核心能力进行全面分析，进而设计具有垂直联结、横向统整的课程体系，也是课程地图理念在高校应用发展的基本意蕴。高校充分利用课程地图理念与方法，围绕经济社会发展对人才培养的多元化需求，从培养学生的核心能力出发，以学生职业生涯发展需求为导向，建设以学生为中心、能力本位、科学合理、动态发展的课程地图，是其高质量发展中整合优化课程体系的根本要求和必然选择。具体到某一本科专业层面，课程地图建设的实践路向主要包括：树立以学生为中心、满足社会需求的建构理念；坚持系统设计、动态发展的建设导向；坚持能力导向、统整课程内容的建设原则；呈现简洁明了、时序科学的课程规划路径。

高等学校之间学分认定和转换以课程为基础，遵循实质等效原则。不同高校课程在教学目标、教学内容、教学时数、考核评价等方面的要求应保持基本一致，才能确保学习者学习外校课程所掌握的知识、技能和水平与在本校学习基本相当。而课程地图理论强调课程模块、严格统一的课程体系、课程教与学的系统性和顺序性以及严格的学业测评标准。本书从实践智慧的视域体认课程地图理论的时代意涵，揭示了课程地图理念与高校学分互认机制创新内涵在以学生为中心、学习成果导向、强调学习者能力本位等方面的适切性。研究认为，反思高校"以学生为中心"教育理念的实践历程，需要我们更加注重彰显"以学生为中心"教育理念的实践智慧、生活意义和文化品格。基于对课程地图理论内涵的时代体认，本书构建了一个学习成果导向的课程地图设计框架，该设计框架针对我国高校本科专业课程体系设计存在的考虑需求（学生需求和国家、社会对人才的需求）不够、统筹课程与培养目标之间的匹配度不高等问题，从需求分析入手确定培养目标，由培养目标体系决定学生的能力指标体系（毕业要求），再由能力指标体系决定相关课程设置，进而构成基于学习成果导向的课程体系，提出持续改进课程教学质量的具体要求，最终形成各具特色的课程地图，为构建高校本科教学质量保障闭环体系提供保证。

从高校学分互认机制的国际比较与国内实践探索来看，高校间学分互认的最基本诉求就是实现以"学习者"为中心，就其学习成果在时间与空间上的自由转移，从而围绕学习者的一生实现教育体系的有机融合与无缝对接。基于课程地图理论内涵、价值分析以及课程地图与高校学分互认机制创新内涵的适切性视角来看，高校间学分互认机制创新的前提是教育理念的更新，关键是构建能够相互衔接和转换的整体课程体系，其基本原则是"课程体系相当、课程实质对等"。从国内外实践经验的启示借鉴和针对我国高校学分互认实践探索中存在的主要问题反思来看，高校间学分互认机制创新在操作层面主要包括：一是高校合作育人机制创新，主要包括树立开放办学的思想、践行高校课程地图理念、加大支持激励力度；二是课程体系构建机制创新，主要包括重视课程设置与学生核心能力培养的匹配度，体现课程地图的实施是一个持续改进的动态过程，彰显课程体系设计的逆向谋划、正向实施思路；三是学分转换操作机制创新，坚持等量互换、当量互换、打包互换的学分互认规则，在从课程类别、教学内容、教学目标、教学实施、文字教材和考核方式等六个要素进行课程对比的前提下，学分认定与转换的具体程序主要包括高校学生赴国（境）外学习的课程学分认定与转换、学生在国内高校所修课程学分认定与转换；四是学分互认制度保障机制创新，主要包括完善与学分制相适应的教学管理制度，加强学分互认相关制度建设，处理好课程教学活动与生活世界之间的关系、通识教育与专业教育之间的关系、必修课程与选修课程之间的关系以及教师与学生之间的关系。为此，本书从三个方面提出改进我国高等教育学分认定和转换工作的政策建议：一是在国家层面制定相关的法律法规，为高校间学分互认提供政策支持；二是成立专门的组织机构指导协调高校间学分互认；三是分步骤、分批次地在高校中试行推广学分银行制度；四是研制系统规范的学分互认标准与流程制度。

综上，本书实现了梳理历史、总结经验、把握规律、指导实践的研究旨意，但仍存在一些不足：一是在高校学分互认机制的创新如何契合同一教育体制下不同层次高校间课程基本要求、实现学分互认的实质等效方面还有待深入研究；二是在分析构建高校学分互认机制的多重影响因素方面还有待进一步深入研究；三是基于课程地图视角推动构建体现现代信息技术与教育教学深度融合的高校学分互认机制和学分制改革模式仍有很大探索空间。

目　录

/ 第一章 /

绪　论

一、问题的提出

18世纪末19世纪初，在欧美一些国家，伴随着市场经济迅速发展、科学技术突飞猛进，社会分工和专业分工日益精细，使得高校只有发展更多的新兴学科、设置更多的专业门类才能满足经济社会发展对人才培养的多样化需要。加之当时高校内部原有的学年制教学管理制度开始暴露出"滞后性"等弊端，直接推动了高校选课制和学分制的产生和发展。1810年，德国著名教育家威廉·冯·洪堡（Wilhelm von Humboldt，1767—1835）在其创办的柏林大学主张"学习自由"，其举措之一即推行学生自行选择学习的课程乃至教师和学校，学生甚至可以自行安排学习的进度和顺序，这便是选课制的萌芽[1]。1872年，学分制真正成为一种制度在哈佛大学开始实施，规定学生只要达到一定数量的学分就可毕业并获得学位[2]。近年来，随着信息时代的来临，特别是MOOC、SPOC的兴起以及新冠疫情对高校教学管理带来的冲击与变革，使得学分的规范有序认定问题成为"互联网+"背景下保障高等学校学生"学习自由"的合理性和维护高校教学秩序稳定的一个重要课题。而学分作为用以记载学习者对于某门课程学习投入的时间和工作量的一种方式，其应用原本只限于一个系或学校内部，当学习者从一个系或学校转入另一个系或学校时，则需要对先前的学习成果予以认定，于是就出现了学分累积与转换的问题。学分互认机制则是学分制背景下将学习者之前已经获得的学分转换为当前所需的学分，实质上是对学习

---

[1] 孙东喆：《通向终身学习的路径与机制》，华东师范大学出版社，2015，第10-11页。

[2] 蔡先金、宋尚桂：《大学学分制的理论与实践》，中国海洋大学出版社，2006，第34页。

者有效学习成果的认可。但"受制于区域的不均衡性、办学类型的多样性、需求的不统一性和影响的巨大性,选择何种学分认证机制始终是难题"①。课程地图作为一种新颖的学校课程体系设计理念与方法,其在高校课程教学实践中的应用,契合了高校课程体系化整合的实践逻辑,能够为构建高校学分互认机制提供新的分析视角。

(一)从世界高等教育的发展历史来看,学分互认是促进高等教育国际化和完善终身教育体系的必然要求

21世纪以来,全球教育发展的一个显著特点就是教育国际化。教育国际化作为一种新的浪潮,呈现出教育视野由本国自身转向全球、国际化教育从个别国家转向大多数国家、国际化教育行为由自发转向有组织、国际化教育领域由单一转向多样等发展趋势。学分的互认与转换适应了高等教育灵活开放、国际化的发展趋势。高等学校之间学分互认是世界范围内教育合作与分工的重要体现。终身教育理念的兴起和教育全球化、信息化的发展加速了学分互认的产生与发展。学分互认体现了高等教育国际化发展的必然要求,是高等教育大众化和普及化的必然趋势,符合教育"以人为本"的本质和学习者个性化需求。学分互认和学分制诞生于西方国家,经过多年的发展,欧美国家已经形成了较为完备、特色鲜明的学分互认制度。2007年11月,欧盟正式启动建立欧洲终身学习资格框架,统一的学分互认机制成为推进欧盟高等教育一体化、打造欧洲高等教育区的一项重要基础工程,极大地便利了学生在欧洲各国之间的无障碍流动。②美国形成了较为完备的区域性或地方性的高校学分互认系统。20世纪90年代以来,我国高等教育领域也一直致力于学分互认的探索和实践,其中既展现了国际规则,也遇到了我国的现实困境。从构建终身教育体系的视角来看,学分互认是在终身教育理念指导下推进高等教育区域一体化进程的主要议题,其目的是通过建立高校之间学分互认机制,使学生在区域内学校之间学分累积、转换,以有效推动区域内人员的流动和促进学校课程建设的发展,实现优质高等教育资源共享,提高高等教育的国际化水平。学习成果认定、积累和转换制度是终身教育体系中一项带有基础性和先导性的制度,它对于激发民众的学习兴趣和热情、打破校内和校外教育藩篱、推动学习交流与学分互认及保证教育

---

① 赵倩:《学分互认区域比较与重庆策略选择》,《成人教育》2018年第11期。
② 费坚:《学分互换:价值探寻、实践反思与改进策略》,《教育发展研究》2014年第21期。

质量，具有重要作用。①学分互认的实现，彰显了"以学习者为中心"教育理念的实践智慧、生活意义和文化品格，契合了高等教育发展中"加强交流合作、促进资源共建共享共赢"的时代主题。

（二）从高校课程设置的理论视角来看，课程地图为基于整体思维构建相互衔接的课程体系提供了全新视角

课程体系的衔接与转换是实现学分互认的关键所在，基于整体思维设计各级各类教育的"框架"课程以及与其相应配套的"桥梁"课程是构建学分互认机制的重要基础。课程地图作为一种新颖的学校课程体系设计理念与方法，其在高校课程教学实践中的应用，赋予了高校课程一种最低限度的"生命的希望"，契合了高校课程知识选择的实践逻辑，能够为高校课程体系的优化整合提供新的分析视角和实践路向。20世纪90年代，美国哥伦比亚大学教授雅克布斯将"日历"作为组织"课程地图"的一种方式，自此课程地图日益成为大学加强课程管理、提升教学质量、检视学生学业水平的一种重要手段。目前，课程地图广泛应用于英国、美国、加拿大等国的大学，"最近几年，由于大力推广医学教育的电子化管理以提升质量保证体系，加拿大和英国的许多医学院校日益重视课程地图建设"。②我国台湾地区高校在"奖励大学教学卓越计划"的推动下开展了大量课程地图的理论研究和实践应用活动，课程地图的应用与发展已经成为台湾地区高校课程规划管理的主流趋势。从课程地图发展演变的历史进程来看，课程地图理念与方法的应用范围正在从基础教育领域逐步推广到高等教育领域，其应用价值日益受到各级各类学校的重视。"课程地图"的应用与发展为构建课程地图理论提供了实践基础，为创新学校课程体系设计框架提供了经验借鉴。相对于大学传统的课程体系、人才培养方案、教学计划或课程大纲而言，课程地图对人才培养目标、学生核心能力、课程设置之间关系的深入分析和动态把握，是其独特的优势所在。课程地图理论能够为高校基于学分互认而设计"大体相当"的课程体系提供理论依据，也能够为大学形成各具特色的课程体系提供实践可能。"课程地图"的应用与发展，契合了高校课程知识选

---

① 王海东：《我国学习成果认证制度探索与自学考试制度创新》，《中国高教研究》2015年第8期。

② Timothy G.Willett：《加拿大和英国医学院校的课程地图》，梅人朗译，《复旦教育论坛》2010年第3期。

择的实践逻辑，能够为高校基于整体思维构建相互衔接的课程体系、完善学分互认机制提供全新的视角和实践路向。

（三）从高校学分互认的探索实践来看，创新学分互认机制是搭建高等教育人才培养"立交桥"的重要基础性工作

高等教育立交桥是指通过设置不同的衔接性教育计划和课程体系，来实现不同层次和类型的高等教育在人才培养过程中的互相沟通与衔接。如何协调各类高等教育的发展，架设起相互沟通的"立交桥"，让更多人通过多层次、多向度、多样化的渠道接受高等教育，是我们构建灵活而富有弹性的高等教育体系亟待解决的问题。在终身学习的时代背景下，迫切需要突破传统教育体系、制度和模式培养上的局限，实现对通过各种学习途径所获得的学习成果，都能逐步建立起认证、评估、积累和互相转换的管理制度。改革开放40多年来，我国教育改革不断深化，教育事业发展取得了举世瞩目的成就，也逐步将构建终身教育制度、探索高等教育"立交桥"新机制纳入教育改革的战略规划和议事日程。2010年，《国家中长期教育改革和发展规划纲要（2010—2020年）》提出建设人力资源强国、构建灵活开放的终身教育体系和进入学习型社会的战略目标，并首次明确提出"搭建终身学习'立交桥'，促进各级各类教育纵向衔接、横向沟通""建设继续教育学分积累与转换制度，实现不同类型学习成果的互认和衔接"和"建立学习成果认证体系，建立学分银行制度"等任务要求。2013年11月，党的十八届三中全会再次提出了"试行普通高校、高职院校、成人高校之间学分转换，拓宽终身学习通道"。2014年9月，《国务院关于深化考试招生制度改革的实施意见》提出，要探索建立多种形式学习成果的认证转换制度，试行普通高校、高职院校、成人高校之间学分转换，拓宽终身学习通道、学习方式、学习过程的相互衔接，构建人才成长"立交桥"。2016年，《国民经济和社会发展第十三个五年规划纲要》再次提出了"建立个人学习账号和学分积累制度，畅通继续教育、终身学习通道。制定国家资历框架，推进非学历教育学习成果、职业技能等级的学分转换互认"等任务举措。①2016年9月，教育部颁布了《关于推进高等学校学分认定和转换工作的意见》，对落实学分认定和转换工作提出了总体要求，强调高校要畅通学分认定和转换通道，积极推动各类高等学校之间学分认定和转换，明确了探索建立多种成果认定机制的具体要求，

---

① 王海东：《学习成果认证制度研究》，中国人民大学出版社，2017，第2—3页。

并提出学分认定与转换工作是完善人才成长"立交桥"的重要举措，对于基本实现教育现代化、基本形成学习型社会、进入人力资源强国行列具有重要意义[①]。2020年，教育部印发《关于在疫情期间做好普通高等学校在线教学组织与管理工作的指导意见》，明确要求高校贯彻落实有关政策要求，引导学生在疫情期间积极选修线上优质课程，制定在线课程学习学分互认与转化政策，保障学生学业不受影响。2021年3月，《国民经济和社会发展第十四个五年规划和2035年远景目标纲要》对建设高质量教育体系作出了全面部署，在"深化教育改革"方面进一步提出，要发挥在线教育优势，完善终身学习体系，建设学习型社会；要推进高水平大学开放教育资源，完善注册学习和弹性学习制度，畅通不同类型学习成果的互认和转换渠道。这些政策措施都将学分积累、互认和转换作为构架人才成长"立交桥"、畅通学习通道的重要基础性工作。

二、国内外研究现状综述

（一）国外相关研究现状

考察已有文献，国外高校学分互换最早可以追溯到1953年在巴黎召开的"关于进入别国大学学习时文凭等值的欧洲大会"。大会制定并通过了依照派出国家大学颁发的证书，接受国家大学可以根据合约吸纳学生入学的原则，当时参会的32国承诺实行学分互换。从目前实施的情况来看，相同层次高校间的学分互换具有代表性的是欧洲学分转换系统；不同层次高校间的学分互换，较典型的是北美（主要是美国）公立高等教育机构的学分互换。

1. 对欧洲学分转换系统的研究主要集中在对其重要特征、学分框架、课程设计、实施保障机制、构成要素、系统功能等方面。具有代表性的研究如《高等教育一体化进程中的欧洲学分转换系统》[②]一文详细介绍了欧洲学分转换系统的发展历程、运行规则及其形成和运作特点，并提出在高等教育国际化背景下我国高校之间实现学分互认是必然趋势。《欧洲学分互认体系——一个转换和积

[①]《教育部关于推进高等学校学分认定和转换工作的意见》，http://cqxdjy.swsm.edu.cn/info/1052/2068.htm，访问日期：2021年7月18日。

[②] 李联明：《高等教育一体化进程中的欧洲学分转换系统》，《比较教育研究》2002年第10期。

累体系》①一文详细介绍了欧洲学分转换系统的重要特征，并阐述其在49个国家和地区之间作为学分转换与积累体系的作用。该文关注到在欧洲学分转换系统中，学分授予的核心在于学生完成学习任务并通过考试和可量化的学习成绩，重点在学习负荷量和学习成果两方面。《欧洲和北美高校学分转换体系的实践与思考》②一文基于比较的视角，对欧洲学分转换体系和美国北卡罗莱纳州学分转换的实施策略进行比较研究，并详细分析了在理念构建、制度保障、行动落实等方面可供借鉴的实践经验。李长华的《推进欧洲高等教育一体化的博洛尼亚进程》③，以博洛尼亚进程为例，从实施背景、进程阶段、产生的重大影响等方面对欧洲学分转换系统的保障政策进行了较为详尽的阐述。佛朝晖在《欧洲学分转换与积累系统和意大利高校学分体系改革》④一文中，系统介绍了欧洲学分转换系统的特点、要素，并在此基础上分析了意大利高校改革的原因及具体措施。祖国霞、冯铎在《欧洲学分转换系统评述》⑤一文中，对欧洲学分系统创建的目的、意义以及三个方面的核心要素进行了分析研究。赵卫平、李颖在《欧洲学分转换系统：从单一功能到双重功能的转变》⑥一文中，较为细致地分析了欧洲学分转换系统的发展历程、构成要素及其作用发挥。吴晓雪、邓毅在《欧洲学分互认与转换机制（ECTS）及其启示——基于结构、功能的视野》⑦一文中，分析了欧洲学分互认机制内部主要包含的三大基本条件：学分认证标准、成绩评定、学生课内外沟通情况，总结出其外部运作机制的核心要素是完备的法律文件、充足的经费支持、协调有序的管理体制，提出欧洲学分互认体质的功能是流通功能、累计功能以及汇兑功能。迈克尔·杨（Michael Young）充分肯定了欧洲学分转换系统有助于撼动欧洲高等教育不同层次、不同区域、不同

① ［英］安东尼·约翰·维克斯：《欧洲学分互认体系——一个转换和积累体系》，《开放教育研究》2012年第1期。

② 刘海涛：《欧洲和北美高校学分转换体系的实践与思考》，《外国教育研究》2016年第12期。

③ 李长华：《推进欧洲高等教育一体化的博洛尼亚进程》，《外国教育研究》2005年第4期。

④ 佛朝晖：《欧洲学分转换与积累系统和意大利高校学分体系改革》，《高等工程教育研究》2008年第5期。

⑤ 祖国霞、冯铎：《欧洲学分转换系统述评》，《中国林业教育》2007年第6期。

⑥ 赵卫平、李颖：《欧洲学分转换系统：从单一功能到双重功能的转变》，《外国教育研究》2004年第10期。

⑦ 吴晓雪、邓毅：《欧洲学分互认与转换机制（ECTS）及其启示——基于结构、功能的视野》，《中国成人教育》2016年第8期。

教育形式之间的学分互认、积累和转换，但在对学习者先前学习经验的认证评估方面有待完善①。荷兰著名专家赫曼·博世（Herma Bosch）认为，欧洲学分认证体系目前面临的核心问题是解决学习者先前的非正规或非正式学习成果的评估认证和学分转换②。

2.对北美（主要是美国）公立高等教育机构的学分互换的研究主要集中在对学分制度的深入研究，着力解决不同层次高校之间的学分衔接问题。具有代表性的研究成果如杨彬在《美国社区学院转学教育功能研究》③一文中，透视美国社区学院转学教育的历史沿革、现状以及影响转学功能的五个关键因素和发展趋势，研究分析了影响美国社区学院转学教育功能的五个条件，其中很重要的两条就是：采用统一的核心课程以缩小选择面，通过教育认证制度使高等学校的学分彼此可以承认和交换。米红、李国仓在《美国大学与社区学院学分互认机制研究——以北卡罗莱纳州为例》④一文中，认为美国及北美自由贸易区的学分互认机制，主要针对社区大学向本科大学的学分转换应用，为从社区大学毕业后想继续到本科大学深造的学生提供了方便，激励更多学生参与其中。陈时见、侯静在《美国高等教育质量认证的运行模式》⑤一文中，总结和分析了美国南部院校协会的组织结构、运行机制、认证标准和认证程序。邱萍、刘丹在《美国大学学分转换模式新探》⑥一文中，以三所美国大学的学分转换模式为例，分析了美国现代高等教育在适应社会需求和满足学习者个性化方面的独有特点，探讨了其对于我国高等教育特别是成人高等教育人才培养及实施弹性学习制度的借鉴意义。陈静、王瑜在《美国高校学分互认的实施途径与发展特征》⑦一文中，总结归纳了美国高校学分互认机制的运行模式：一是注重发展类型的丰富

① Young M, "Towards a European Qualifications Framework: Some Cautionary Observations", *Journal of European Industrial Training* 6(2008): 128-137.

② ［荷］赫曼·博世：《通过学分转换和认证先前学习促进学生交流》，《开放教育研究》2012年第1期。

③ 杨彬：《美国社区学院转学教育功能研究》，《外国教育研究》2004年第3期。

④ 米红、李国仓：《美国大学与社区学院学分互认机制研究——以北卡罗莱纳州为例》，《比较教育研究》2007年第10期。

⑤ 陈时见、侯静：《美国高等教育质量认证的运行模式》，《比较教育研究》2008年第12期。

⑥ 邱萍、刘丹：《美国大学学分转换模式新探》，《比较教育研究》2012年第11期。

⑦ 陈静、王瑜：《美国高校学分互认的实施途径与发展特征》，《现代教育科学》2014年第1期。

性，开发不同类型的学分互认机制；二是立足申请者个性发展，开设有针对性的项目；三是基于统一的课程编码，把关互认学分的质量。刘明生在《美国社区学院学分转换制度的经验与启示》①一文中，认为社区学院是美国学分转换制度的主体，学分互认表现为社区学院与四年制大学的纵向衔接。美国不同层次教育机构间的学分互认有两种形式：双方学分转换与反向学分转换。陈静、曹春芳在《美国高校学分转换保障体系述评》②一文中，认为学分的互认与转换适应了高等教育灵活开放的发展趋势，美国高校学分转换的保障体系较为完善，主要包括政策法律保障、制度保障和机构保障，通过全面的高校学分转换保障确保学分转换的顺利实现。

3.关于课程地图的研究，美国哥伦比亚大学师范学院的雅克布斯教授在 *Mapping the Big Picture：Integrating Curriculum and Assessment K-12* 一书中系统阐述了课程地图的重要性、程序以及课程地图的回顾、分析与发展，她在 *Getting Results with Curriculum Mapping* 中从不同视角分析了课程地图的开发与实施过程。英国学者哈登（Harden R. M.）认为："课程地图涉及'教了什么'（内容、专业知识领域和学习结果），'它是如何被教的'（学习资源、学习机会），'何时教'（时间表、课程顺序）以及'用来确定学生是否已经达到预期的学习结果'（评价）。"③他指出，课程地图的功能如黏合剂，它将所有的课程组成因素结合起来，结合成一个完整的课程拼图，在这个拼图中，整体的意义大于课程的个别部分。课程地图使课程更加透明，更加有效地实施，让教师与学生有所参与；它能促进教师间的交流，并对学校整体目标加以反思。澳大利亚科廷大学的教授团队系统论述了学校构建课程地图的过程与成效，并坚持大学课程"职业技能的学习成果"的发展取向，将毕业生须达到的九个方面的目标通过课程地图落实于课程内容与评价中。澳大利亚麦考瑞大学通过开发幼儿教育本科专业的课程地图，来考查学生是否已经获得所需要的基本技能，以确保课程设置能够充分体现其全面培养学生的基本技能的办学理念。哈登指出，医学教育越来越关注课程发展、新的学习策略与评价方法的运用，而课程地图是在大学进行课

---

① 刘明生：《美国社区学院学分转换制度的经验与启示》，《职业技术教育》2015年第24期。

② 陈静、曹春芳：《美国高校学分转换保障体系述评》，《现代教育管理》2016年第7期。

③ Harden R M, "Curriculum Mapping: a tool for transparent and authentic teaching and learning," *Medical Teacher* 23, no.2 (2001): 123-137.

程开发的有效工具。英国邓迪大学的蒂莫西·G.威尔利特（Timothy G. Willett）教授对加拿大和英国31所医学院应用课程地图的现状、特征以及存在的问题进行了问卷调查。研究表明，这些医学院基本实现了电子化的课程地图，开发的课程地图中内容要素包括了教师、学生、授课时间和地点、教学方法等，在专业学科基础上，将各课程中的核心要素进行组合①。在课程地图在高等教育阶段的应用相关研究中，一些学者指出了课程地图在课程可视化、课程资源整合、课程开发与评价、教师沟通合作以及组织文化建立等方面的意义与成效。如在《高等教育中的课程地图：一个合作的工具》的研究中，凯·皮平·宇治山（Kay Pippin Uchiyama）和让·L.拉丁（Jean L. Radin）以课程地图的实施为案例，开发了一个基于实时信息的可视化课程。研究指出，课程地图通过联合领导与合作的方式，有助于取代大学里强调竞争的价值观与个人主义的思维方式。②《课程地图：教师有效参与课程开发的一种策略》③一文认为，课程地图是促进教授间合作关系的一个工具，一方面课程地图可以增加教授们在学习和教学材料准备方面的兴趣与合作，另一方面课程地图实施的成功主要取决于个人理解以及小组成员间的合作与理解，而课程地图的制度化对组织文化有积极作用。

（二）国内相关研究现状

考察已有文献，国内学界的相关研究主要集中在以下几个方面：

1.对国外高校学分互认制度和课程地图理论的概念、产生背景、实施途径、发展特征等进行系统介绍。如李联明的《高等教育一体化进程中的欧洲学分转换系统》④、张胜利的《欧盟学分转换系统（ECTS）经验：对我国远程教育学分转换制度的启示与借鉴》⑤、孔令帅和赵芸的《美国和欧盟高校学分互认的挑

---

① Timothy G. Willett：《加拿大和英国医学院校的课程地图》，梅人朗译，《复旦教育论坛》2010年第3期。

② Uchiyama K P, Radin J L, "Curriculum Mapping in higher education: A vehicle for collaboration," *Innovation Higher Education* 33, no.4(2009): 271-280.

③ Rahimi A, Borujeni S A M, Esfahani A R N, etal, "Curriculum Mapping: a strategy for effective participation of faculty menmbers in curriculum development," *Procedia - Social and Behavioral Sciences* 9(2010): 2069-2073.

④ 李联明：《高等教育一体化进程中的欧洲学分转换系统》，《比较教育研究》2002年第10期。

⑤ 张胜利：《欧盟学分转换系统（ECTS）经验：对我国远程教育学分转换制度的启示与借鉴》，《继续教育》2012年第11期。

战、举措与启示》①、陈娟的《加拿大学分转移制度及其启示》②等对美国和欧盟高校学分互认和转换系统的实施情况进行了较为详尽的阐述，以期对我国建立高校学分互认制度提供经验借鉴与启示。张艳茹、万秀兰的《东非高等教育区域一体化背景下的学分互认制度》对东非高等教育学分互认制度建立的背景、内容、发展障碍与趋势做了详细的介绍③。柯晓玲对国外高校课程地图进行了概述，介绍了课程地图的概念、作用以及实施过程中可能存在的问题④。董文娜、巩建闽对"课程地图是什么"进行了系统分析，并总结出了课程地图在"课程教与学的可视化""学生中心的资源整合"以及"课程管理"方面的工具性功能⑤。刘径言对课程地图的概念发展进行了梳理，分析了高校课程地图的结构与课程功能，提出"课程地图不仅是课程实体的外在表征，其核心理念是以学生作为教育的主体，在课程设计上试图跳出系科本位立场，重新思考大学教育应培养学生哪些核心能力与专业能力，并统整通识课程和专业课程"。⑥巩建闽、萧蓓蕾、董文娜在论述高校在目标制定和课程生成中存在的问题及改革路径的基础上，基于课程地图理念与方法，提出了"课程矩阵"的高校课程体系设计分析框架。⑦

2.借鉴国外学分银行制度，对我国学分银行建设进行本土化研究。黄健的《学分银行：实现终身学习理想的重要途径》⑧、郝克明的《终身学习与"学分银行"的教育管理模式》⑨、赵宇红的《我国学分银行制度建设的研究与构

① 孔令帅、赵芸:《美国和欧盟高校学分互认的挑战、举措与启示》,《高教探索》2015年第9期。

② 陈娟:《加拿大学分转移制度及其启示》,《职教论坛》2009年第18期。

③ 张艳茹、万秀兰:《东非高等教育区域一体化背景下的学分互认制度》,《浙江树人大学学报（人文社会科学版)》2013年第5期。

④ 柯晓玲:《国外高校课程地图探析》,《高教探索》2012年第1期。

⑤ 董文娜、巩建闽:《课程地图是什么》,《教育发展研究》2014年第17期。

⑥ 刘径言:《国外课程地图发展及对教师教育课程改革启示》,《黑龙江高教研究》2015年第11期。

⑦ 巩建闽、萧蓓蕾、董文娜:《课程矩阵:一个课程体系设计分析框架探析》,《高等工程教育研究》2014年第6期。

⑧ 黄健:《学分银行:实现终身学习理想的重要途径》,《成才与就业》2009年第17期。

⑨ 郝克明:《终身学习与"学分银行"的教育管理模式》,《开放教育研究》2012年第1期。

想——区域性继续教育领域中的思考》①等，对学分银行的内在机理进行了研究，总结学分银行建设的实践经验，提出了我国学分银行的框架构想、建设路径和实施建议。汤诗华、毕磊等学者的《我国学分银行研究与实践述评》②，就我国学分银行建设的理论内核、功能定位、组成要素、运行要素、运行机制、管理模式与构建策略等方面的理论进展进行了较为全面的梳理，就我国学分建设的实践探索进行了历时述评。学分银行被视为远程教育未来改革的重要方向和新的思路，以适应数字化时代高等教育发展需求。汤书波等学者的《开放教育学分银行系统设计方案探讨》③力图构建系统完整的开放教育学分银行系统。2012年6月我国教育部批准的中央电大（国家开放大学）"国家继续教育学习成果认证、积累与转换制度的研究与实践"，是目前国内唯一的国家级学分银行试点项目。在研究视角上，刘素娟突破了对学分银行本体范围的研究，以经济学的视角，从机制设计理论出发探讨学分银行建设，为学分银行提供了新的研究视角和理论基础。④余燕芳等学者建议将区块链技术运用于学分互认过程中，建设基于区块链技术的学分银行系统。⑤

3. 分析高校学分互认的实践困境，借鉴国际经验，积极构建我国学习成果认证、积累和转换的标准体系。国内学者研究认为，我国高校学分互认的实践困境集中体现在高校之间课程设置的差异大，缺乏学分互认标准和学分计算转换办法，也缺乏完整的学分认证和转换体系，而构建以课程为主要内容的标准体系是学习成果认证、积累和转换制度建立的基础和核心环节。梁晓航在《高校混合式教学的学分认证困境与突破》一文中提出，目前我国学分互认存在两个困境：学分认证和转换存在自主性和随意性，国家层面对混合式教学的学分规范性、系统性没有提出科学标准；缺少一套完整的学分认证和转换理论体系，

① 赵宇红：《我国学分银行制度建设的研究与构想——区域性继续教育领域中的思考》，《中国远程教育》2013年第2期。

② 汤诗华、毕磊、朱祖林、郭允建：《我国学分银行研究与实践述评》，《中国远程教育》2013年第5期。

③ 汤书波、陈梅艳、李志平：《开放教育学分银行系统设计方案探讨》，《电化教育研究》2011年第8期。

④ 刘素娟：《机制设计理论视野下的学分银行机制建设》，《教育发展研究》2014年第7期。

⑤ 余燕芳、葛正鹏：《基于国际比较的学分银行学分内涵及学习成果转换研究》，《远程教育杂志》2017年第2期。

各高校在实施层面对混合式教学学分获取的认证标准参差不齐[①]。梁海兰、赵聪、李焱在《省域职业教育学分银行建设的成效、问题、对策》一文中指出，我国学分互认主要依靠资历框架标准，但是各级各类教育的内部学分与学分银行认证的学分之间，缺少互认的机制[②]。王延华、卢玉梅等学者在《我国学习成果认证、积累与转换制度中标准体系的构建》一文中提出，我国应建立以资格标准、认证单元标准、学分标准和转换规则为主题的标准体系，以推动高校学分互认制度的建设[③]。贾萍等学者的《中外高校学分互认比较研究》在分析国内外学分互认现状的基础上指出，我国高校学分互认的实践困境主要在于各高校学分设置及质量标准缺乏统一规范，为此亟待建立有效的学分互认标准，并建立相应的组织机构保障标准体系的运行[④]。但这些研究在如何构建标准体系上少有深入的分析。

4.关于高校学分互认模式、特点及其拓展性应用的研究。国内学者从不同维度对高校学分互认主要模式进行了研究，比较分析不同模式的特点，揭示我国高校学分互认制度改革实践中存在的问题并提出改进策略。具有代表性的研究成果有：潘洁、翟红华在《我国高校学分互认制度改革实践及推进策略研究》[⑤]一文中认为，按照实施高校所属地域划分，主要基于相邻院校或大学城的学分互认模式、基于同城内高校间的学分互认模式、基于区域内高校之间的学分互认模式、基于跨区域高校之间的学分互认模式；按照实施高校办学层次划分，主要有相同层次高校之间的、不同层次之间的学分互认模式，并提出了亟待建立学分互认标准、建立系统的组织机构的改进策略。2014年，清华大学、哈尔滨工业大学、天津医科大学等高校率先开展了慕课认定工作。据教育部统

---

① 梁晓航：《高校混合式教学的学分认证困境与突破》，《科教导刊(中旬刊)》2018年第8期。

② 梁海兰、赵聪、李焱：《省域职业教育学分银行建设的成效、问题、对策》，《教育与职业》2021年第2期。

③ 王延华、卢玉梅、鄢小平、王立科：《我国学习成果认证、积累与转换制度中标准体系的构建》，《中国远程教育》2014年第3期。

④ 贾萍、方惠圻、王琳：《中外高校学分互认比较研究》，《当代教育论坛·综合研究》2010年第4期。

⑤ 潘洁、翟红华：《我国高校学分互认制度改革实践及推进策略研究》，《国家教育行政学院学报》2017年第5期。

计，截止到 2019 年 10 月，国内共有超过 8100 万在校生获得慕课学分[①]。殷丙山等学者在《中国 MOOCs 证书授予及学分认定调查研究》一文中，总结了当前国内慕课学分认定的四种类型：大学主导的校内学分认定、高校联盟开展的校级学分互认、由教育行政部门协调的区域高校学分互认和开放大学推出的学分银行。其中，大学主导的校内学分认定占比最高[②]。张秀芹在《在线课程学分认定现状、问题与对策——基于 61 所高校的调研报告》中认为，各高校应根据自己的实际情况设立适合自己的 MOOCs 在线网络课程平台及学分互认标准，要根据不同的专业课程进行不同的课程设置及不同的学分认定办法，加强课程质量及成绩评定的监督管理以及探索有效的校际精品在线课程进行共享，避免重复建设[③]。王宇在《高校慕课学分认定的模式、维度及其拓展性应用》一文中提出，高校要重点关注学分认定的三个考察维度：学分认定方式、学分认定标准、学分管理办法，并强调大学先修课慕课、微学位等项目作为高校慕课学分认定的拓展性应用，正在越来越受到高校的青睐[④]。厉毅等学者在《浙江高校在线开放课程学分互认的一体化建设》一文中，以浙江省的特色实践为研究对象，探究其独具特色的省城高校在线课程的学分互认生态系统。[⑤]徐来群在《普通高校学分互认的四种模式及其特点分析》[⑥]一文中，按照学习成果和有效学习时间两个维度，用直角坐标系把国际上普通高校学分模式分为学术模式、能力模式、文件模式和区块模式四种类型，并分析了每一种学分互认模式独特的价值取向、认定标准、互认策略及其特点。

5.关于课程地图理论在高等教育领域的应用研究。一是关于专业课程地图建设的探索实践研究。周素萍分析了课程地图系统性、岗位导向性、模块化、

① 教育部：《对十三届全国人大二次会议第 7896 号建议的答复》，http://www.moe.gov.cn/jyb-xxgk/jyta/iyta-zgs/201912/t20191204-410848.html。

② 殷丙山、郑勤华、陈丽：《中国 MOOCs 证书授予及学分认定调查研究》，《开放教育研究》2016 年第 2 期。

③ 张秀芹：《在线课程学分认定现状、问题与对策——基于 61 所高校的调研报告》，《中国大学教学》2017 年第 1 期。

④ 王宇：《高校慕课学分认定的模式、维度及其拓展性应用》，《现代教育技术》2020 年第 9 期。

⑤ 厉毅、邵阳博、吕长生：《浙江高校在线开放课程学分互认的一体化建设》，《教育理论与实践》2020 年第 24 期。

⑥ 徐来群：《普通高校学分互认的四种模式及其特点分析》，《高教探索》2022 年第 6 期。

路径化的特点，提出了课程地图在开放大学信用管理专业建设中的应用设想。李大字教授认为，课程地图是高校教育信息化的一种具体表现形式。她通过对自动化专业特色及人才培养所需核心能力素质分析，说明了自动化专业课程地图设计的理念及主要内容，并利用最新网络及计算机技术，进行了课程地图的网页化实施①。刘丽珍等借助课程地图的构建，结合课程规划以及对学生未来升学就业发展的指引，对首都师范大学智能专业的本科生核心能力培养问题进行了分析研究②。方润博士结合自身在高分子材料与工程专业教学实践中的体会，提出新建本科院校专业建设要将课程地图与人才培养体系相结合，以专任教师作为专业课程地图体系建设的主要力量，结合地方产业经济优势以及所在院系发展规划，科学合理地建设具有较强专业特色和针对性、实用性的课程地图体系。高敬阳、朱群雄等基于课程地图理念，认为课程地图是专业培养方案立体化、可视化的动态展示，进而探讨了计算机专业本科培养方案制订的新模式③。李志伟、罗胡英等认为课程地图是一个可视化的课程教与学的工具，能够直观地展示出一所高校或专业的课程安排状况，是人才培养的蓝图。④他们基于这样一种理念，以就业为导向，通过总结环境科学专业人才培养的八大核心能力，构建了包括专业说明、毕业生就业方向图、课程结构、课程路径图、课程时序图和课程分析图的高校环境科学专业课程地图。李艾琳在对67家企业进行标准化问卷调查的基础上，详细分析了用人单位对应用型人才的素养和能力的具体要求，并以人力资源管理专业为例，基于课程地图理念探讨了高校应用型人才培养模式的构建⑤。二是关于台湾高校课程地图应用案例的分析及启示。汤尧围绕高等教育教学发展的核心价值，以近年来台湾高等教育在教学辅导方面的改善策略为依据，研究了台湾高等教育的课程地图发展现状，提出了可供高校学

---

① 李大字：《自动化专业课程地图的建设分析》，《国家教育行政学院学报》2012年第8期。

② 刘丽珍、王函石、宋巍、王旭仁、王万森：《结合课程地图与课程群建设强化智能专业本科生核心能力培养》，《计算机教育》2013年第19期。

③ 高敬阳、朱群雄、尤枫、胡伟：《基于课程地图的计算机专业本科培养方案的制订》，《中国大学教学》2015年第12期。

④ 李志伟、罗胡英、林振景：《基于专业核心能力培养的环境科学专业课程地图的构建》，《河北农业大学学报（农林教育版）》2017年第3期。

⑤ 李艾琳：《基于课程地图的应用型人才培养构建——以人力资源管理专业为例》，《大学教育》2017年第6期。

科建设参考的策略与模式①。王春梅、陆珂珂通过对台湾东华大学课程地图的探究，发现其借助 PDCA 循环将对教学质量的管控渗透进设计、运行、检核、评价各环节，从而使课程地图成为学校进行教学管理的有效工具，并且认为课程地图的成功应用对大陆高校的课程改革和教学质量提升具有借鉴意义②。季诚钧、张亚莉基于台湾高校课程地图建设实施的经验，分析了高校课程地图的理念、要素与特征，并认为台湾高校的经验对于大陆高校课程地图的建设与发展具有重要的意义③。郭士清等基于成果导向教育理念和对台湾课程地图概念的理解，提出了基于成果导向与课程地图理念的高校课程规划新模式④。崔发周通过对台湾稻江科技暨管理学院的考察，总结分析了课程地图开发与实施的理念，并阐明了课程地图对高职院校课程改革的启示⑤。王静静、夏德宏认为，大陆高校可以借鉴台湾地区高校的经验，在完善人才培养目标的设定、鼓励任课教师参与、整合系统功能、发挥教学评估作用等方面开展课程地图的建设工作，以提高人才培养质量⑥。黄继仁在《课程地图的理论探源与实务应用：以十二年国教政策的课程实践为例》一文中，分析了课程地图的理论源起和相关的课程概念，并阐释了其理论依据，说明了课程地图的重要性和应用价值，介绍了其实务应用途径。特别阐述"课程一贯（curriculum alignment）""课程统整"等概念作为课程地图理论基础的基本内涵⑦。吴国瑞、田秀萍等在分析课程地图基本内涵的基础上，建构了一套符合"教学实用型"定位的大学课程地图模式，提出以"学生本位""业界所需"为出发点，围绕学生毕业后未来就业应具备的专

---

① 汤尧：《台湾高等教育学科专业建设之探究——从教学辅导、课程地图到人力培育》，《三峡论坛》2010年第5期。

② 王春梅、陆珂珂：《质量视野中的台湾高校课程地图》，《复旦教育论坛》2014年第3期。

③ 季诚钧、张亚莉：《高校课程地图的理念、要素与特征：基于台湾经验》，《中国高教研究》2015年第12期。

④ 郭士清、庄宇、颜兵兵：《基于成果导向与课程地图理念的高校课程规划探究》，《高教论坛》2016年第1期。

⑤ 崔发周：《台湾技职院校课程地图对高职课程改革的启示——基于稻江科技暨管理学院的案例分析》，《工业技术与职业教育》2011年第3期。

⑥ 王静静、夏德宏：《高校课程地图建设探索——基于台湾地区高校经验的分析》，《高等理科教育》2015年第2期。

⑦ 黄继仁：《课程地图的理论探源与实务应用：以十二年国教政策的课程实践为例》，《课程与教学》2014年第17期。

业核心能力来规划系科相关课程，并以学生学习成效、就业满意度调查分析为依据进行适时调整①。

6.在分析我国高校学分互认现状的基础上，开展基于网络技术的课程互选和学分互认机制研究。目前，我国高校主要形成了两种学分互换机制：一是地域相邻的大学间或在"大学城"内高校间展开教学领域的合作，尝试实行课程互选、学分互认，但由于没有建立起有效的学分转换制度，相当一部分合作项目与尝试都难以取得应有的效果；二是距离较远的高校间在教学内容和课程共享方面的交流，如宁夏大学和上海交通大学在远程教育平台上进行的学分互认实践。华中师范大学李娜的硕士论文《校际学分互认系统的设计与实现》，基于学分互认系统的网络化实现方法，提出了一个学分互认模型和学分互认的算法，在此基础上对学分互认进行了原型系统的设计和实现②。孔令帅、赵芸在《美国和欧盟高校学分互认的挑战、举措和启示》③一文中认为，在信息全球化的背景下，合理发展我国高校学分互认机制主要有以下启示和借鉴：一是突破地域限制，利用网络在线课程等现代技术手段扩展学分互认范围；二是制定详细的学分互认方法准则，国家可以通过制定相关的法律法规或出台相关规章制度，为学分互认机制提供法律依据，使该机制具有法律效应；三是出台一些鼓励政策，促进高校间的积极合作，增加彼此信任，根据不同高校的不同现状，选择适合自己的学分互认方式，确保学分互认机制的灵活性。包华影等学者在《高校学历继续教育课程学分认定及转换规则的思考》④一文中，分析了网络学历教育课程互选和学分互认面临的主要问题，提出了网络学历教育课程互选和学分互认的工作流程和运行机制。

从国内外研究现状来看，目前欧盟和美国高校学分互认已经形成了较为成熟的运行机制，但如何通过"借鉴"和"移植"，客观理性地开展基于我国国情和教育政策的高校学分互认机制研究仍然有待深入。一是国内现有高校学分互

---

① 吴国瑞、田秀萍、杨正宏：《课程地图规划建置之探讨》，《工业技术与职业教育》2011年第9期。

② 李娜：《校际学分互认系统的设计与实现》，硕士学位论文，华中师范大学，2007。

③ 孔令帅、赵芸：《美国和欧盟高校学分互认的挑战、举措和启示》，《高教探索》2015年第9期。

④ 包华影、王法新、刘远霞、钟秉林：《高校学历继续教育课程学分认定及转换规则的思考》，《中国远程教育》2016年第9期。

认机制的研究主要集中在继续教育领域，且理论研究相对薄弱，多以基于网络平台的视角探讨学分互认的操作程序。二是我国学分互认起步较晚，涉及高校学分互认机制的研究更多是从大学城建设、高校教育联盟或是某一具体问题进行，在高校学分互认机制的研究广度及理论基础方面相对欠缺。三是国内关于高校学分互认机制的研究更多停留在对欧美高校相关经验的总结梳理、系统介绍，但就如何结合我国高校实际构建基于课程体系内涵的学分互认机制尚有更大的研究探讨空间。从课程地图的研究现状来看，美国学者雅克布斯、苏珊·乌德霍芬（Susan Udelhofen）和英国学者哈登对课程地图的理论与实践做了系统研究，蒂莫西·G.威尔利特对英国和加拿大医学院校课程地图的应用实践做了系统研究，我国台湾学者卢美贵、王嘉陵对台湾高校课程地图的理论与实践做了深入研究，这些研究具备了围绕"课程地图"的类比特征，在课程地图研究方面具有典型性和代表性。就目力所及，课程地图理论多应用于高校专业建设和课程建设方面，国内外还没有从课程地图的视角对高校学分互认机制创新开展系统研究。

三、核心概念界定

（一）学分及学分制

学分（credit）是成功地完成某项科目（course）所获得的分值单位，用于表明学生获得某种证书、文凭或达到某个级别所需要的学习量。对学分所代表的学习量各国都有不同的规定。如美国一些州学分的获得一般按"卡内基单位"计算，每单位代表1学年至少120小时的课堂教学。加拿大顺利修完最低110学时的课程学习就可以获得1学分，最低55学时获得1/2学分。日本文部科学省新高中课程标准规定，1课时或1节课为50分钟，完成35课时的学习为1学分。"学分"是用来计算学生学习成绩的一种单位。一个学分约等于一个学生在课堂或实验室从事一个小时学术工作并且连续一个学期的量，它不包括学生与教师或同学进行的课外讨论与交流、准备考试以及从事其他与课程有关但与课程教学无直接联系的学术工作的量。这个关于学分的定义是由美国卡内基教学促进基金会提出的，并得到了广泛的认可。学分的计算方法，一般以每一学期每周的授课时数、实验和实习时数以及课外自习时数为计算依据①。在我国，学分的计算以课程的上课时数为主要依据，以学期（每学期以18周计）为计算单位，学分的最小单位为0.5学分②。

用学分来衡量学生学习的量便是学分制，又称学分累计制。它以学分为计算学生学习量的单位，认为学生若要获得某个学术性的学位，如学士学位、硕士学位或博士学位，必须达到某一个最低限度的学分量。《教育大辞典》将学分制定义为"高等学校的一种教育管理制度，以学生取得的学分数作为衡量其学业完成情况的基本依据，并据此进行有关管理工作"③。《实用教育辞典》对于学分制的解释是"高等学校中的一种教学管理制度，学生需要修满一定数量的学分才能毕业，这个系统的一个重要特点是学生的学习量是以学分来评估的"。④1894年学分制源于美国，美国的哈佛大学首先采用学分制，哈佛大学医学院在选课制的基础上创建了学分制。到了20世纪初，美国绝大多数高等学校都陆续推行了学分制。我国高等学校学分制的推行，首先是从1917年蔡元培在对北京大学学制改革中，引进德国大学的选课制教学制度开始的。1921年，东南大学校长郭秉文以美国为蓝图，在国内率先采用学分制。⑤1985年《中共中央关于教育体制改革的决定》中明确指出，要减少必修课，增加选修课，试行学分制和双学位制，正式肯定了学分制。目前，我国绝大多数高校都在推行学分制。学分制的主要特征是学习活动的自主性、学绩考核的精确性、学习时限的灵活性和培养过程的指导性。⑥学分制的内涵主要包括两个方面：一是以学分来衡量学生学习的"量"；二是作为一种教学管理的制度设计。⑦

（二）学分互认

学分互认，也称为学分互换、学分转换，其主要概念表述有：

① 徐佩琴、王宏伟、赵亚姝、张力伟：《学分制的由来与实践》，东北师范大学出版社，1987，第12页。

② 孟祥双：《基于学分制的综合加血管理系统的设计与实现》，硕士学位论文，天津大学，2005。

③ 顾明远：《教育大辞典》，上海教育出版社，1992，第402页。

④ 梁忠义、车文博：《实用教育辞典》，吉林教育出版社，1989，第409页。

⑤ 吴云鹏：《中国近代高校学分制发展历程述评》，《现代教育科学》2002年第1期。

⑥ 蔡先金、宋尚桂：《大学学分制的理论与实践》，中国海洋大学出版社，2006，第2页。

⑦ 郭玉婷、邬大光：《重新认识学分制和绩点制的本质与功能》，《教育发展研究》2024年第23期。

1.学分互认是指已经获得由国家统一认可的各级各类学校、各级各类培训机构给予的学分，如何科学地转换为所需的学分。也即以前在别处已经获得的学分，能否全部或部分地转换为当前所需的学分。①学分互认的主要类型有：一是大学内部的学分互认，主要是指学生在同一所大学改变入学时的记录，而另外选择其他院系或专业时的学分互认；二是大学之间的学分互认，主要是指要进行学分互认的大学通过签订学分互认协议，来相互认定双方的学分；三是地区性的学分互认，是指在同一地区的高等教育机构所修习的学分可以相互承认；四是扩充教育机构与高校之间的学分互认，主要指通过认可课程及衔接课程，认可课程由扩充教育机构设计，由高校评价价值而取得高等教育的资格，衔接课程由高等教育机构设计，而在扩充教育机构实施；五是国际学分互认，即本国学生到其他国家留学、继续学习都需要用到国际学分互认。欧洲学分互换与积累系统就是国际学分互认的一个比较典型的案例。②

2.学分互换通常是指在学分制管理模式下，学生的学分可以在合作高校之间实现相互认可与换算。它表明合作高校间的学生不仅可以通过学习本校的课程来获得相应的学分，也可以通过学习协议或制度中约定的其他院校提供的相关课程来获得所需的学分，只要所修课程成绩合格，学生所取得的学分可在合作院校间被认可。③

由此可见，高校学生除学习原来学校的课程之外，还可以学习其他院校的相关课程，所得学分可以转换为本校学分，同时本校学分也为其他院校所承认。学分互认一般是指在学分制管理模式下，学生通过在合作高校之间的课程互选模式进行校际选课，并通过上课及通过相关考核后所取得的所选课程学分，根据相关的学分互认标准，转换为学生本校的相应学分，从而实现相互认可与换算④。学分互认本质上是课业完成时间与学业成果的互认与转换，学生所获得的学分可以在不同学校之间积累和转换，从而获得一定的资格或学位。⑤近年来，

① 杨黎明：《学分互认的依据是"知识点"的多少》，《中国职业技术教育》2004年第16期。

② 李娜：《校际学分互认系统的设计与实现》，硕士学位论文，华中师范大学，2007。

③ 吴宏元、郑晓齐：《学分互换：高校教学联盟与合作的有效途径》，《教育发展研究》2006年第7期。

④ 殷双绪、姚文建：《我国高等教育领域学分互认的典型案例分析及启示》，《中国远程教育》2012年第12期。

⑤ 徐来群：《普通高校学分互认的四种模式及其特点分析》，《高教探索》2022年第6期。

随着高等教育事业的蓬勃发展，在高校教学等领域出现了一些合作趋势，其主要表现为在相邻的学校间或"大学城"内开展合作，以实现资源优势互补。目前，高校学分互认主要包括四方面工作：一是积极推进区域间、学校间和专业间的学分互认；二是承认学习者已有的学习和实践经历，并可折算成相应的学分；三是要建立学分银行；四是改进和加强对实行学分制的学校的教学安排和教学质量的检查与评估，从互认、折算、管理和监控四个方面规范学分互认机制的政策保障。

（三）大学课程

大学课程有其不同于普通初等、中等学校课程的方面，它具有课程目标上的专业性、课程内容上的探索性、课程实施上的主体性等发展逻辑与特点。著名高等教育专家克拉克·科尔认为广义的大学课程是："学校或院、系、专业根据自己的人才培养目标所确定的最有价值的知识的选择与组织方案。"[①]根据课程的相关定义、高等教育的特点，我国学者胡弼成认为"大学课程就是大学按照一定的教育目的所建构的某一门学习科目及其教育、教学活动系统或教学的共同体"。[②]大学课程的这一定义包含了以下几层含义：一是大学课程是有目的的，是按教育目的所建构的；所建构的是学习科目和教育、教学活动，是为一定对象服务的。二是大学课程是教师和学生共同作用的系统，且具有一定的功能——培养人才。这一定义突破了以课堂、教材和教师为中心的局限，使学校教育活动摆脱了以学科、智育为主的单一、唯理性模式的束缚，拓宽了我们的课程视域，为课程理论的研究和实践开辟了新天地，使更广泛的教学内容成为课程的有机组成部分。

大学课程从不同制定主体来看，有国家课程、地方课程和校本课程。从传授内容来看，可分为理论型课程和技能型课程、基础课程和专业课程、单一课程和综合课程、学科课程和活动课程、人文课程和科学课程等。从层次构成上，可分为公共基础课程、专业基础课程以及专业课程，有横向课程和纵向课程。从修习的要求看，可分为必修课程、限选课程和任修课程。从作用来看，可分为传习性（接受性）课程和发展性（拓展性）课程，有知识课程、能力课程和

① 张红霞、吕林海、孙志凤：《大学课程与教学：原理与问题》，教育科学出版社，2015，第198页。

② 胡弼成：《大学课程体系现代化》，湖南大学出版社，2007，第17页。

素质课程等。从规模来看，可分为大、中、小、微型课程。根据是否有明确的计划和目的，课程可分为显性课程（显形课程）和隐性课程（潜在课程）。在大学本科专业人才培养方案制定过程中，一般将课程分为通识教育课程和专业教育课程两大类。通识教育课程是为大学生在校学习和未来发展奠定基础的课程；专业教育课程是在通识教育课程之上为大学生进一步发展而设置的课程。从功能来看，通识教育课程突出对人类文化财富的传承性功能，包括知识课程和部分显性的情意课程；专业教育课程突出成长、进步和超越人类已有文化，包括发展学生的情意课程和活动课程等。这两大类课程在大学育人系统中统摄了各类课程，发挥着各自不同的功能，并合在一起有机地构成了大学的课程体系。

（四）课程体系

"体系"是指"若干有关事物互相联系、互相制约而构成的一个整体"。[1]"体系"的内涵至少包括三个层面：一是由若干事物构成，单个事物不能构成一个体系；二是这些事物是相互联系和相互制约的，联系和制约存在一定的方式；三是所有这些事物构成了一个整体，整体性是体系的基本特性。体系的英文是"system"，有"体制"和"系统"的含义。实质上，一个体系就是作为一个系统而存在，它具有系统的整体性特征。

狭义的课程体系特指课程结构，是各类课程之间的组织和配合。赫冀成等认为课程体系又称课程结构，"它是所涉全部课程互相之间的分工与配合，是教学计划的核心"。[2]广义的课程体系是在一定的教育价值理念指导下，将课程的各个构成要素加以排列组合，使各个课程要素在动态过程中统一指向课程体系目标（或专业目标）实现的系统。一般认为，它包括三个层次：一指宏观的专业设置，涉及高等教育的学科及专业；二指中观的课程体系，涉及某专业内部课程的教学内容方面；三指微观的课程实施，涉及具体一门课程的内容和教学方法。在大学课程研究中课程体系一般指中观层面，是大学为了达到其专业培养目标而设计并指导学生的所有学习内容及其构成要素的总和。它包括课程在内并以培养方案所设内容为主体部分的学校教育系统。西方国家没有相应的"课程体系"一词，但"program"与之相接近。如卢晓东认为："program"仅指一个系列、有一定逻辑关系的课程组合，相当于一个培养计划或我们说的课程

---

① 辞海编辑委员会：《辞海（缩印本）》，上海辞海出版社，1989，第257页。
② 赫冀成、张喜梅：《课程体系与人才培养比较》，东北大学出版社，1994，第19页。

体系。① "在美国，专业化的教育是通过主修不同方向的课程来进行的。其组织方式以及隐藏在这种方式背后的指导思想与我国有很大区别。但不管怎样，从形式上看，'主修'和'专业'都是由不同的课程组织来实现的。"②从这里可以看出，"不同的课程组织"即课程体系，是大学培养人才的主要途径与方式。

与课程体系密切联系的两个概念是"课程结构"和"课程组织"。顾明远认为，广义的课程结构是指"学校课程中各组成部分的组织、排列、配合的形式"。它要解决的是根据培养目标应开设哪些门类的课程及课程的编排，重点要考虑各种内容、各种类型、各种形态的课程的整体优化，具体体现为教学计划。狭义的课程结构是指一门课程中各组成部分的组织、排列、配合的形式，它要解决的是每门课程的教学目标、教学内容、教学组织及教学评价等方面的问题，具体体现为教材（主要是指教学大纲和教科书）。③施良方认为，课程结构是指"课程各部分的组织和配合，即探讨课程各组成部分如何有机地联系在一起的问题"。④廖哲勋认为："课程结构是课程内部各要素、各成分、各部分之间合乎规律的组织形式。"它是以课程要素与课程成分为基础，由课程的表层结构和深层结构组成的有机整体。其中课程的表层结构是指一定学段课程的总体规划的结构，是由一系列学科与若干活动项目组成的整体；课程的深层结构是指一定学段的教材结构，包括每种教材内部各要素、各成分的组合以及各类教材之间的整体组合。⑤杨树勋认为："课程体系，又称'课程结构'，它是课程设置及其进程的总和。"他还指出，我国目前高等教育课程体系的结构模式包含两方面的内容：一是"层次构成"，即公共基础课、专业（技术）基础课、专业课、跨学科课程；二是"形式构成"，即必修课程、限定选修课程、任意选修课程。⑥

《简明国际教育百科全书·课程》认为："课程组织（curriculum organization）是指将构成教育系统或学校课程的要素，加以安排、联系和排列的方式。"⑦我国学者张华认为："所谓课程组织，就是在一定的教育价值观的指导

① 卢晓东、陈孝戴：《高等学校专业内涵研究》，《高等教育论坛》2002年第1期。
② 王伟廉：《高等教育学》，福建教育出版社，2001，第136页。
③ 顾明远：《教育大辞典》，上海教育出版社，1991，第402页。
④ 施良方：《课程理论——课程的基础、原理与问题》，教育科学出版社，1996，第123页。
⑤ 廖哲勋：《课程学》，华中师范大学出版社，1991，第68页。
⑥ 杨树勋：《现代高等教育学》，化学工业出版社，1999，第97~98页。
⑦ 江山野主：《简明国际教育百科全书·课程》，教育科学出版社，1991，第73页。

下，将所选出的各种课程要素妥善地组织成课程结构，使各种课程要求在动态运行的课程结构系统中产生合力，以有效地实现课程目标。"①

综上所述，课程结构属于一种人为结构，是人们思想中占主导地位的价值观念在课程实践中的具体体现，是课程体系的主体部分。而课程组织的概念更接近于我们理解的课程体系。课程体系是一个具有特定功能、特定结构、开放性的知识、能力和经验的组合系统。它不仅要将系统内部的诸要素如各类课程（如专业基础课程、专业技能课程、专业应用课程等）连接成一个统一整体，还必须充分体现人才培养目标和培养规格，适应经济社会发展的需要，反映科学技术发展的现状与趋势，符合学制及学时要求。因此，大学课程体系是大学培养人才的载体，包容了课程各层面的性质，它把课程的知识、目标、计划、学习、评价等诸多要素整合为一体。大学课程体系的设计就是围绕大学"人才培养"的本体功能，把教育传授文化遗产的功能、服务社会和发展社会的功能、发展智力和培养个性的功能整合为一体。

（五）课程地图

概念是人们对所感知事物的共同本质特点的抽象概括，是人类反映事物本质属性的基本思维形式。概念都具有内涵和外延，并且随着主观、客观世界的发展而变化。由此，课程地图的概念是人们对课程地图的共同本质特征的抽象概括，其内涵和外延是随着人类社会历史和人类认识的发展而变化的。美国学者弗尔威克·英格里斯（Fenwichw English）最早在"Curriculum Mapping"一文中提出了"课程地图"的概念，强调课程地图是教师对实际所教课程的重新建构，人们所能看到的以"地图"形式展示的课程列表就是这种重新建构结果的呈现。美国学者雅克布斯教授认为，课程地图是用来及时捕获在教室里实际发生的事情而不是计划中的事情，记录这些作为传授或者目标标准的内容和能力的描述。海伦·S.乔伊纳（Helen S. Joyner）认为，课程地图是一种以可视化地图的方式呈现课程体系中设置的具体课程与课程学习成果之间关系的工具。②后来，雅克布斯在之前观点中加入了时间线这一要素，她认为："课程地图是以学校行事历作为组织，以在学区内收集真实课程资料的一种过程，资料收集的形

---

① 张华:《课程与教学论》,上海出版社,2000,第230页。

② Helen S Joyner, "Curriculum Mapping: A Method to Assess and Refine Undergraduate Degree Programs," *Journal of Food Science Education* 15(2016):83.

式是依照教师对学生呈现真实学习经验所得的概观而形成。课程地图最基本的目的就是沟通，集结每位教师在学校内所发展的课程地图，就能提供K1-12课程在纵横面上更有效率的使用。课程地图在学期阶段中所呈现的不是应该发生的事情，而是正在发生的事情。资料提供了比教室内每日例行性观点更广的概观。课程地图的确是提供课程决定，以创造'伟大图像'的重要工具。"[1]曹鑫在分析课程地图内涵演变、基本要素、主要功能特征的基础上提出："课程地图是围绕学生呈现的真实学习经验，运用数字化的方式记录并检视课程的内容、技能、评价等要素及其关系，以此进行基于标准的课程设计和教学决策的过程。"[2] "百度百科"中将课程地图定义为："课程地图是以课程规划指引学生未来升学与就业的发展方向，是为让学生了解系所、学程之课程规划与未来职涯选择之关联，以便学生自我生涯规划，理清职涯选择，进而改善学生的学习成就与提升学习兴趣，并聚焦学生学习历程档案。"同时强调，课程地图架构是各系所（学位学程）、学分学程及通识教育中心根据教育目标制定学生基本及核心能力指标及发展方向，且与课程结合，各系所（学位学程）、学分学程应找出与升学或企业人才需求特性之联结，将此结合在学生能力指标地图中。

综合以上几个有代表性的课程地图概念，我们对课程地图有四个方面的基本理解：第一，课程地图是一种学校课程体系设计的理念。这种理念既在一定程度上反映了注重学生核心能力培养的要素主义教育思想，又反映了人才培养要适应社会经济发展的进步主义教育思想。第二，课程地图是一种学校课程体系设计的方法。课程地图集中反映学生培养目标、学校课程体系设计、社会职业的岗位要求之间的动态关系，其关注点是课程体系的整体规划设计，而不是具体每一门课程的设计或编制。第三，课程地图是一种学校课程体系设计的可视化工具。它所呈现的既是学生学习的"路径导向图"，也是教师对课程资源进行整合的"课程列表图"，更是学校课程规划管理的"特色展示图"。以"地图"形式呈现的各门课程的逻辑关系图标是课程地图的"茎"，而课程地图的"根"却扎在学科本位、个人本位、社会本位等不同课程观指导下的课程教与学的生动实践中。第四，课程地图是一种学校课程体系设计的动态系统。课程体系与

①［美］Heidi Hayes Jacobs：《课程地图：统整课程与幼稚园到十二年级的评量》，卢美贵，谢美惠等译，心理出版社，2006，第61页。

②曹鑫：《基础教育阶段课程地图的理论与应用研究》，硕士学位论文，华东师范大学，2015。

学校人才培养目标定位、学生职业生涯需求之间的相互关系构成了这个系统的外动力，课程地图内部各要素之间的相互关系构成了这个系统的内动力，内动力和外动力的共同作用构成了这个系统的动态平衡。

由此，本书将课程地图的概念定义为：课程地图是学校围绕学生未来可能的职业生涯发展所需能力的培养而展开的课程及教学活动的整体规划设计。其在形式上表现为聚焦学生学习历程、体现课程设置特征及相互关系、反映学生学习成果的目标要求、对接学生职业生涯需求的逻辑关系图表，在实践中呈现出系统性、导向性、可视化和动态性的特征。从广义来说，课程地图是用直观形象、清晰明了的方式展示出来的某一学校（或某一专业）课程总图、课程时序图、课程矩阵图、学生毕业就业去向图等一系列图表的总称。

与课程地图内涵及表现形式相近的几个概念是专业人才培养方案、课程标准、课表。专业人才培养方案是高校根据专业培养目标和培养规格所制定的实施人才培养活动的具体方案，是对专业人才培养的逻辑起点、培养目标与规格、内容与方法、条件与保障等培养过程和方式的描述和设计。课程标准是学校面向全体学生的学习基本要求和课程教学的基本规范，是详细阐述课程性质、课程目标、教学内容、实施建议的教学指导文件。课表是指学校对学生上课过程中的课程安排，以列表的形式明确具体在什么时间上什么课程。从概念的内涵来看，课程地图包含了课表的全部内容，并在微观层面体现了课程标准的基本思想。相对于传统意义上的高校人才培养方案而言，课程地图具有以下几个方面的独特优势和适切性：一是体现衔接学生职业生涯需求变化的动态性。课程地图可根据学生未来可能的职业生涯发展需求变化适时调整课程体系设计思路。二是注重学生学习成果导向，强调学校人才培养目标与学生职业发展需求的适应度、学校课程教学效果与培养目标的达成度。这与我国目前正在推进的高校本科教学审核评估聚焦"五个度"（学校人才培养效果与培养目标的达成度、学校办学定位和人才培养目标与国家和区域经济社会发展需求的适应度、教师和教学资源条件的保障度、教学和质量保障体系运行的有效度、学生和用人单位的满意度）的理念基本一致。三是更强调学生核心能力培养与具体课程设置之间具体、系统的逻辑对应关系。课程地图围绕学生的发展，更关注学生毕业时是否掌握了应有的能力并具备应有的素养，关注学生在校学习获得的能力和素养是否能满足他们职业发展的需要。四是更强调学生选择学习路径的自主性。

在课程地图理念下，学生不仅可以根据自身兴趣和发展需要自主选修课程，还可以根据自身职业生涯规划自主选择学业修读"路线图"。五是呈现形式更为直观、多样。课程地图的呈现形式除了传统的表格形式外，还有同心圆图表、逻辑关系图表等不同的呈现形式，而且在体现学生核心能力培养与具体课程设置之间的逻辑关系方面更为直观可视。六是在编制方式上更为强调教师的专业自主权和课程统整的思维方式，在文化底蕴方面更能体现一所学校的教育理念和育人文化。作为"地图"隐喻的课程地图在本质上是立体地图而非简单的平面地图。因此，我们可以理解为课程地图是专业人才培养方案立体化、可视化的动态展示。

四、研究的理论基础

（一）终身教育理念

现代意义上的终身教育理念源自1965年联合国教科文组织主持召开的第三届成人教育促进国际会议，会议上时任联合国教科文组织成人教育局局长保罗·朗格朗（Paul Lengrand）系统提出了"终身教育"的概念和思想。自20世纪60年代中期以来，在联合国教科文组织及其他有关国际机构的大力提倡、推广和普及下，终身教育已经作为一个极其重要的教育概念在全世界广泛传播。许多国家在制定本国的教育方针、政策或是构建国民教育体系的框架时，均以终身教育的理念为依据，以终身教育提出的各项基本原则为基点，并以实现这些原则为主要目标。根据郝克明先生的总结，终身教育理念主要包括五个要点[1]：

1.学习是每个人的基本权利。即学习的主体是每个人，学习活动普遍存在。它不再是少数人的特权和文化奢侈品，而是每个社会公民生存和发展不可缺少的权利。联合国教科文组织将人的学习权界定为包括阅读和书写的权利、提问和思考的权利、想象和创造的权利、了解人的环境和编写历史的权利、接受教育资源的权利、培养个人和集体技能的权利。[2]

2.学习贯穿人的一生。学习的范围拓展到一个人生命周期中的各个阶段。学习不再限定于儿童、青少年阶段的学校教育范畴，而是包含人一生的就业、

---

① 郝克明：《让学习伴随终身》，高等教育出版社，2017，第20-32页。

② 洪流：《联合国教科文组织第四次国际成人教育会议宣言》，《成人教育》1986年第2期。

工作、生活和发展所需要的各种知识和能力获得的活动。

3.学习的内容包括品德、知识、意志、情感、技能和能力等各个方面，而不仅仅是知识或记问之学。1972年《学会生存》中提出的终身学习的四个支柱，即学会认知、学会做事、学会与他人相处、学会生存，概括了一个人生活、发展所需要通过学习获得的四个方面的内容。

4.学习可以通过多种途径进行，包括正规学习、非正规学习和非正式学习。除了进入学校等正规教育机构接受教育之外，人们所掌握的大量知识和技能是依靠工作和生活中的非正规、非正式学习获得的。非正规与非正式学习，包括各类培训、研讨班、自我指导学习活动以及工作场所、家庭和社区中的日常性的经验学习。

5.以学习者为中心，从终身教育转向终身学习。自20世纪90年代开始，许多国家的专家学者和国际组织更加强调从终身教育转向终身学习。2011年联合国教科文组织修订的《国际教育目标分类法》中，将教育的定义修改为"通过某种有组织的持续性的交流来引发学习的有意识的活动"；而学习则是指"个人通过经历、实践、研究或听教师授课，在信息、知识、理解、态度、价值观、技术、能力或行为方面有所获得或改变"。终身学习体系，是在社会对各种教育资源进行整合的基础上形成的有利于学习者学习的系统。

终身教育理念的提出和实施，对于当代世界教育改革和发展具有十分重要的意义。首先，它使教育获得全新的诠释，主张教育应该贯穿于人的一生，彻底改变了过去将人的一生截然划分为学习期和工作期两个阶段的观念。其次，它促进了教育社会化和学习型社会的建立。它改变将学校视为唯一教育机构的陈旧思想，使教育超越了学校教育的局限，从而扩展到人类社会生活的整个空间。再次，它引发了教育内容和师生关系的革新。教育不是单纯的知识传递，而应贯彻人的全面发展精神，学习者不仅要学习已有的文化，更要培养个人对环境变化的主动适应性。传统的师生关系也将发生根本变化，代之以一种新型的民主的开放式的关系。最后，它的多元化价值标准为学习者指出了一条自我发展、自我完善的崭新之路。

（二）场域理论

法国著名社会学家皮埃尔·布尔迪厄（Pierre Bourdieu）认为，"社会科学的真正对象并非个体，场域才是基本性的，必须作为研究操作的焦点"。在他看来，场域是一个关系性概念，"从分析的角度来看，一个场域可以被定义为在各种位置之间存在的客观关系的一个网络（network），或一个构型（configuration）"，由依附于某种权力或资本形式的各种位置之间的一系列客观历史关系所构成。[①]场域具有下列主要特点：

1.场域是一个由客观关系构成的系统。场域是一个由客观关系构成的系统，而不是实体系统。布尔迪厄认为，"根据场域概念进行思考就是从关系的角度进行思考"，"现实的就是关系的：在社会世界中存在的多是各种各样的关系——不是行动者之间的互动或者个人之间交互主体的纽带，而是各种独立于个人意识和个人意志而存在的客观关系"。"在高度分化的社会里，社会世界是由具有相对自主性的社会小世界构成的，这些社会小世界就是自身逻辑和必然性的客观关系的空间，而这些小世界自身特有的逻辑和必然性也不可化约成支配其他场域运作的那些逻辑和必然性。"场域不是一种物理空间，而是一种具有独立性的社会空间，遵循自身的逻辑和游戏规则。每个场域都具有各自特有的价值观，拥有各自特有的调控原则，这些原则界定了一个社会构建的空间。[②]布尔迪厄进而认为，"我们可以把场域设想为一个空间，在这个空间里，场域的效果得以发挥，并且由于这种效果的存在，对任何与这个空间有所关联的对象，都不能仅凭所研究对象的内在特质予以解释"。

2.场域的时空性。布尔迪厄认为，场域是一个运作空间。在这个空间中，各行为者为了占有更多的资本、更大的权力、更高的场域位阶，或改善他们在场域中的位置，利用种种策略围绕着利益彼此冲突与竞争，竞争的焦点在于谁能够加一种对自身所拥有的资本最为有利的等级化原则。布尔迪厄强调，场域不是静止不动的，而是各种活动因子不断竞争、冲突的斗争之场。场域内，各种活动因子为了改变其身份位置和等级次序，就会通过维护或颠覆现存的资本分配方式，进行无休止的斗争，场域内的力量关系和旨在改变场域状态的斗争关系、相互作用和影响的关系，是场域生存和进行再生产的基础。[③]

①［法］皮埃尔·布尔迪厄、［美］华康德：《实践与反思——反思社会学导引》，李猛、李康译，中央编译出版社，2004，第133-136页。

②张俊超：《大学场域的游离部落——研究型大学青年教师发展现状及应对策略研究》，华中科技大学硕士学位论文，2008。

③［法］皮埃尔·布尔迪厄、J.C.帕斯隆：《再生产——一种教育系统理论的要点》，邢克超译，商务印书馆，2002，第12-19页。

3.场域的中介作用。布尔迪厄认为，场域是那些参加场域活动的社会行动者的实践与周围的社会经济条件之间的一个关键性的中介环节。[1]对置身于一定场域的行动者产生影响的外在决定因素，从来也不直接作用在他们身上，而是只有先通过场域的特有形式和力量的特定中介环节，预先经历了一次重新形塑的过程，才能对他们产生影响。"各种场域都是关系的系统，而这些关系系统又独立于这些关系所确定的人群。"

4.场域的动力性。布尔迪厄在谈及场域的动力学原则时，特别强调根源于场域中相互面对的各种特殊力量的鸿沟、距离和不对称的关系，他认为正是在场域中积极活动的各种力量，造成了场域中至关重要的差异——确定了特定的资本。这种资本赋予某种支配场域的权力，赋予某种支配那些体现在物质或身体上的生产或再生产工具的权力，并赋予某种支配那些确定场域日常运作的常规以及从中产生的利润的权力。场域中因子与因子之间、位置与资源之间、竞争与冲突之间的紧张对峙和斗争张力，构成了场域生成、维持、发展和变革的动力之源。

教育与场域结合而生成教育场域，是教育研究在理论范畴建构和方法论拓展上的一种积极探索。作为一种客观性的社会存在，教育场域是在管理者、教育者、受教育者及其他教育参与者之间所形成的一种以知识的生产、传承、传播和消费为依托，以人的培养、形成、发展和提升为旨归的客观关系网络。[2]教育场域是一个关系性范畴，它具有自己独特的逻辑，体现为它所遵循的基本价值理念——满足社会发展和个人发展的共同需要。同时，教育场域又是一种文化场域。教育是一种以培养学生为主要目的的文化活动，故教育场域的资本主要是文化资本，是文化资本的产生、传播以及传承的关系网络。这一网络主要通过知识这种文化资本得以维系，如教师通过传授知识与学生互动，而学生通过学习知识与教师及其他教育者交往，教育管理者也是通过对知识的组织、控制和评价等形式来进行管理，甚至教育活动、教育制度和其他社会活动、社会制度之间的关系，也通过知识来完成。[3]

---

① 马维娜：《局外生存——相遇在学校场域》，北京师范大学出版社，2003，第245-246页。

② 刘生全：《论教育场域》，《北京大学教育评论》2006年第4期。

③ 谢维和：《教育活动的社会学分析：一种教育社会学的研究》，教育科学出版社，2000，第15页。

（三）系统动力学理论

系统动力学是以系统思考理论为基础、以计算机仿真技术为手段来研究复杂系统动态特性或行为的科学，是一门分析研究信息反馈系统的学科，也是一门认识系统问题和解决系统问题的交叉综合学科。从系统方法论的角度来说，系统动力学是结构的方法、功能的方法和历史的方法的统一。它基于系统论，吸收了控制论、信息论的精髓，是一门综合自然科学和社会科学的横向学科。传统思考方式的特点是：序列性的因果逻辑关系，且这些关系呈线性和静态；观察问题的时空范围小；决策是反应式的，只根据直接原因，不考虑原因之间和原因与结果之间的相互关系来寻找解决方案。而系统思考方式的特点是：用系统的观点，在长时间和大空间范围内，动态地看问题；关注系统结构，因为系统结构决定系统行为；解决问题的方案是可操作性的。[①]在信息化、经济全球化时代，整个世界被链接成为一个复杂的大系统，每一个人都工作和生活在这样一个多层次的系统之中，而且这个复杂的大系统具有快速、跳跃、复杂和不确定性等特点。系统思考能够使我们看清楚对象的"整体"和"变化"，也就是能够看到相互关联而非单一的形态。

系统动力学（System Dynamics）运用"凡系统必有结构，系统结构决定系统功能"的系统科学思想，根据系统内部组成要素互为因果的反馈特点，从系统的内部结构来寻找问题发生的根源，而不是用外部的干扰或随机事件来说明系统的行为性质。系统动力学对问题的理解，是基于系统行为与内在机制间的相互紧密的依赖关系，并且透过数学模型的建立与操作的过程而获得的，逐步发掘出产生变化形态的因果关系，系统动力学称之为结构。所谓结构是指一组环环相扣的行动或决策规则所构成的网络，例如指导组织成员每日行动与决策的一组相互关联的准则、惯例或政策，这一组结构决定了组织行为的特性。构成系统动力学模式结构的主要元件包含下列几项："流（flow）""积量（level）""率量（rate）""辅助变量（auxiliary）"（J. W. Forrester，1961）。

系统动力学将组织中的运作，以六种流来加以表示，包括订单（order）流、人员（people）流、资金（money）流、设备（equipment）流、物料流（material）与信息（information）流，这六种流归纳了组织运作所包含的基本结构。积

---

① 张波、袁永根：《系统思考和系统动力学的理论与实践——科学决策的思想、方法和工具》，中国环境科学出版社，2010，第10页。

量表示真实世界中，可随时间递移而累积或减少的事物，其中包含可见的，如存货水平、人员数，与不可见的，如认知负荷的水平或压力等，它代表了某一时点环境变量的状态，是模式中资讯的来源；率量表示某一个积量，在单位时间内量的变化速率，它可以是单纯地表示增加、减少或是净增加率，是资讯处理与转换成行动的地方；辅助变量在模式中有三种含义，资讯处理的中间过程、参数值、模式的输入测试函数，其中，前两种含义都可视为率量变量的一部分。系统动力学的建模基本单位——资讯回馈环路结构的基本组成是资讯回馈环路（information feedback loops）。环路是由现况、目标以及现况（积量）与目标间差距所产生的调节行动（率量）所构成的，环路行为的特性在于消弭目标与现况间的差距，例如存货的调节环路。除了目标追寻的负环外，还有一种具有自我增强（self-reinforced）的正回馈环路，即因果彼此相互增强的影响关系，系统的行为则是环路间彼此力量消长的过程。但除此之外结构还须包括时间滞延（time delay）的过程，如组织中不论是实体的过程例如生产、运输、传递等，或是无形的过程例如决策过程、认知过程等都存在着或长或短的时间延迟。系统动力学的建模过程，主要就是通过观察系统内六种流的交互运作过程，讨论不同流里其积量的变化与影响积量的各种率量行为。

系统动力学是在总结运筹学的基础上，为适应现代社会系统的管理需要而发展起来的。它不是依据抽象的假设，而是以现实世界的存在为前提，不追求"最佳解"，而是从整体出发寻求改善系统行为的机会和途径。从技巧上说，它不是依据数学逻辑的推演而获得答案，而是依据对系统的实际观测信息建立动态的仿真模型，并通过计算机试验来获得对系统未来行为的描述。简单而言，"系统动力学是研究社会系统动态行为的计算机仿真方法"。具体而言，系统动力学包括如下几点：①系统动力学将生命系统和非生命系统都作为信息反馈系统来研究，并且认为，在每个系统之中都存在着信息反馈机制，而这恰恰是控制论的重要观点，所以，系统动力学是以控制论为理论基础的；②系统动力学把研究对象划分为若干子系统，并且建立起各个子系统之间的因果关系网络，立足于整体以及整体之间的关系研究，以整体观替代传统的元素观；③系统动力学的研究方法是建立计算机仿真模型和构造方程式，实行计算机仿真试验，验证模型的有效性，为战略与决策的制定提供依据。[①]

五、研究的思路与方法

（一）研究思路

本书主要围绕"基于课程地图的高校学分互认机制创新"，从历史考察及实践困境分析、理论基础两个层面来展开研究，具体研究内容为：

1.高校学分互认的历史考察及实践困境研究。梳理国内外高校学分互认的发展历史，分析具有代表性的高校学分互认体系的特征，找准高校学分互认工作中存在的主要问题以及当前推进高校学分互认的难点。通过对欧盟学分转换系统（ECTS）、美国大学与社区学院学分互认机制和韩国高等教育学分银行制度进行重点研究，梳理国外高校学分互认的发展历史、体系特征和实践成效，客观揭示创新高校学分互认机制的影响因素；通过对国内"大学城"高校和战略联盟高校学生互派、课程互选、学分互认的工作实践分析，把握当前我国推进高校学分互认的工作难点和存在的问题，以期找准本课题研究的逻辑起点。

2.高校学分互认的理论基础研究。主要研究高校学分互认的教育学基础、管理学基础、教育政策基础，客观阐释课程地图的内涵与特征，分析通过课程地图的应用为高校间学分互认提供前提基础的理论逻辑和内在机理。高等学校之间学分认定和转换以课程为基础，遵循实质等效原则。外校课程的教学目标、教学内容、教学时数、考核评价等方面，应与本校相关课程要求基本一致，确保学习者学习外校课程所掌握的知识、技能和水平与在本校学习基本相当。课程地图理论强调课程模块、严格统一的课程体系、课程教与学的系统性和顺序性以及严格的学业测评标准。通过对课程地图理论内涵和实践特征的分析，研究从编制课程地图入手，在"确保专业核心能力"的前提下建设要求基本一致的课程体系，从而在高校间实现学分互认机制创新的理论逻辑。

3.创新基于课程地图的高校学分互认机制。整体设计一个基于课程地图的高校学分互认运行机制，论证这一机制的适切性及实践保障因素。在实践保障因素方面，重点研究教育政策保障因素。

4.我国高等教育学分认定和转换工作的政策建议研究。通过高校学分互认

---

① 张波、袁永根:《系统思考和系统动力学的理论与实践——科学决策的思想、方法和工具》，中国环境科学出版社,2010,第30-31页。

的理论研究和实践考察，从创新基于课程地图的高校学分互认机制的视角，就我国现行的高校学分制管理制度做出科学公正的评价，对推进我国高等教育学分认定和转换工作提出新的政策建议。

（二）研究方法

本书坚持理论与实践相统一的原则，将教育管理理论与课程管理实践相结合，将经验的现象描述和理性分析相结合，拟从理论研究、历史考察、现状分析、实践创新等角度进行相关研究。研究的具体方法有：

1.文献研究法。每个国家独特的历史、文化因素都在本国高等教育体系各个领域留下了深刻的烙印并影响着高等教育的未来发展。从历史考察的视角对课程地图理念与方法相关文献进行梳理和归类分析，有助于更好地认识课程地图构建的历史基础，在比较和借鉴的过程中能够珍视高校课程地图应用发展中的合理性因素并加以保留，从而实现本土性的、具有历史延续性的高校课程地图建设。首先，通过对不同历史时期国内外大量相关教育文献的分析比较，在理论层面形成对课程地图概念、内涵以及应用价值的基本认识。其次，通过查阅教育文献收集不同国家、不同教育阶段课程地图应用发展的典型案例，分析课程地图的实施效果，形成对课程地图应用发展内在逻辑的规律性认识。

2.比较研究法。"比较历来是推理的一个部分。"[1]比较研究法是将发生在两个或更多的平行范围之间的某类现象或者事物加以并置、对照和分析，进而确定它们的异同、共同规律、特殊本质的一种思维过程和逻辑推理的方法。本书通过对不同历史时期以及不同学者对课程地图的理论研究成果的纵向比较和对不同国家（地区）课程地图应用实践典型案例的横向比较研究，揭示课程地图内涵演变的特点以及在未来应用发展的适切性。在此基础上，基于我国国情，对课程地图在我国大陆特别是大陆高校推广应用的可行路径进行比较分析与展望。

3.个案研究法。个案研究属于一种实证的研究方法，比较适合用于问题的探索阶段和探讨"如何做"的研究。[2]编制课程地图是一个实践性比较强的问题，在世界各国高等教育质量建设中，一些高校构建了行之有效的课程地图。深入分析这些个案高校的课程地图实践，有助于我们更好地理解课程地图的实

---

[1] ［西班牙］何塞·加里多：《比较教育概论》，万秀兰译，人民教育出版社，2001，第81页。
[2] 裴娣娜：《教育研究方法导论》，安徽教育出版社，2000，第150页。

践逻辑，从而获得对其在操作层面的认识。本书选取美国、英国、加拿大和我国台湾地区高校课程地图应用的典型案例（每个国家或地区选择2～3个），以"解剖麻雀"的方式分析课程地图的应用实践，客观揭示课程地图建构的内在成因和机理，以基于"教育生活世界"的整体视野，形成关于课程地图本土实践的借鉴经验和政策启示。

六、研究意义

（一）理论意义

通过本课题研究，在理论层面基于课程地图的视角客观阐释建立高等学校学分互认机制的理论基础及实践困境，就高等学校之间实现学分互认的内在机理进行深入分析研究，在对其实践困境客观揭示的基础上，通过经验总结上升至理论层面，从而为高等学校之间学分互认机制创新提供理论依据。

（二）实践意义

在实践层面，由于要求基本一致的课程体系和学生所学的实质等效是高等学校之间学分认定和转换的基础，而基于学生学习成果的课程地图理论强调专业核心能力，体现课程设置特征及相互关系，将课程的教与学联结于一种复杂的互动关系之中。从课程地图的视角研究高等学校学分互认机制，对于推动我国高等教育学分认定和转换工作，建立人才成长的"立交桥"，提升高等教育人才培养质量以及促进高等教育国际化，具有重要的实践意义。

（三）政策意义

本书以基于学习成果的课程地图理论为依据，整体设计和论证"强调专业核心能力""所学实质等效"的高校学分互认机制，为推进我国高等教育学分认定和转换工作提供理论依据和咨询报告。

/ 第二章 /
课程地图产生的社会背景及历史沿革

英国著名比较教育学家萨德勒曾说过，在进行比较教育研究时，"我们不应该忘记，校外的事情比校内的事情更为重要，并控制和解释校内的事情"。[1]也就是说，比较教育研究者要在一定的社会背景下研究教育理论及实践。课程地图的理念与方法是特定社会历史阶段的产物。"社会是由许多相互依存的单元组成的统一系统，其内部存在着缜密的分工，每个单元都各自发挥特定的功能，它们相互依赖又彼此制约维系着社会作为一个整合系统而存在。"[2]据此，我们可以将教育系统视为社会系统中的一个子系统（单元），将课程地图视为教育系统中关涉课程体系设计的子系统（单元）。课程地图的产生既是社会系统中其他子系统（如政治、经济、科技等）与教育系统之间相互依赖又相互制约的结果，又是教育系统内部各子系统（单元）之间相互依赖又相互制约的必然产物。社会系统中教育子系统之外其他系统的运行情况以及教育子系统内部运行情况共同构成了课程地图产生的社会背景，这种特定的社会背景既是课程地图产生的社会原因，也是课程地图能够存在和发展的社会原因。因此，在认识课程地图的历史沿革的基础上分析课程地图产生的社会背景，这是我们以历史唯物主义方法论为指导、以"整体视野"进行课程地图理论研究和应用实践比较的前提基础。

---

① 王承绪：《比较教育学史》，人民教育出版社，1999，第134页。
② 苏国勋：《社会理论与当代社会现实》，北京大学出版社，2005，第17页。

一、课程地图产生的时代背景

（一）二战后世界的政治、经济与科技发展

从世界范围来看，20世纪50年代以来，随着世界政治、经济和科技的持续发展，对高级专门人才的需求日益增加。为了满足日益增长的对高等教育的个人需求和社会需求，为了充分发挥高等教育的政治、经济、文化、社会等功能，世界各国普遍加大对高等教育的投资，多渠道筹集高等教育经费，改革高等教育制度，促使高等教育规模持续发展。[1]在政治领域，二战后苏联在世界人民心中的威望和国际地位空前提高，英、美等国家对此感到恐慌。1946年，英国首相丘吉尔在密苏里州的富尔顿发表演讲称，"不久前被盟国的胜利所照亮的大地，已经罩上了阴影。没有人知道，苏俄和它的共产主义国际组织打算在最近的将来干些什么，以及他们扩张和传统倾向的止境在哪里，如果有止境的话"，[2]并号召所有的英语国家联合起来遏制苏联和共产主义力量的蔓延。随后，美国总统杜鲁门就希腊、土耳其受"苏联侵略"问题向国会宣读咨文，声称要在全世界所有地方对抗苏联。由此，美苏两国的关系进入了以经济和科技为基础的冷战对抗阶段。为了能够在冷战对抗中获胜，美国政府给予教育前所未有的重视，把教育看作赢得美苏军备竞争、保持美国科技领先的重要手段。1957年10月5日，苏联人造卫星"斯普特尼号"一号飞上太空，更使"美国人尝到了低人一等，甚至是蒙受耻辱的滋味"。[3]为了探究苏联成功的原因，美国派专人赴苏联考察，考察结果让美国一位官员惊叹道："俄国的教室、图书馆、实验室和教学方法，对我们的威胁可能比他们的氢弹还要厉害。"在这种形势下，美国国会于1958年颁布了《国防教育法》，明确规定："国家安全的需要——本国的国防有赖于掌握由复杂的科学原理发展起来的现代科技，也有赖于发现和发展新原理、新技术、新知识。"《国防教育法》的颁布和实施对美国教育改革产生了十分重要的影响，它在相当长的一段时间内以国家意志支撑了第二次世界大战后美国基础教育领域的课程与教学改革。在这样的大背景下，美国教育领

---

[1] 潘懋元：《现代高等教育思想的演变——从20世纪至21世纪初期》，广东高等教育出版社，2008，第2页。

[2] 战后历史长编委员会：《战后世界历史长编(1947)》，上海人民出版社，1976，第56页。

[3] 威廉·曼彻斯特：《光荣与梦想》，朱协译，商务印书馆，1979，第1109页。

域课程与教学改革的基本理念就是"培养国家急需的有用之才"，其重要关注点就是强调学生核心能力的培养以及教育目标与学生学习效果的一致性。也正是基于这样的宏观背景，课程地图理念最初产生的基本思想就是如何使学校教学计划、教学内容（课程）与学生预期达到的学业标准之间保持一致。

第二次世界大战后，现代科学技术的发展呈现出以原子能的利用、电子计算机的发明和空间技术的发明为主要标志的新科技革命的特征。由于科学、技术和生产的变革融为一体，新科技成果增加迅速，新技术从发明到应用的时间大为缩短。"社会分工进入新阶段，科学成为具有群众性的经济和社会生活的主要领域。""生产力三要素——劳动对象、生产工具和劳动者本身，发生了质变。由于生产过程愈来愈集约化，社会获得的新知识，以特有的形式代替原料、设备和劳动力的消耗，从而多倍地抵偿了进行科学研究和技术研究所花费的开支。""劳动的性质和内容发生变化，创造性成分在劳动中的作用上升了。"[1]新科技的发展对从业人员的业务知识、技能、组织能力以及文化水平等都提出了越来越高的要求。教育作为一个国家的文化事业，必然相当集中地反映着并服务于国家的政治、经济和科技方面的需求。在新科技革命的大背景下，教育改革如何在教育政策乃至教育内容、教学方法等方面做出相应的调整以适应社会发展的需要，这成为美国教育改革尤为重要而且紧迫的任务。这种基于新科技革命背景下的教育改革，其核心问题就是选择什么样的课程知识的问题，其他许多教育问题都可以通过这个问题表现出来。而"选择什么样的课程知识"的问题正是学校课程体系设计要解决的基本问题，也是课程地图理念与方法的核心要义。

（二）20世纪下半叶美国的基础教育改革

第二次世界大战后，美国教育界普遍认为学校强调"生活适应"，忽视了系统理论知识的传授，而且课程设置也极为庞杂，不利于学生的学习。"据1951年联邦教育总署的调查，全国设置的学科多达247种。学生无法学习全部课程，从而实行学分制和选课制。学生避重就轻，选学省力、易学且能取得优良分数的科目。多数中学规模小而教师不足，物理、化学、生物学、外语等科目常常无法设置。据1955年统计，未设外语的中学占全国中学的46%，未设几何的中

---

① 王斯德：《世界当代史参考资料》，高等教育出版社，1989，第51页。

学占24%。"①随着新科技革命的发展，现代科技发展对人才需求与教育现状之间的矛盾日益突出。20世纪50年代后，美国出现了对学校中的现代主义和进步主义的猛烈批评。其实，早在20世纪30年代以强调人类文化中的"要素"对于变化的世界的价值而得名的要素主义，就对进步主义教育进行过批评。要素主义者主张通过理智和道德的训练来保存文化遗产，并把这些文化遗产中永恒不变的"要素"传授给学生。在课程设置方面，他们主张首先要考虑国家和民族的利益，并且要有长远目标；强调以学科为中心，遵循学科自身的逻辑设置课程。1956年，美国基础教育委员会（Council of Basic Education）提出学校教育要强化语言、数学和思维的基本技能训练，这标志着美国"回到基础"教育运动拉开序幕。1959年9月，美国联邦政府邀请了大批教授、专家、学者和优秀教师集体研讨基础教育改革问题，他们认为"要提高教育质量首先必须进行课程与教材的改革，应由各科专家与学者负责重新制定课程体系和编订新教材，使其反映学术领域的基本原理"。②由此，美国基础教育领域开始了数学、自然科学和外国语"新三艺"的课程改革，在课程教学方面，则强调要深入阐述论证学科基本概念、原理和定律，启发学生自觉自主学习、掌握学科知识结构并引导学生积极探索真理的启发式教学，并要根据学生自身条件和智力水平因材施教。学科结构理论对美国第二次教育改革中微观层面的课程与教材编制产生了重要影响，从而也对中观层面的课程体系设计与优化整合产生了重要影响。

20世纪60年代初，"美国有1/4的人仍然生活在贫困之中"，③"1965年洛杉矶发生的黑人暴动，一次就死亡890人，并有3000人被捕。学校方面，校园内的盗窃、打斗等违纪违法案件经常发生"。④面对严重的社会矛盾和社会问题，美国教育总署署长马兰于1971年提出了一种新的教育实验体系——生计教育，把人民生计看作国家的首要问题。马兰认为，生计教育是"把关于工作世界以及他们在劳动大军的机会的情况告知从小学直至研究生院的学生并帮助他们做出正确的生计选择和养成职业技能的一种努力"。⑤在生计教育运动背景下，学

① 滕大春：《今日美国教育》，人民教育出版社，1980，第94页。

② 王桂：《当代外国教育——教育改革的浪潮与趋势》，人民出版社，2001，第333页。

③ L Deam Webb，etal，*Foudation of American Education*（Prentice-Hall.Ine，1999），p.157.

④ 钱朴、蓝云：《试析美国教育的钟摆现象》，《外国教育资料》1985年第2期。

⑤ Richard Wynn，etal，*American Education*（MeGraw-Hill，1977），p.71.

校在教学方法上推行个别化教学，即"在教师的指导下，使每门学科的进程，按照学生各自的素质组织，教学是不分年级的，以使每个孩子在学习每门学科时，根据他能力许可的程度进行"。①个别化教学主张课程、学科和教材应该允许学生有不同的目标、不同的学习内容，采取不同的学习方法和手段，按照不同的速度，用不同的标准进行评价的方式来组织和安排学习。由于生计教育强调教育要"面向职业生计"，使得学校在课程设置上"一方面大大降低了必修课的比例，特别是学术性科目的比例，如外语就不再作为必修课程，而把一些实用性强的科目列入必修课程。另一方面加大选修课的比例，使其达到所选课程的50%左右，同时大幅度增设职业课程，高中开设职业课程的比例比英语、数学、科学等学术性的课程还高，有的中学职业课程竟高达47%，几乎占去了课时的一半。据统计，在1972—1973年度，美国普通中学里有86.1%的职业教育班"。②这样的学校课程设置，没有重视教授基础文化和传统文化，导致学生基本技能的下降，引起了公众的不满。雇主抱怨中学毕业生连有关工作的指令也不会读、简单的计算能力欠缺，从而不能成为很好的生产工人；商业团体埋怨中学生的技能不够；大学在感叹学生的入学水准下降，致使学生入学后还不得不给他们补习英语、数学和自然科学的基础。由此，"回到基础教育运动"把阅读、写作和算术训练作为学校教育的单一目标，强调学生在学校学习期间要把大部分的时间和精力用于基本从业技能的练习，在教学方法上应包括练习、背诵、日常家庭作业和经常性测验等，学生升学和毕业，不凭年龄或在班级的时间，而是要依据成绩。

20世纪80年代和90年代，美国基础教育改革主要围绕教学内容和课程改革的问题展开。1983年4月，美国高质量教育委员会的报告《国家处在危急之中：教育改革势在必行》指出了美国基础教育存在的问题，在发现问题的基础上就教学和教学内容、标准和要求、时间安排、领导和资助等方面提出了一系列建议，并自信满满地指出："这些建议是美国人民现在就能够着手行动，是能够在今后几年完成的，并且可以进行持久的改革。"③1985年启动的"2061计划"致力于普及科学知识，更是代表着面向21世纪美国基础教育课程和教学改革的基

① 贺国庆：《外国教育研究文集》，河北大学出版社，2001，第290—291页。
② 孙润生：《发达国家中等教育的发展趋势》，《世界教育文摘》1987年第1期。
③ 史静寰：《当代美国教育（修订版）》，社会科学文献出版社，2012，第1—2页。

本趋势。"2061计划"认为，针对美国青少年的科技知识非常薄弱的现状，应该在科学、数学和技术教育上制定一个示范性、指导性的基本标准，并特别强调普及科技教育不是盲目增加学校的教学内容，中小学的教学重点应集中在最根本的科学基础知识上，并且要关注教学的实际效果。"2061计划"具有综合性、长效性、基础性和协作性的特点，在实施过程中注重发挥教师的主导作用，强调以学生为中心。"2061计划"认为，教育的最高目标还要使人们能够达到自我实现和过一种有责任、有意义的生活，它考虑的是在美国全国范围从幼儿园到高中毕业的整个阶段的科学、数学和技术教育，是以科学教育的普及和完善来改进整个美国教育状况的一个持久的教育改革行动。[①]

从以上的简要梳理我们可以看出，20世纪下半叶以来美国的基础教育改革呈现出以下几个基本特点：一是特别注重通过加强核心课程的内容建设以及利用可以测量的标准来提高人们对教育质量的期望，这种"可以测量的标准"使得统一的核心课程与学生学习成果之间形成严格对应的逻辑关系，从而使得课程设置与课程体系的优化整合成为学校教育教学改革的重点，而且强调"要使学生能够懂得世界是怎样运作的，能够批判性地独立思考问题，能够过一种充满乐趣的、负责任的、有意义的生活"。二是特别注重通过处理好核心课程和一般课程的关系，谋求课程结构的合理性；通过处理好知识传授和能力培养的关系，改变过去忽视知识传授、片面强调学生动手能力培养的做法，增加系统的科学基础知识传授时间。三是特别注重强调以学生的学习和发展为中心，尊重学生的个性，因材施教，从而在课程设置上继续保持课程的弹性，并提供给学生选修课程的自主权。这些做法和关注点集中彰显了课程地图理念的基本思想，也促进了课程地图理念与方法在美国初等教育领域的广泛应用。

（三）20世纪末美国大学的课程改革

20世纪70年代初，美国高等教育开始步入"紧缩时期"，学生入学增长率呈现下降趋势，前期快速发展带来的不利影响逐渐凸显。这一时期，美国高校普遍重视学科专业设置与市场需求相结合，"根据社会经济发展和市场需求的变化，及时调节招生人数，调整专业设置，使科类结构紧紧围绕社会经济发展，始终处于一种动态调整状态"，在课程设置方面出现了"学生至上主义"的现

---

① 史静寰：《当代美国教育（修订版）》，社会科学文献出版社，2012，第77~78页。

象，大量迎合学生兴趣爱好的课程进入大学课堂。美国高等教育家德里克·博克指出："20世纪60年代大学校园学生运动的动荡局面被70年代课程的混乱和课程实验所代替，对获得知识的关注让位于对关联和价值的强调。"①20世纪，美国高等教育进入了以提高质量为中心目标的时代，尤其是在专业设置和课程计划上具有卓有成效的超前意识。1983年成立的"提高美国高等教育质量所必须具备的条件研究小组"指出："本科生课程过于狭窄，美国高等学校现在有1100种不同的主修专业计划，其中一半属于职业领域。在个别学士学位课程计划中，专业课程竟占80%。""谁也不能确切地知道，新技术将会怎样影响我们未来的劳动力所要求的技能和知识，因此我们的结论是：为未来所做的最好准备不是为某一具体职业而进行的狭隘的训练，而是使学生能够适应变化的世界的一种教育。"②1984年，美国教育部将注意力转移到高等教育并发表了《投身学习：发挥美国高等教育的潜力》。③该报告指出，当人们讨论如何改革中小学教育时，"对本科教育改革感兴趣的迹象正开始再现。高等学校的教师又开始关心每个受过高等教育的人应该具有什么知识，从而决定他们的学生应该学习什么课程。他们越过学科界限，彼此讨论共同关心的问题，并着手实验新的课程和专业计划"。④1985年1月，美国大学协会发表的一项报告称，美国大学和学院已经使课程处于一种"混乱"和"七零八落而缺乏统一性连贯性"的状态，从而导致学生获得的知识缺乏系统性和连贯性，对信息怎样分类及相互的关联模糊不清。针对课程领域出现的这些问题，在20世纪80年代中后期，美国高等教育经历了一场"恢复基础运动"。这场运动强调加强基础学科的教学，注重学生知识结构的平衡，追求课程完整性，在一定程度上反映了现代科学技术在高度分化的基础上又高度综合的整体化趋势对大学人才培养的新要求。这一时期，美国大学课程改革中出现的另一个显著特点是政府直接干涉大学课程的具体设置。1988年，贝奈特以联邦政府教育部长的身份强势介入斯坦福大学的课程改革，在全国电视上公开指责斯坦福大学改革"西方文明史"课程实际上是要

① ［美］博克·D：《美国高等教育》，乔佳义译，北京师范大学出版社，1991，第32页。

② 汉泽西：《看美国的高等教育改革》，《科技·人才·市场》1997年第4期。

③ William T. Daly, "Teaching and Schoolarship: Adapting American Higher Education to Hard Times," *The Journal of Higher Education* 65(1994):45-47.

④ 美国高质量高等教育委员会：《投身学习：发挥美国高等教育的潜力》，载教育发展与政策研究中心编《发达国家教育改革的动向与趋势》，人民教育出版社，1996，第32页。

"把西方文化当废物"，从而把大学课程改革问题变成了全国性政治问题。

20世纪90年代中后期，美国大学新一轮本科课程改革呈现出"整体知识观"的核心理念，试图通过改革通识教育课程、开发跨学科综合课程等措施，使通识教育课程与主修专业课程形成一个彼此间相互关联的完整本科课程体系，使得学生的知识结构和知识体系也形成一个紧密联系的整体。"在课程目标的设计上，将知识传授与研究方法和研究能力的培养结合起来，强调在学习过程中加强三方面的有机联系，并且进一步提高整体结构与个性选择、知识的广度与深度的结合度，以体现大学实施综合性教育的目的。"①在课程结构的改革方面主要围绕两个方面进行："一是改善课程结构，依据科学技术发展与社会进步的要求，淘汰一些过时陈旧课程，缩短最新科学技术进入课程的周期；二是提高课程的集成度和整体性，加强大学一、二年级课程的内在联系和智力刺激，使学生形成知识的整体观，发展问题求解和综合能力。"②美国在20世纪末提出了高等教育普及化的战略目标，其在高等教育课程改革方面的具体目标是全面更新课程内容，大力提高学生的专业水平，"最大限度地挖掘学生学习能力，使他们成为二十一世纪需要的、可以迎接知识经济挑战的优秀人才"。③这一时期，美国大学本科课程体系设计理念朝着简明、连贯的方向发展，各高校根据自己院校的特点制定课程改革方案，彰显自己的特色，呈现出多样性的课程改革局面。

从以上简要梳理我们可以看出，20世纪末美国大学的课程改革在思想特征上呈现出两种几乎对立的教育价值观并存的现象，一方面极为彻底地践行实用主义和功利主义教育思想，另一方面注重对新知识的探索。在教育质量观上，人们日益注重高等教育的质量与效益，正如美国高质量高等教育小组在1984年的一份研究报告中指出的："倘若学院、社区学院和大学不能向学生提供高质量专业计划，接受高等教育的人才再多也没有意义。真正的平等要求全体美国公民都能接受高质量的高等教育。"④在课程体系设计上，注重课程体系结构的完整性，注重对接经济社会发展新的需求，注重吸纳科技发展的新成果，重视发

① 郭德红：《整体知识观：美国本科课改的核心理念》，《中国教育报》2007年5月16日。

② 贺国庆：《外国教育研究文集》，河北大学出版社，2001，第311页。

③ ［美］詹姆斯·D.安德森：《面向二十一世纪的美国高等教育改革》，张宝昆编译，《比较教育研究》1999年第6期。

④ 潘懋元：《现代高等教育思想的演变——从20世纪至21世纪初期》，广东高等教育出版社，2008，第7页。

挥课程体系的整体教育作用。这些思想特征和主要关注点契合了课程地图的基本内涵，加速了课程地图理念与方法在美国高等教育领域的推广应用。

二、课程地图的历史沿革

（一）课程地图概念的提出及初步应用阶段

美国学者 Jerome J. Hausman 于1974年首先提出："课程可以用一个地图来表示，用以展现个体的特殊需要、见解及价值。"[①]1980年，美国学者弗尔威克·英格里斯在"Curriculum Mapping"一文中提出了"课程地图"的概念，认为："课程地图是教师对实际所教课程的重新建构，其重点是课程实际教了什么。课程地图可以让学校行政人员及教学人员了解到'学校实际教了什么''花了多长时间'以及'课程内容与学区评价方案是否契合'。"[②]

20世纪70年代末和80年代初，弗尔威克·英格里斯在工作中用类似编制"课程地图"的方式关注和记录教师们讲授了什么主题和时间安排（授课顺序和时间等）。其最初的做法是由相关人员或第三方利用调查和访谈方式，确定教师以什么样的主题或技能、按照什么样的顺序、在哪个时间段进行教学。第三方人员将收集到的数据、分析的信息和调查的结果反馈给学校和教师，要求他们对教学内容、顺序或时间安排中发现的问题进行调整或修改，以促进传授的内容和对学生的评价能与教学计划的要求相一致。这可以看作是课程地图概念和方法在学校教学管理中的最初应用，也集中体现了课程地图产生的基本思想是如何使教学计划、教学内容（课程）与学生预期达到的学业标准之间保持一致。

（二）课程地图理念的形成及推广应用阶段

20世纪80年代美国发起的"标准化教育"运动加速了课程地图在学校课程管理中的应用。1983年美国教育部发表了题为《国家在危机中》的报告，认为从学校教育质量国际比较的角度来看，美国的教育质量差强人意，并正在失去在数学、科学和科技方面领先的优势[③]。1989年美国国家数学教师委员会编撰

---

① Hausman J J, "Mappping as an approach to curriculum planning," *Curriculum Thery Network* 4, no.2-3(1974):192-198.

② English F W, "Curriculum Mapping," *Educational Leadership* 37, no.7(1980):558-559.

③ 赵蒙成：《回到课程：美国"标准化教育"改革运动评价》，《课程·教材·教法》2007年第11期。

出版《学校数学课程与评价标准》，标志着美国"标准化教育"运动全面展开。"标准化教育"运动把美国初等教育质量不尽如人意的主要原因归结为缺乏统一的严格的核心课程。而与探索统一的严格的核心课程相联系的是探索基于学习成果的标准化的考试评价措施。于是，"美国许多州都开发了'高质量'表现评价工具，以评价基于标准的课程和教学是否达到了提高学生解决问题的能力的效果，而不是仅仅评价学生能否找到正确的答案"[①]。这种通过加强核心课程的内容建设以及利用可以测量的标准来提高人们对教育质量的期望的做法，正好体现了课程地图产生的基本思想，从而促进了课程地图概念与方法在美国初等教育领域的广泛应用。

20世纪90年代，美国哥伦比亚大学教授雅克布斯将"日历"作为组织"课程地图"的一种手段，要求教师将一年的课程按照月份或者分年级的"时间块"来描述实际所教的内容或"绘制"出自己的"地图"，生成的文件是一个描述课堂学习的图表或一个包含内容、技能和对学生评估的"地图"。她认为"课程地图是以学校行事历作为组织，在学区内收集真实课程资料的一种过程，资料收集的形式是按照教师对学生呈现真实学习经验所得的概观而形成"[②]。这为大家提供了一个纵向（从年级到年级）和横向（一个年级中所有课程）实际讲授的课程体系，以及对学生学业测评的视图。自此，课程地图在大学逐步推广应用，并日益成为大学加强课程管理、提升教学质量、检视学生学业水平的一种重要手段。

（三）课程地图理念与实践的发展完善阶段

21世纪以来，信息技术的发展推动了电子课程地图的产生，教师可以通过检查电子地图生成的图表，查找教学计划、讲授的课程内容之间是否存在缺口（gaps）和重叠（overlap）现象，确定在什么地方添加或消除什么内容，最终可以产生一个更加精简和综合的课程体系[③]。2007年，加拿大人蒂莫西·G.威尔利特组织对英国和加拿大医学院校课程地图的建设现状、特征、挑战和成功的

① ［美］亚瑟·K.埃利斯:《美国基础教育标准化运动分析》,张文军编译,《教育发展研究》2008年第2期。

② ［美］Heidi Hayes Jacobs:《课程地图:课程统整与幼稚园到十二年级的评量》,卢美贵等译,心理出版社,2007,第7页。

③ Uchiyama K P, Radin J L, "Curriculum mapping in higher education: A vehicle for collaboration," *Innovative Higher Education* 33, no.4 (2009): 271-280.

方面进行调查研究，调查结果显示："有55%的医学院正处在CM（Curriculum Mapping）的开发阶段；19%的医学院已经完成CM的规划，但仍在继续完善之中；有16%的医学院目前正在规划他们的CM；还有10%的医学院至今还没有把构建CM列为学校现阶段工作的重点。""17%的加拿大医学院和33%的英国医学院（平均27%的医学院）采用虚拟学习环境或学习管理系统。"①目前，"课程地图广泛应用于英国、美国、加拿大等国的大学，很多二学类、医学类专业课程设置更是离不开课程地图"。

我国较早开展课程地图研究和实践活动的地区主要集中在台湾地区。同样是为了应对教育教学质量不佳的局面，台湾当局于2005年起开始施行"奖励大学教学卓越计划"。2007—2010年推动"以通识教育为核心之全校课程革新计划"，提出了课程地图的概念与建设目标："（课程地图）指学生大学四年之清晰修课学习路径，目的是协助学生选课前后能够规划、组织、整合所修课程及学程。课程地图所涉之课程内容与目标应互有融贯联结，并具系统性与层次感，而非仅单一课程综合。同时，应开设具备完整性与系统性之课（学）程，以作为全校课程地图之映照，发挥全校课程地图指导课程开设之目标。"2009年起，台湾教育部门在教学卓越计划评估项目中增加了课程地图的评估内容，在该年度"奖励技专校院教学卓越计划"中增加了"建立完善之课程地图，协助学生选课及学习规划"；在该年度"奖励大学教学卓越计划"考核指标中新增了"学校发展全校学生选课地图，提供学习咨询协助学生进行职涯探索及生涯规划之做法"。这些评估指标加速了执行卓越计划大学的课程地图应用与发展。2011年，台湾教育机构顾问室持续推动深化课程地图工作，推出的"教育部办理补助公民素养陶塑计划"第一项就是"全校课程地图之改善"，该计划推动的前提是已初步建立课程地图的高校，强调课程地图中必须融入伦理、民主、科学、美学与媒体五大素养②。目前，台湾地区高校在"奖励大学教学卓越计划"的推动下开展了大量课程地图的理论研究和实践应用活动，课程地图的应用与发展已经成为台湾高校课程规划管理的主流趋势。

---

① Timothy G. Willett：《加拿大和英国医学院校的课程地图》，梅人朗译，《复旦教育论坛》2010年第3期。

② 巩建闽、萧蓓蕾：《台湾高校课程地图对大陆课程地图发展的启示》，《中国高教研究》2014年第5期。

近年来，我国大陆部分高校引入课程地图的概念和方法，但整个发展还处于起步阶段。2012年，首都师范大学启动课程地图研制工作，现已有8个专业的课程地图通过学校组织的答辩验收。2013年，西安电子科技大学物理与光电工程学院组织32位高年级优秀学生历时3个月编写了学院"课程地图"，详细介绍了学院电子科学与技术类专业30门主干课程的内容架构、学习方法、发展方向、考核要求、师资情况以及学习该门课程所能获得的核心能力。当年的新生及家长普遍反映，"课程地图"条理清晰、分析细致、视角独特，为学生规划学习日程、了解所学专业内容提供了可靠参考，并为新生学习明确了方向①。目前，从我国大陆部分高校官网公布的教学改革文献来看，清华大学、复旦大学、南京大学、中山大学等高校通过课程地图帮助学生规划学习路径，明确课程间的关联性和学习目标；北京大学、上海交通大学等高校通过试点课程地图帮助学生完整理解课程体系，提升学习效率；浙江大学、武汉大学、华中科技大学等高校通过课程地图整合跨学科课程、提升课程的衔接性，促进学生个性化学习。由此可见，相对于台湾地区而言，大陆高校对课程地图理论的关注较少，课程地图建设也基本处于起步阶段，呈现出不断发展完善、逐渐普及的总体态势。

从课程地图发展演变的历史进程来看，课程地图起源于美国，后来在美国、英国、加拿大等国家高校得以广泛应用和发展，我国较早开展课程地图研究和实践活动的地区主要集中在台湾地区。美国、英国、加拿大和我国台湾地区的课程地图应用发展实践，既有共同的理论基础和教育哲学思想依据，又具有各自的地域文化特色，其基本特征和运行机制能够为我国大陆高校课程地图的应用发展提供经验借鉴和政策启示。课程地图理念与方法的应用范围正在从基础教育领域逐步推广到高等教育领域，其应用价值日益受到各级各类学校的重视。课程地图的应用与发展为构建课程地图理论提供了实践基础，为创新以学生为中心、基于学习成果导向的学校课程体系设计框架提供了经验借鉴。

---

① 《物理与光电工程学院推出"课程地图"深受新生欢迎》，http://info.xidian.edu.cn/info/1010/2020.htm，访问日期：2013年9月17日。

/ 第三章 /
课程地图的理论阐释

恩格斯说过："只有清晰的理论分析才能在错综复杂的事实中指明正确的道路。"[1]30多年来，课程地图作为一种学校课程体系设计的理念与方法，其内涵和外延不断丰富和发展。今天，我们如何理解课程地图的核心要素、理论内涵、基本特征、类型结构以及功能？对这些问题的探索与回答，是我们对课程地图进行理论阐释的主要内容，也是我们进行课程地图比较研究和实践应用展望的前提基础。

一、课程地图的基本内涵

课程地图作为学校课程设置与整体规划管理的工具性概念，其本质上是一种学校课程体系设计的理念与方法。而任何课程体系的设计都必须解决好三个问题：一是课程体系的目标是什么，即课程体系要达到什么功能要求；二是为达到课程体系目标，需要使用什么课程资源、怎样使这些资源有机组合起来，即课程体系结构问题；三是如何评价课程的功效，即解决效具评价问题。[2]课程地图最初是作为学校内部进行课程审议的一个方法而提出的概念，其产生的基本思想是如何使教学计划、教学内容（课程）与学生预期达到的学业标准之间保持一致，以确保人才培养预期目标的实现。从课程地图最初的概念内涵来看，重点强调了三点："学校实际教了什么""花了多长时间"以及"课程内容与学区评价方案是否契合"。[3]经过多年的发展，课程地图的内涵和外延逐渐拓展。

---

① 马克思、恩格斯：《马克思恩格斯全集》，人民出版社，1971，第283页。

② 胡弼成：《大学课程体系现代化》，湖南大学出版社，2006，第159页。

③ English F W, "Curriculum Mapping," *Educational Leadership* 37, no.7(1980):558–559.

课程地图的基本内涵集中体现在对课程地图相关核心要素的整体关联和动态把握上。

（一）课程地图的核心要素

课程地图包含了整体课程安排和具体课程两个层面，其中整体课程安排层面的课程地图具体包括四个核心要素，分别是培养目标、核心能力、课程规划、职业生涯需求（如图3-1所示）。

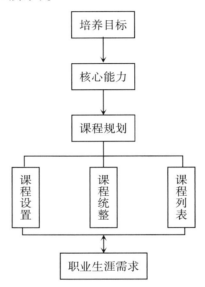

图3-1 课程地图要素关系示意图

1.培养目标。培养目标是指高校培养的人才所要达到的具体标准和规格，它是高校开展课程规划设计、形成课程体系的前提和基础。培养目标在高校内部体现为学校人才培养目标、学院（系、所）人才培养目标以及各专业人才培养目标等不同的层次，最终集中体现在课程规划设计以及课程教与学的过程之中，从而也在实际应用中形成了不同层面的课程地图。"将培养目标细化到课程和学习路径中，形成可评价和测量的要素是构建课程地图的关键。"①培养目标是一个历史范畴，不同国家、不同社会制度、不同历史时期，社会对人才素质具有不同要求，因而决定了不同的教育目的及具体的培养目标。我们只有从当下社会需求的角度来把握人才素质的内涵，才能确定具有时代内容和特征的培

① 王静静、夏德宏：《高校课程地图建设探索——基于台湾地区高校经验的分析》，《高等理科教育》2015年第2期。

养目标，从而使得整个课程体系的发展顺应时代发展趋势。就高校本科专业人才培养目标的确定而言，要通过广泛调查研究，特别是要结合本专业相关的职业行业需求、已毕业学生的经验反馈、升学接纳机构的要求来设定，力争做到目标清晰、具体、有层次性，且符合本校人才培养目标定位、办学特色以及人才培养实力。

2.核心能力。学生的核心能力是高校基于培养目标，逐过预设学生未来可能的职业生涯发展方向，按照职业需求或某一类社会岗位要求所拟定的学生在毕业后应具备的能力体系。从职业生涯发展角度看，核心能力是人们职业生涯中更重要的、最基本的能力，是职业综合能力形成和发挥作用的必备条件，具有普遍的适用性和广泛的可迁移性，对人的终身发展和终身成就影响极其深远。核心能力是学生面对未来社会应具备的主要且具有竞争力的能力，确立学生的核心能力体系是高校绘制课程地图的首要环节。核心能力体系是人才培养目标的具体化，只有相关的核心能力的培养才能支撑人才培养目标的实现。一般用表格形式展现人才培养目标与核心能力的内在逻辑关系。

3.课程规划。课程规划是高校围绕学生核心能力培养所进行的课程设置、课程信息统整并最终形成课程列表的活动，它是课程地图"永在活力"的集中展示。在课程设置方面，它以课程列表的形式呈现了高校围绕培养"学生核心能力"所开设的所有课程，既包含全校性通识课程，又包含专业必修课程和选修课程；在课程信息统整方面，它遵循课程教与学和学生职业生涯发展需求目标一致性的原则，在课程列表中明确了课程学习的先后次序、不同课程在不同学段的位置以及各门课程与"学生核心能力"之间的对应关系。课程规划最终形成了一个完整的、可视化的、具有导向性的课程整体设计与安排的示意图。相对于课程论视角的课程规划而言，课程地图中的课程规划侧重于宏观层面的课程结构设计与安排，着眼于处理各类课程之间的关系和某种课程类型中各具体科目的构成及其相互关系。当然，在实际操作中进入课程地图的每门课程都必须具备详细的课程简介、课程大纲、课程进度计划。课程简介主要涵盖课程名称、课程代码、开课学期、上课教师、上课地点、关联的核心能力、课程的分类属性（如专业基础课、专业核心课、专业方向课、实践课、教师教育课）等信息；课程大纲需涵盖内容简介、课程目标、课程要求、考核评价、参考书目等内容；课程进度具体到每个教学周的进度和教学内容安排。

4.职业生涯需求。职业生涯需求是高校依据经济和社会发展需求，结合历届毕业生就业去向，所描述的学生未来可能的职业发展方向以及所要达到的具体要求，具体包括了岗位、能力、职业技能证书要求等等。在课程地图中，不同的职业生涯发展所需的核心能力对应不同的课程（或课程模块）。职业生涯发展需求随经济社会发展而变化，职业生涯发展需求的预测分析是一个复杂的系统工程。

具体课程层面的课程地图反映课程列表中每一门课程的实施过程，其要素包括了课程教学的主体和内容、学习时间和地点、学习资源信息、课程考核评价方式、学生学业测评标准等等。这个层面的课程地图类似于高校传统的"课程编排表"，具有很大的灵活性，教师或学生在编制此类课程地图时还可以根据自己的教学实际情况添加有关课程教与学的辅助信息。

（二）课程地图的内涵

1.课程现代化理论视角下的课程地图内涵解读

课程地图体现了课程概念的本体性内涵。课程思想是随着人类社会教育的产生应运而生的。从词源学上考察，"课程词源'currere'所内含的作为名词和动词、结果和过程以及静态和动态相生共存的'学程'和'奔跑'的意义，是课程的本体性内涵"。①正如维特根斯坦（Ludwig Wittgenstein，1889—1951）曾提醒我们的："文字的含义蕴含在它的运用之中。""Curriculum"在实际运用中相当于汉语中的课程体系，也可以理解为学校或大学中某一学院（系）、某一专业的全部课程。"Mapping"既有汉语中名词"地图""映像"之意，也有动词"绘图""绘制地图"的意思。而课程地图本身是一种方法，"方法在西方思想史上的历史可以追溯至拉丁语中的methodus，而这个单词本身在字面上是希腊语的meta（探索、追求、遵循）与odos（道路、方式）这两个词的结合"。②因此，仅从词义研究的角度看，课程地图"Curriculum Mapping"既有反映高校人才培养目标、学生核心能力培养、课程规划、学生未来可能职业生涯发展需求之间的逻辑关系，并明示课程设置列表的"学程"之意，又有提供师生课程教与学的导向、路线的"跑道"之意；课程地图既彰显了课程"用来跑"的承载意义，

① 李庆丰：《大学课程知识选择的实践逻辑研究》，北京师范大学出版社，2014，第32页。

② ［美］小威廉·E.多尔、M.杰恩·弗利纳、唐娜·楚伊特：《混沌、复杂性、课程与文化（一场对话）》，余洁译，教育科学出版社，2014，第3页。

又发挥了课程"跑出来"的创生价值。相对于传统模式下的课程体系过多地关注了教学活动本身，而对教学活动的目标取向、活动支撑系统以及课程效果评价等要素重视不够而言，课程地图是基于目标导向，以诸要素为载体，通过一定的方式和手段使学生获得知识和技能的课程体系总体规划及其过程。这一过程的结果既是已有经验的传承，也是新知识或技能的创生。

课程地图彰显了课程组织形态秩序的方法论意义。课程地图作为一种课程体系设计的方法，其本质上是在构建一种新的课程组织形态，使课程体系诸要素在结构性的联系中展现出整体效应。新的课程组织形态的建构过程，体现出了从"一般原则"到"特殊顺序"教授每一门课程的方法论意义。课程地图在课程组织形态层面的方法论意义，其理论渊源可以追溯到"世界上最闻名的捷径大师"彼得·拉莫斯关于学科的分类图表。拉莫斯根据自己关于方法与课程组织的观点，为学生和教师提供了一张从一般到个别的顺序排列的所有学科的分类图表，又称拉莫斯地图（如图3-2）。正如拉莫斯所说："方法就是一种排列分布……把在知识绝对顺序中排序第一的放在所要阐释的第一位，排序第二的放在第二位，接下来依序而行，因而形成从一般到个别的完整排列。"[1]而且这种方法追求简单、清晰的"简洁风格"，具有实用性、简单性和有效性的特点。这张地图（同时也是目录表）直观地勾勒出彼得·拉莫斯"完全延展细分"的哲学，而课程正是其中的一部分。作为教学工具，这张地图所揣绘的（哲学）学科"带有浓厚的西塞罗风格及源于西塞罗的例子，正好显示出年轻人（与教师）而设的那种纯粹的、真正的方法以鼓励所有人对于大学文科的喜爱"。[2]

---

[1] ［美］小威廉·E.多尔、M.杰恩·弗利纳、唐娜·楚伊特：《混沌、复杂性、课程与文化（一场对话）》，余洁译，教育科学出版社，2014，第26页。

[2] ［美］小威廉·E.多尔、M.杰恩·弗利纳、唐娜·楚伊特：《混沌、复杂性、课程与文化（一场对话）》，余洁译，教育科学出版社，2014，第58页。

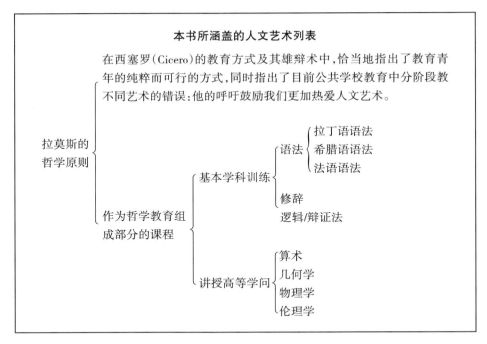

图 3-2　拉莫斯地图

　　课程地图反映了关联性、严密性的后现代课程观。后现代课程观认为，课程体系中的"关联性"是指课程结构内在的联系，它赋予课程以丰富的模体或网络。而"严密性"就是教师、学生在课程实践中要有目的地寻找不同的选择方案、关系和联系，有意识地区别对待评价所依赖的假设，研究分析我们和他人所持的假设，以便在假设之间也就是我和他人、读者和文本之间架设起协调的通道，使"对话成为有意义的和转变性的对话"，[①]从而使课程更为有效、合理。课程地图集中呈现了支撑实现高校人才培养目标的所有课程，它是由若干具体课程（相当于英语中的"course"）或课程模块按照一定逻辑关系联结而成的课程体系。其中"若干具体课程或课程模块"是课程概念在名词、结果和静态层面的存在形态，集中解决了"教什么、学什么"的问题；"按照一定逻辑关系联结而成"是课程概念在动词、过程和动态层面的存在形态，集中解决了"如何教、如何学"的问题，这两个方面共同构成了一个完整的教与学的"课程体系"。正如美国学者英格里斯所指出的，课程地图是"以事实为基础（reality-

------

① ［美］小威廉·E.多尔：《后现代课程观》，王红宇译，教育科学出版社，1999，第260页。

based）的内容记录，包含实际授课内容、授课时间以及教学与学区评价方案的契合"。①英国学者哈登也曾认为："课程地图主要设计'教了什么'（内容、专业知识领域和学习成果），它是如何被教的（学习资源、学习机会），'何时教'（时间表、课程顺序）以及用来确定学生是否已达到预期的学习结果（评价）。"②

课程地图反映了动态性的教育目标评估要义。现代课程专家泰勒认为，当一个学校的教育目标确定之后，"课程编制是一个持续的过程，在编制材料和程序时，要对它们进行试验，并评估它们的结果，指出其中的不当之处，提出改进的意见；然后就是重新规划，重新编制课程，重新对其进行评估；在这种持续的循环圈里，课程和教学计划有可能在数年中不断地得到改进"。③课程地图在实际应用中是一个围绕学生核心能力培养，根据课程教与学过程的反馈、学生未来可能的职业生涯发展需求而不断修订完善的动态过程。一方面，课程地图强调围绕学生的核心能力培养开展课程规划和课程的教与学活动，主张严格统一的课程体系、课程教与学的系统性和顺序性以及严格的学业测评标准等。课程地图的雏形就是"关注和记录教师们讲授了什么主题和时间安排（授课顺序和时间等）"，看其是否与"对学生的评价能与教学计划的要求相一致"。另一方面，课程地图强调课程规划是一个对课程信息进行动态整合的过程。在这一过程中实现了教师之间的专业对话、师生之间的交流沟通以及课程规划设计与社会职业需求之间的有序对接，充分体现教学民主化思想和课程教与学过程中的"以人为本"理念。同时，课程地图在课程教与学的方式方法层面，更是鼓励教师和学生结合个人经验，充分发挥主观能动性，沿着课程地图指引的路线达到预期的学业标准。

课程地图体现了学生为主体的"学习经验"理论。现代课程专家泰勒认为，"从本质上说，学习是学习者通过对身处环境所产生的反映而发生的"。"学习经验"是指"学习者与使他起反映的环境中的外部条件之间的相互作用。学习是

---

① English F W，"Curriculum Mapping，"*Educational Leadership* 37，no.7（1980）：558-559.

② R M Harden，"Curriculum Mapping：a Tool for Transparent and Authentic Teaching and Learning，"*Medical Teacher* 23，no.2（2001）：123-137.

③ ［美］Ralph W Tyler：《课程与教学的基本原理》，罗康、张阅译，中国轻工业出版社，2008，第111页。

通过学生的主动行为而发生的；学生学到了什么取决于他做了什么，而不是教师做了什么"。①课程地图与学生学习成果（学业成就）密不可分，它为学生在一定学段内的学业发展提供了明确导向和路线，在实践中体现为目标导向、时间任务分析、结果本位教育。美国教育评价标准联合委员会认为，学生学习成果是对学生特定学习的期望，即学生在特定的学习、发展及表现等方面将会获得的各种结果。其核心含义是："学生经过某种学习后，知识（knowledge）、技能（skills outcomes）、态度和情感（attitudinal or affective outcomes）以及习得的能力（learned abilities）得以增长，这种增长是具体的、可测量的。"②学生学习成果（student learning outcomes）的概念和方法逐渐取代了传统的难以测量的培养目标，其实质是将培养目标变成某种可以测量的"标准"。课程地图在实际应用中的主要功能体现在整合学习资源、改善课程质量、导向学业测评标准、满足不同职业生涯发展需求，以有效支撑高校人才培养目标实现等方面。

2.场域理论视角下的课程地图内涵解读

课程地图是一个客观存在的关系性范畴。场域理论认为，场域是一个由客观关系构成的系统。课程地图所构建的教育场域，本质上是一个由学校人才培养目标、课程体系及学生职业生涯需求之间的客观关系构成的社会空间，而不是由可视化的课程列表所呈现的物理空间，它遵循自身独特的运行逻辑和游戏规则。其一，课程地图遵循了社会发展和个人发展共同需求的基本价值理念。课程地图在实现学校人才培养目标、对接学生职业生涯需求的过程中，实践了社会需求与个人发展需求、学生个人社会价值与个人人生价值的有机统一。其二，课程地图在课程体系设计的宏观层面遵循了社会发展规律、人才成长规律和教育教学规律，在课程统整的中观层面遵循了学科知识发展的自身逻辑，在课程列表的微观层面遵循了课程理论发展的自身逻辑。其三，课程地图效果的发挥如何，不仅与课程地图这个教育场域空间中所有关联的诸多要素有关，更取决于这个空间中所有关联要素之间的相互关系。

课程地图是一个诸要素相互作用的动态空间。场域理论认为，场域内各活

①［美］Ralph W Tyler:《课程与教学的基本原理》，罗康、张阅译，中国轻工业出版社，2008，第55页。

②黄海涛:《美国高等教育中的"学生学习成果评估"：内涵与特征》，《高等教育研究》2010年第7期。

动因子的力量关系和旨在改变场域状态的斗争关系、相互作用和影响的关系，是场域生存和进行再生产的基础。课程地图各核心要素之间相互作用、相互影响的关系，构成了课程地图存在和发展的基础。其一，课程地图编制过程体现了课程体系设计主导权力的在建构化。在传统的课程体系设计过程中，教育行政部门人员、学者、专家往往成为课程规划的主导力量，其权威性是不容挑战的。在课程地图理念主导下，课程发展中的权力结构由横向的权力分享来取代垂直的支配关系。在这种权力关系下，学者、专家和教师之间是一种分工与合作的关系，教师之间也是一种协同与合作的关系。其二，课程地图的编制过程体现了知识的再概念化。由于课程地图反映社会对学生职业生涯发展的需求，也尊重学生个人发展的个性化需求，价值在课程地图理念主导下教师被"增权赋能"，因此在课程统整过程中由注重"减少知识的层级性与支配性"，转向注重"知识横向间的联结与知识的流通性"，换言之，"课程所教的知识不能化约为书本知识，它与生活应具有动态的契合"①。其三，课程地图诸要素之间是一个动态平衡的过程。社会的进步与发展、人类认识的发展、知识的积累与创新、学生身心条件的变化都处于一个不断发展变化的过程之中，加之课程本身也不是一个亘古不变的客观存在，从而使得课程地图成为聚焦学生学习历程、体现课程设置特征及相互关系、反映学生学习成果的目标要求、对接学生职业生涯需求的动态过程。在这一过程中，课程地图诸要素之间的鸿沟、距离和不对称关系，构成了课程地图这个"教育场域"生成、维持、发展和变革的动力之源。

课程地图是一个课程教与学的关键中介环节。场域理论认为，场域是那些参加场域活动的社会行动者的实践与周围的社会经济条件之间的一个关键性的中介环节。课程地图通过课程的教与学来实现学校这个"教育场域"培养学生的主要目的，同时通过培养学生使得知识这种文化资本得以产生、传播以及传承。课程地图所构建的"教育场域"本身又是一种文化场域，知识是这个场域的"资本"，这一场域"主要通过知识这种文化资本得以维系，如教师通过传授知识与学生互动，而学生通过学习知识与教师及其他教育者交往，教育管理者也是通过对知识的组织、控制和评价等形式来进行管理，甚至教育活动、教育

---

① [美]Heidi Hayes Jacobs：《课程地图：课程统整与幼稚园到十二年级的评量》，卢美贵等译，心理出版社，2007，第7页。

制度和其他社会活动、社会制度之间的关系，也通过知识来完成"。①

3.系统动力学理论视角下的课程地图内涵解读

课程地图是一个多因素、多层次、多方面构成的有机结构系统。凡系统必有结构，系统结构决定系统功能。系统动力学强调根据系统内部组成要素互为因果的反馈特点，从系统的内部结构来寻找问题发生的根源。从系统动力学的观点看，课程地图的动力结构有三个层次：一是宏观层次，课程体系与外部社会结构之间进行物质、能量和信息的交换，社会系统各要素如科技、经济、政治、文化等不仅为课程体系发展提供环境，也为课程体系发展提供动力；二是中观层次，课程体系各要素及要素自身的内部矛盾运动，如课程体系目标要素与内容要素之间、课程体系目标要素内部、课程体系内容要素内部等；三是微观层次，即课程体系要素构件的内部及其结构形式，这是课程体系结构运动的外在动力与内在动力相互作用的着力点。

课程地图是一个开放的、复杂的动态系统。系统动力学强调从整体上研究系统的结构与功能，并把握复杂系统在运动序列上的动态行为，寻求改善系统行为的机会和途径。其一，课程体系作为一个开放的系统，它无时无刻不在接受其他社会子系统的影响。一方面，社会各子系统的结构和性质及其相互关系构成课程体系的外动力，共同推动课程体系的变化发展；另一方面，社会各子系统间开放形成反馈回路的机构及这些回路之间的相互关系，协同推进课程体系的变化发展。其二，课程体系外部环境的合力只能通过教育以及课程体系结构发挥作用。"在这个意义上，以课程体系为心脏的教育系统不断从其他系统输入和消化能量、物质，以获得更多的'负熵流'，抵消正熵流增加，并通过信息反馈，调节课程体系内部各要素的关系；同时根据环境变化调整自身与外界的关系，从而实现系统内部结构上的自我调节和自我组织。"②这种自我调节和自组织能力，促使课程体系不断实现"负熵"过程，推动系统由简单到复杂、由旧质到新质的发展变化，最终导致课程体系不断走向新的平衡，以推动人才培养质量的不断提升。其三，课程体系的发展运动是课程体系自动力系统与其外动力系统的协同运动，这是一个在合力作用中完成特定功能——人才培养的过

---

① 谢维和：《教育活动的社会学分析：一种教育社会学的研究》，教育科学出版社，2000，第12页。

② 胡弼成：《大学课程体系现代化》，湖南大学出版社，2007，第97页。

程。从课程体系动力系统活动的微观角度来看，教育者和受教育者之间的矛盾是教育实践活动中的基本矛盾。它主要表现为教育者根据社会发展的需要而提出的对教育的要求和学习者的未完成性、身心发展的特点及水平之间的矛盾。教育者代表社会要求，体现着育人的方向和人才培养目标，具体组织实施课程体系，促使学习者不断得以发展，以满足社会发展的需要。而学习者在教育者的引导下，充分发挥主体性，按照一定的要求来主动适应课程体系的指向。教育和学习的主体的活动目标最终都一致归于课程体系的人才培养目标。

4.作为"地图"隐喻的课程地图内涵解读

地图作为地理学的第二语言，是地球信息的可视化形式，是人类空间形象思维的再现，是空间信息传输与认知的重要手段，也是一种运用图形符号来记载和传输地理信息的特种文化工具。在地图学理论中，"地图是遵循相应的数学法则，将地球上的地理信息，通过科学的概括，运用符号系统表示在各类载体上的图形，以传递它们的数量和质量在空间和时间上的分布规律和发展变化"。[①]从基本特征来看，地图能够存储数量巨大的地理信息，以表达它的空间结构和时间序列变化，以及各种现象间的相互联系；地图总是以缩小的图形反映远大于视野的地理信息，坐标系统、地图投影和比例尺构成地图的数学法则；地图所表示的仅是大量地理信息中选择某些信息加以分析和处理，经过人们的思维与加工形成的地理信息；地理信息的图形表达借助地图符号，便于空间定位以显示各种现象及其属性的相互关联。地图的存在与发展依托于地图本身所具有的许多功能：地图具有认知功能，地图是人类空间认知的结果，又是人类进行空间认知的工具；地图信息的负载功能，地图信息既包括了用图形符号直接表示的地理信息，也包括了经过解译、分析而获得的有关现象或实体规律的信息；地图的传递功能，地图是地理信息十分良好的传递工具，客观事物通过制图者的认识形成概念后，使用地图语言（地图符号）加工成地图，用图者读懂了地图语言，以形成对客观事物（地理信息）的概念；地图的模拟功能，地图能够对所需要表示的对象，在众多特征中抽取内在的、本质的特征与联系，即经过地图概括而形成地图。地图所具有的概念模型的特性，使它在表示各专题现象分布规律、时空差异和变化特征时，无法被任何文字描述或语言所比拟。

① 毛赞猷、朱良、周占鳌、韩雪培：《新编地图学教程（第三版）》，高等教育出版社，2017，第6页。

隐喻作为一种独特的说明事物、表达思想的方式，它能够给人以生动的意象，不像逻辑的概念方式那样抽象，也不像科学的图表那样冷冰冰的"客观"，在一定程度上，它是一种心灵的呈现，而且"求其友声"，渴望着听众和读者的精神的参与。[1]教育学中隐喻的存在，也在一定程度上凸显了教育学活动的文化意义。课程地图作为一种课程体系设计的工具性概念，其具有作为"地图"隐喻的基本内涵。一是负载课程信息。课程地图以图形的形式，将围绕实现人才培养目标而设置的系列课程，按照能力或岗位需求进行罗列整合，以传递课程数量与质量在空间和时间上的分布规律以及与核心能力培养的对应关系。课程地图所列举的课程信息是课程地图编制主体从大量课程信息中经过分析、选择而形成的，既有用图形符号标识的课程之间的直接关系信息，也有需经过解释、分析而形成的"地下茎"式的课程信息。二是提供认知框架。正如《地理学思想史》中所言："当你要去创立一种太大的，大到不便于观察的一个世界的意象时，这就得要进行概括，选择某些特征，把它们织造到这个形象中去，并扬弃那些无关的特征。""除非你能回答它在哪里这个问题，否则即使你把人的世界描述得怎样清楚，也是没有多大的价值的。"[2]课程地图作为一个由学生毕业就业去向图、课程结构图、课程修读路径图、课程开设时序图和课程分析图构成的综合系统，能够直观明了地展示出一所高校或一个专业的课程安排总体状况，从而为学生规划学习路径、教师审视所授课程、院系审视专业课程体系、学校宏观把握全校课程教学情况提供了认知框架。三是促进师生对话。课程地图基于学生学习成果导向教育的理念，以专业知识学习和学生未来发展需求为出发点，以图表方式直观展示课程设置与核心能力培养、未来社会岗位需求或职业标准之间的对应关系，客观上为教师促进专业发展、学生实现自我发展搭建了平台，并有助于促进师生间以"课程体系"为载体形成有效对话。四是特种文化工具。地图本身就是一种特殊的文化工具，而教育具有文化品格，课程本身也具有文化属性。课程地图作为学校课程体系设计的理念与方法，其本身就是一种文化产物。

（三）课程地图的特征

1.系统性。课程地图将高校人才培养目标（含素质和能力方面的具体规格

---

[1] 石中英：《教育学的文化性格》，山西教育出版社，2007，第183页。

[2] [美]P.詹姆斯、F.马丁：《地理学思想史》，李旭旦译，商务印书馆，1989，第1-2,7-8页。

和要求）、与学生所需核心能力相匹配的课程体系（含具体课程模块、教与学的时间顺序）、所要对接的职业生涯发展需求等要素联结在一个动态系统之中，其核心是培养目标、课程体系、学业评价与预期的学习成果之间的一致性问题。课程地图能够直观地反映课程教与学的动态系统中各子系统之间的关系，以及子系统中各因素之间的衔接关系。特别是课程地图将学生学业预期达成标准与课程知识点相对应，在课程体系构建上体现出较强的逻辑性和系统性。正如我国台湾地区推行的"以通识教育为核心之全校课程革新计划"中所强调的，"课程地图所涉之课程内容与目标应互有融贯联结，并具系统性与层次感，而非仅单一课程综合。同时，应开设具备完整性与系统性之课（学）程，以作为全校课程地图之映照，发挥全校课程地图指导课程开设之目标"。[1]

2.导向性。课程地图在呈现样式上没有特定的具体标准，但其作为"地图"的导向性是非常显著的。蒂莫西·G.威尔利特（Timothy G. Willett）认为，可以将课程地图看成是一种类似路标的工具，它通过展示各种课程要素及其联系，向学生、教师、教学计划设计者、评估人员、协调者提供指导。[2] "一定意义上可以说，课程地图是学校、教师与学生共同立下的'承诺书'，是围绕学生核心能力养成，着眼其成长成才和未来职涯发展的学习路径的'私人定制'，让每一个学习者都有机会和权利根据个人需要、兴趣和特长等方面的个体差异制定符合自身发展期望的专属修读课路径、职涯规划，以减少学生学习的盲目性，避免走弯路。"[3] 在我国台湾地区的职业院校中，学生可以通过课程地图中"岗位—核心能力—课程—知识模块"的清晰路径按图索骥，学习相应课程，以提升自己的职业核心能力。

3.可视化。"课程地图不是实际的课程教学，它只是对现实教学活动的一种概括和描述，它是建立在教学计划和教学过程信息基础上的一个可视化工具。通过这种形式能将复杂的教学和学习过程以可视化的图表方式展现出来，活化

---

① 巩建闽、萧蓓蕾：《台湾高校课程地图对大陆课程地图发展的启示》，《中国高教研究》2014年第5期。

② Timothy G. Willett：《加拿大和英国医学院校的课程地图》，梅人朗译，《复旦教育论坛》2010年第3期。

③ 季诚钧、张亚莉：《高校课程地图的理念、要素与特征：基于台湾经验》，《中国高教研究》2015年第12期。

了传统的教学计划和教师规范的教案。"①劳拉·德尔加蒂（Laura Delgaty）认为，如果将教育视为一个旅程，教师应该有一些可以利用的资源来为学生提供指南和指明方向，课程地图就是这样一种工具。②课程地图通过连接课程体系的不同方面，如学生学习成果与学习机会、不同学习成果之间的关系、教学与学业评估等内容，使课程体系变得更加透明和易懂。③当然，课程地图不仅是简单的逻辑关系图或者课程教与学的可视化工具，其本身具有多层次、跨学科等特点。课程地图的应用和发展，为教师、学生和课程管理者提供了一个可以整体把握课程体系的独特视角。

4.动态性。课程地图的编制是一个动态开发、持续改进、不断完善的过程，课程地图所构建的课程体系也是一个开放的、动态的、发展的体系。"课程地图的设计和制作过程是一项复杂的系统工程，是一个'从上向下'设计与'由下向上'制作相结合、'分'与'合'相交织的过程。"④随着社会职业生涯发展需求的变化，课程地图所构建的课程体系始终围绕培养"学生核心能力"处在不断适应、调整的动态变化过程之中。而且，课程地图"关注培养目标的达成，其中心和焦点始终是为学生提供成长成才的资源与路径，其目的是要构建出循序渐进且具有挑战性的课程，不仅要实现培养目标的基本要求，更要使学生进一步超越这个标准"。⑤

二、课程地图的结构与功能

（一）课程地图的基本类型

1.依据课程地图的形成方式，可分为日记类地图、计划性地图、共识性地图、基础性地图四种模式

美国学者珍妮特·A.黑尔（Janet A.Hale）根据早期课程地图的具体形成方式，

---

① 董文娜、巩建闽：《课程地图是什么》，《教育发展研究》2014年第17期。

② L Delgaty, "Curriculum Mapping: Are You Thinking What I'm Thinking? A Visual Comparison of Standardized, Prescriptive Programmes," *ARECLS* 6(2009):35-58.

③ R M Harden, "Curriculum Mapping: a Tool for Transparent and Authentic Teaching and Learning," *Medical Teacher* 23, no.2(2001): 123-137.

④ ［美］Heidi Hayes Jacobs：《课程地图：展现实践成果与省思》，卢美贵等译，心理出版社，2008，第76页。

⑤ 董文娜、巩建闽：《课程地图是什么》，《教育发展研究》2014年第17期。

将课程地图的基本模式分为四种类型（如表3-1所示）：一是日记类课程地图（Diary Map），即由教师个人在每月教学之后如实记录学生实际学习情况，用以对照学校制定的学习标准，分析学生实际学习效果是否达到了预期目的，并以此为依据完善课程体系、改进课程教学的方式方法、提升教学效果。这是在课程地图产生初期学科教学中最常用的课程地图类型，也是最能体现课程地图基本思想的课程地图模式。

二是计划性课程地图（Projected Map），即由教师个人在每月教学之前，如实整理学生应按计划学习的课程内容，用以对照学校制定的学习标准，分析学生实际学习效果是否达到了预期目的。其核心是分解细化了课程内容，以便使学习的效果有了"可测量"的标准，这类课程地图模式充分体现了20世纪80年代课程标准化运动的基本思想。

表3-1 珍妮特·A.黑尔关于课程地图四种模式的分类[①]

地图类型	地图层级	记录周期	记录人员	地图目的
日记类地图（Diary Map）	学校	每月一次教学之后	教师个人	根据国家、州、地方或自己制定的标准，一位教师独立地记录或更新学生实际学习部分的地图要素。
计划性地图（Projected Map）	学校	每月一次教学之前	教师个人	根据国家、州、地方或自己制定的标准，一位教师独立地记录或更新学生计划学习内容的地图要素。
共识性地图（Consensus Map）	学校	每月一次或分阶段周期记录，教学之前	两个或更多的教师，包括年级、部门或跨学科的团队	根据国家、州、地方或自己制定的标准，教师们共同对一门给定的学科或课程，达成关于规定的计划学习期望的一致性意见。
基础性地图（Essential Map）	学区	每月一次或分阶段周期记录，教学之前	代表所有学校和由教师和管理人员组成的工作组	根据国家、州、地方或自己制定的标准，工作组共同对一门给定课程或系列课程，协力达成关于强制的计划学习期望的一致意见。

三是共识性课程地图（Consensus Map），即由教师两人以上或教师团队在教学之前每月一次或分阶段周期记录学生应按计划学习的学习内容、技能和评价

① 资料来源：Hale J A, *A guide to curriculum mapping*: *Planning*, *implementing*, *and sustaining theprocess*(Thousand Oaks, CA: Corwin Press, 2008), p.12.

方式，用以对照学校制定的学习标准，确保学生实际学习效果与教学目标的一致性。这一类型的课程地图是针对特定的学校的具体情况而编制的，一般由不同年级或不同学科的教师组成跨学科的团队，该模式集中体现了教师团队对某一门课程预期达到的学生学习成果的一致意见。例如针对"社会科学"的共识性课程地图（如表3-2所示），记录了学生9月份要学习的主要内容，要掌握的主要技能以及简答、演讲、测验等不同的评价方式和相对应的评价标准。

表3-2 "社会科学"共识性地图（月）[①]

月份	内容	技能	评价	标准
9月	这是你的国土，这是我的国土 A.美国地理： 5个主题 资源： 第一章 美国地理/各种类型的主要资源包 B.美国行政区： 区域划分结构 资源： 第二章 美国地图/各种类型的主要资源包	A1.口头表述和写作说明每个主题的特征：区位(相对、绝对)，地点(人类、自然)，人类与环境的交互作用(适应、调整、依赖)，运动(部落、物资、思想)，区域(正式的、功能性的、知觉的) A2.直观地辨别和书写5种主要地形：山脉、高原、平原、半岛、山谷 A3.从直观或书写上辨别3种主要水域形式：海洋、湖泊、河流 B1.从直观或书写上辨别每个行政区的划分： 区域一：东北部 分区1(新英格兰地区) 分区2(中大西洋地区) 区域二：中西部 分区3(中东北地区) 分区4(中西北地区) 区域三：南部 分区5(南大西洋地区) 分区6(东南地区) 分区7(中西南地区) 区域四：西部 分区8(落基山区) 分区9(太平洋海岸区) B2.从直观和书写上评价为什么区域划分是由地理上构成	A1.相同的5个特征简答题测试(SAME 5 Short - Answer Attributes Test) (评价：题目) A2.常用2分钟演讲(COMMON 2 - Minute Oration) (评价：题目/同伴互评) B1.20道美国区域划分识别地图测验题	A. G5.2.2(I) G4.3.1(D) G4.3.2(D) ELA5.7.1(R) B. G.6.3.2(I) G.5.2.2(I)

① 资料来源：Hale J A, *A guide to curriculum mapping*：*Planning*，*implementing*，*and sustaining theprocess*(Thousand Oaks，CA：Corwin Press，2008)，p.16.

　　四是基础性课程地图（Essential Map），即由教师跨学校或教师与管理人员组成的工作组，在教学之前每月一次或分阶段周期记录学生应按计划学习的学习内容，用以对照学校制定的学习标准，确保学生实际学习效果与教学目标的一致性。这一类型的课程地图属于区域层面计划性的课程地图，这种模式集中体现了工作组对某一门课程或某一系列课程预期达到的学生学习效果的一致意见，旨在为学校课程规划与课程体系设计提供一个整体框架图，帮助学校决定如何最大程度地确保学生达到预期的学习成果（如表3-3所示）。

表3-3 "社会科学"基础性地图（月）[①]

月份	内容	技能	评价	标准
9月	（第一季度） A.美国地理： 5个主题 资源：第一章 B.美国行政区： 区域划分结构 资源：第二章	A.解释每个主题的特征：区位、地点、人类与环境的交互作用、运动、行政区 B.辨别每个行政区的划分 区域一：东北部 分区1（新英格兰地区） 分区2（中大西洋地区） 区域二：中西部 分区3（中东北地区） 分区4（中西北地区） 区域三：南部 分区5（南大西洋地区） 分区6（东南地区） 分区7（中西南地区） 区域四：西部 分区8（落基山区） 分区9（太平洋海岸区）		A. G5.2.2(I) B. G.6.3.2(I) G.5.2.2(I)

　　从以上图表的比较可以看出，美国学者珍妮特·A.黑尔关于课程地图模式的分类主要针对早期课程地图，不同类型课程地图在涉及层级范围、记录周期、

　　[①] 资料来源：Hale J A, *A guide to curriculum mapping*：*Planning*，*implementing*，*and sustaining theprocess*（Thousand Oaks，CA：Corwin Press，2008），p.15.

记录人员、地图目的方面表现出明显的差异，且每一类型的课程地图包含了详略不同的课程数据，其中基础性课程地图包含的细节资料最少，而计划性课程地图和日记类课程地图则涵盖了展现学生每月学习情况的几乎所有详细资料。但四种类型的课程地图编制和实施的根本目的都是记录学生课堂学习（教室中学习）的基本历程。珍妮特·A.黑尔关于课程地图模式的分类对我们认识和理解课程地图的启发主要有四个方面：一是课程地图的最基本思想是最大程度地确保学生达成预期的课程学习结果，也即努力确保教学目标（标准）与学生实际学习效果的一致性。二是课程地图的编制和实施是师生共同合作的过程，师生对于课程的教与学都要有"在场"的自觉与体验。三是课程地图的实施是一个动态修订完善的过程，通过记录、展现当前或过去课程学习历程的数据，课程地图在实际应用中不断完善发展，进而成为学校课程对话与课程体系设计决策的工具。四是导向性功能是课程地图最基本的功能，这种"导向"既体现在教师以此为依据改进教学方式，也体现在学生以此为依据规划学程、改进学习方式、提高学习效果。随着课程地图内涵和外延的发展，课程地图的要素和类型也在不断发生变化。目前我们常用的课程地图主要是针对某一所学校、一个学系或一个专业的课程体系设计框架，其保持了课程地图的基本思想，延续了类似于基础性课程地图和共识性课程地图的特征。

2.依据课程地图的直观性、可视化特征，可分为水平图表形式的课程地图和闭圈同心圆形式的课程地图

从课程地图直观性、可视化的基本特征来看，课程地图的呈现形式可分为水平图表形式的课程地图和闭圈同心圆形式的课程地图两种模式。水平图表形式课程地图主要是指以纵向或横向表格（图表）的形式呈现课程教学目标、学生应具备的核心能力、课程列表、职业岗位要求等要素的课程地图类型，其中以表格形式呈现的课程地图又称课程结构图，图表形式的课程地图主要用"↑""↓"或"←""→"箭头标识课程地图要素之间的逻辑对应关系。

水平图表形式课程地图模式主要有三个方面的基本特点：一是反映课程地图要素全面，各要素之间的逻辑关系清晰、直观。如台湾成功大学管理经济系课程地图（如图3-3所示），包括了"以核心课程为中轴之通识课程构架""管理学院核心课程""管理经济系必修基础课程""管理经济系选修基础课程"以及"学生核心能力及行业选项"五个方面的内容，涵盖了课程地图的所有要

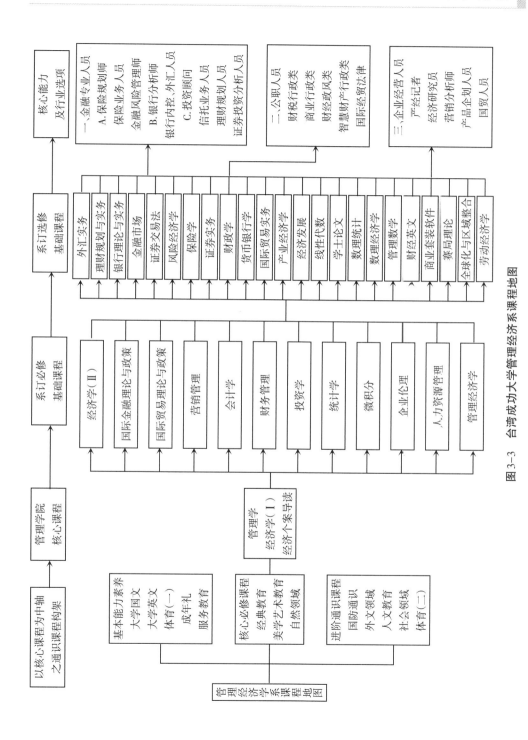

图 3-3 台湾成功大学管理经济系课程地图

素，而且以"→"很直观地标示了课程地图各要素之间的逻辑关系。二是职业导向明确，不同的课程支撑特定的核心能力、对应不同岗位要求。学生可以根据自己未来职业生涯规划很清晰地制订学程计划，进行修读课程的选择。例如，职业生涯规划为金融人员的（包括保险规划师、银行分析师、金融投资顾问等职业），在系订选修基础课程中重点修读外汇实务、理财规划与实务、银行理论与实务、金融市场、证券交易法、风险经济学、保险学以及证券实务等课程；职业生涯规划为公职人员的，则在系订选修基础课程中重点修读风险经济学、保险学、证券实务、财政学、货币银行学、国际贸易实务、产业经济学以及经济发展等课程；职业生涯规划为企业经营人员的，则在系订选课基础课程中重点选修产业经济学、线性代数、数理统计、数理经济学、管理数学、财经英文、商业套装软件、赛局理论、劳动经济学等课程。三是编制方式相对简单，既可以用专业的课程地图软件编制，也可以利用计算机绘图工具手工绘制。

闭圈同心圆形式的课程地图模式则侧重于强调课程模块之间的逻辑关系，突出全校（学院、系）核心必修课程。就直观而言，闭圈同心圆形式课程地图有以下几个显著特点：一是突出核心必修课程的规划设计。如台湾某大学的课程地图（如图3-4所示），强调学生必修核心课程包括语文能力、人文科学、自然科学、应用科学、社会思潮与现象等方面，其中语文能力又包括国文和外文。二是围绕核心必修课程设计通识选修课程，主要包括人文与艺术、科学与技术、公民与社会三大模块。三是不同学院对应不同学程的课程设计，如管理学院对应创意学程、工学院对应应用与伦理学程等，学院在对学程的课程之中再规划设置专业课程。相对于水平图表形式课程地图模式而言，闭圈同心圆形式课程地图模式反映核心能力及行业岗位需求不直观具体、具体课程列表不够明晰，其"同心圆"模式直观反映了核心必修课程的重要性。

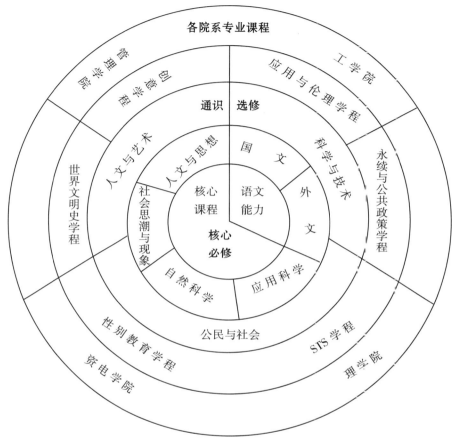

图3-4 台湾某大学课程地图

3.依据课程地图的基本内涵和功能，可分为平面型课程地图模式和立体型课程地图模式

从课程地图的基本内涵和功能来看，课程地图具有"地图"隐喻的认识功能、模拟功能和信息的载负和传递功能，它揭示清楚的路径，导引旅行者到想要到达的目的地，以避免迷路的危险。课程地图也是基于此点定凋它在课程上的应用，能够为学生规划学程和学习路径提供"向导"，告知学生清楚的学习路径，避免时间的浪费，以通过评量，达到学习成果。在本质上它是一种运用图形符号来记载和传输课程信息的特种文化工具。课程信息是客观存在与人的认识之间的中间媒介，它的作用在传递过程中能得到充分发挥。一般而言，课程信息在传递和接受的方式上，如语言、文字等常以线性方式进行，但"地图"

则具有不同的传动方式和特点：人们阅读一幅图，一般不会只是一个点一个点地按顺序进行，而是先总览全图，然后再根据读图的目的，按一定的区域或某个要素分析、研究。换言之，地图传递信息时，在传输方式上具有层次特性，是平行的，更是空间形式的。因此，我们常见的水平图表形式的课程地图、闭圈同心圆形式的课程地图都属于平面型课程地图模式，而对"阅图者"来说，呈现在想象中的是一种立体型的课程地图。

如果用法国哲学家古尔·德勒兹（Gilles Deleuze）与伽塔利（Guttari）关于"树"与"地下茎"的概念来解释，"阅图者"看到的只是实体的平面课程地图，而呈现在"阅图者"心理世界的则是一种地下茎式的地图。所谓地下茎式的课程地图就不仅仅具有为了避免迷路的"地图"隐喻，而是要失去定位、放弃当前位置，从另一个地下茎的节点继续生长。在这个生长过程中，位置（在何处）与目的地（往何处）并不重要，其重要性在于借着由原先的自我出发，不断地与新的情境做联结。由此可见，课程地图的功用不仅仅在于展开大学课程中的每个详细片段，也不在于讨论课程应如何计划的问题，而在于展示非定位的"联结"的潜在性，且每个联结都是新的实验，经由多元的联结，学习的疆域跟着拓展，如同地下茎的生长。由于课程地图要开创的是地下茎的联结，课程地图可以是一个引导学生去个人化的持续"生产器"，是一个"离开"的引导，是为了转换固定位置（dislocation）以获得丰富学习经验的过程。因此，课程地图不仅仅是呈现教室实际发生事件的实体，而是在协助学习主体以多样的方式拓展自身学习的可能性。从这个角度去理解，课程地图的实施过程可以看作是一位学习探险者、实验者对既定规范的不安，并尝试去跨越固定规范的改变，这样的学习过程没有特定的模式，它总是充满活力与创造性。

（二）课程地图的结构

课程地图的结构是课程地图诸要素之间的相互关系及其呈现方式。从呈现内容来看，课程地图主要包括教学计划和具体课程两个不同层面。教学计划层面的地图主要反映课程体系要实现的学习成果，以及为了实现这些成果而选择的课程。具体课程的地图主要反映具体教与学的过程，包括教学主题和内容、学习机会和场所、学习活动和体验、考试方式和方法，以及可利用的相关学习资源等信息。

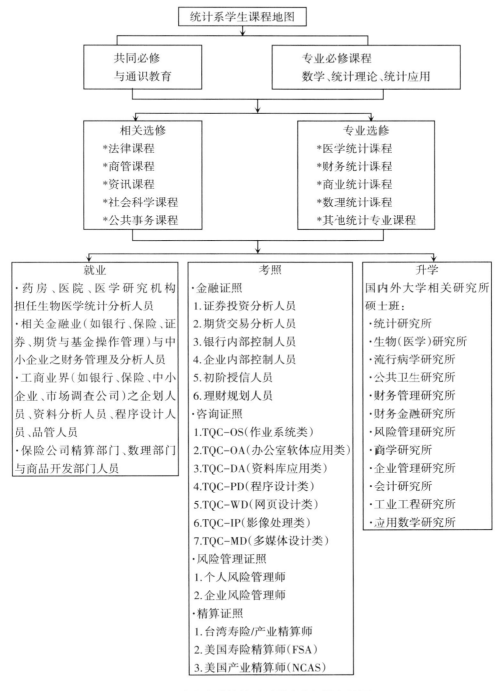

图3-5　台北大学统计系（学士班）课程地图

从呈现形式来看，课程地图的结构可分为两个层面：一是显性结构，即课程的数量、性质、组织形式及其比例关系，也就是课程体系本身的结构；二是隐性结构，即课程体系所反映的指导思想、价值取向等，隐性结构集中体现于课程体系目标与课程体系诸要素的功能之中。直观可视的课程地图结构多为课程地图的显性结构，有以横向表格形式呈现的课程列表、有以纵向表格呈现的课程列表，也有以"同心圆"形式呈现的课程列表。从课程列表所涵盖的范围来看，课程地图主要为系（专业）课程地图（如图3-5台北大学统计系（学士班）课程地图、图3-6台湾成功大学管理经济系课程地图）。

（三）课程地图的功能

课程在高校教学中处于核心位置，高校教学质量从根本上说取决于课程教与学的质量。课程地图围绕课程的教与学，将教师、学生、教学管理者以及相关利益者联结在一个动态的系统之中。课程地图在高校的应用和发展，对于促使教师对课程的优化整合始终保持一颗"敏感的心"，促使学生有效规划学业以提升核心能力，促使教学管理者适应学生未来可能的职业生涯发展需求变化，基于学生学习成果，在评估研究的基础上持续改进教学质量，具有很重要的现实意义。

1.课程地图是教师优化整合课程体系的省察工具

课程地图的编制和应用契合了高校课程体系优化的总体要求。一般认为，课程体系的优化整合包括了课程体系总体结构、课程类型、课程内容三个层面的优化。课程地图的系统性特征和其所反映的诸多因素动态逻辑关系，促使教师对课程体系的优化整合始终保持审慎的态度。首先，通过编制课程地图，教师可以明确每一门课程在整个课程体系中的作用和地位、学习目标和要求以及与其他课程之间的培养关系等相关信息，从而有助于教师从专业的角度更好地把握单个课程在知识传授和能力培养方面的要求，及时发现课程建设中需要改进的内容和环节，进而改进教学方法、合理配置教学资源、丰富教学形式、提高教学效果。21世纪以来，信息技术的发展推动了电子课程地图的产生，教师可以通过检查电子地图生成的图表，查找教学计划、讲授的课程内容之间是否存在缺口和重叠现象，确定在什么地方添加或消除什么内容，最终可以产生一

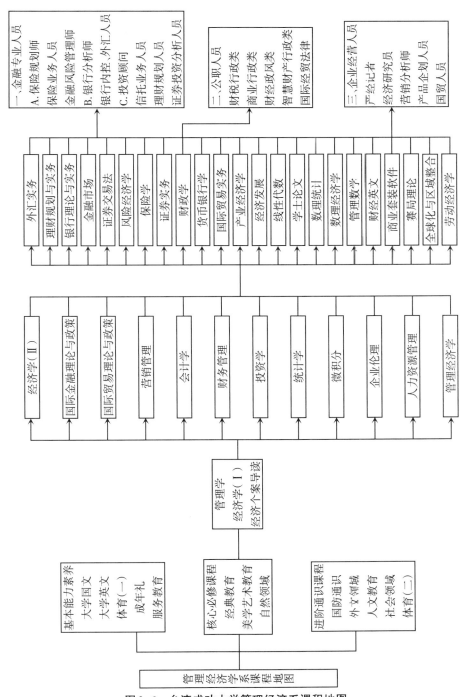

图3-6 台湾成功大学管理经济系课程地图

个更加精简和综合的课程体系。①其次，课程地图对课程体系、核心能力以及培养目标之间关系的整体把握，在实际应用中要求教师在课程设计上注重时效性、灵活性和实用性。"除了地图对各门课程的统一要求外，具体课程的地图还允许教师结合课程实际绘制自己的'个性'地图。有的教师将自己的课程地图与概念图结合起来使用，使地图更有助于学生的学习，有的课程地图还增加了在线课程，甚至可以将其与 e-learning 和慕课（MOOC）等现代教育技术紧密结合"，②以便增强课程地图的实用功能。最后，课程地图所反映的课程体系是一个有机的整体，在教学实践中需要各门具体课程的教与学在资源上共享、在内容上交流、在教学模式上合作。课程地图的应用，可以为高校整合课程和教师团队力量提供一个可操作的实践平台。构建课程地图可以成为高校教师加强交流合作、共享教学资源、促进专业发展的新途径。

2.课程地图是学生规划检测学业发展的导向示图

课程地图的编制和应用为高校学生学业规划发展提供了鲜明的导向和明晰的路径，为学生学习成果检测提供了标准依据。学业规划是指大学生在自我认知和专业认知的基础上，通过对社会未来需要的深入分析和正确认识，确定学业发展方向，制订符合自身实际的学业发展计划。换言之，就是大学生通过解决学什么、怎么学、什么时候学、学到什么等问题，以确保自身顺利完成学业，为成功实现就业或开启事业打好基础。首先，课程地图作为建立在课程教与学基础上的一个可视化工具，为学生学习过程提供一个"鸟瞰"的认识框架，让学生明确学习每门课程的意义和作用，明确学习的目的性和计划性，减少学习过程中的课程"碎片化"，尽可能实现学习成果与学业目标的一致性，从而促使学生成为一个有目的的学习者。其次，课程地图在学业水平检测环节所要求呈现的学习历程档案，系统记录学生课程修读记录、课程考核结果、参与学术科技活动和见习实习情况、已获得的资格证书以及个人基本信息，全息体现学生学习全过程。学生学习历程档案既可以作为学校、教师和学生之间的沟通平台，也为社会用人单位判断学生学习状况、工作能力提供了重要依据。学习历程档

---

① Uchiyama K P, Radin J L, "Curriculum mapping in higher education: A vehicle for collaboration," *Innovative Higher Education* 4(2009):33.

② C Noble, M O'Brien, I Coombes, et al, "Concept Mapping to Evaluate an Undergraduate Pharmacy Curriculum," *American Journal of Pharmaceutical Education* 3(2011):75.

案以过程性评价代替结果性评价，必然引导学生在学习过程中投入精力，适时开展学习成果自我评估，不断提高学习效果，进而促进教学质量的提升。2013年，西安电子科技大学物理与光电工程学院组织32位高年级优秀学生历时3个月编写了学院"课程地图"，详细介绍了学院电子科学与技术类专业30门主干课程的内容架构、学习方法、发展方向、考核要求、师资情况以及学习该门课程所能获得的核心能力。西安电子科技大学当年的新生及家长普遍反映，"课程地图"条理清晰、分析细致、视角独特，为学生规划学习日程、了解所学专业内容提供了可靠参考，并为新生学习明确了方向。

3.课程地图是高校持续改进教学质量的重要载体

课程地图为课程开发人员、教师、学生和管理者提供了一个整体把握课程体系的重要载体。课程地图专家罗纳德·哈登（Ronald Harden）教授认为，课程地图的功用如同黏着剂，能将组成课程体系的所有要素连接起来，形成一个完整的课程拼图，从而使这个拼图的整体意义大于课程的个别部分之和。课程地图能够用于对课程的分析、设计和调整，从而使这些流程更容易被理解、讨论、维护和修改，从而最终改善和提高课程教与学的整体质量。随着我国高等教育改革的不断深入，高校办学自主权持续扩大，特别是近年来高等教育将提高质量作为发展的核心任务，高校办学已从过去那种单纯执行上级指令性、文件性的教学计划，发展到必须面对社会需求和市场变化、学科发展和科技进步，以及围绕毕业生能力和素质提高与全面发展来认真考虑人才培养的整个过程和其中的各个环节。课程地图在高校的应用，有助于"大学人"从被动考虑人才培养到积极主动地对人才数量、质量以及适应性、竞争力、文化修养、道德品质、心理健康等素质方面进行认真的思考。教育主管部门或第三方评估机构也可以通过课程地图了解大学各专业人才培养目标与学习成果是否与学校实际相符，课程体系与课程内容是否满足学习成果要求，学业测评手段和方法是否与学习成果相关联等。因此，课程地图不仅能够成为高校课程教与学以及教学质量评估工作的有机组成部分，也必将成为高校与社会交流的重要窗口。

在可能中行动，同时期待完美。课程地图作为可视化工具，尽管在实践中呈现出一定的功利色彩，在理论上受到一些教学伦理学研究者的质疑，也有学者认为教学质量监控过程中"教室里发生了什么"才是关键、课程地图难以呈现关于教与学的具体方式方法等，但是，课程地图在理论渊源上反映着要素主义教育哲学强调"知识的基本核心"的要义，在应用实践中又表现出进步主义教育哲学强调学生主动性的理论主张。课程地图在高校的应用与发展，必将为高校加强课程规划管理、建立完善学科专业标准、促进教师专业对话以及更好地满足学生多样化发展需求等提供一个全新的视角，也必将为高校持续提升教学质量创建新的路径。

三、课程地图的价值分析

比较教育研究作为一种价值关涉的活动，不仅包含比较教育研究者自身的教育价值认识、价值选择，也体现着比较教育研究者的教育价值追求和价值创造。从价值论的维度来看，比较教育研究的价值取向主要有实用性的价值取向（实践取向）和非实用性的价值取向（理论取向）两种。前者表现在教育借鉴、教育交流、教育决策、教育改革发展和教育政策制定等多个方面；后者表现在理解和解释教育现象、生成新的教育理论和知识、构建教育科学体系以及开展教育审美和教育批评等方面。从前文对课程地图的理论分析和国际比较，我们不难看出，课程地图作为一种课程体系设计的理念与方法，伴随着教育理论及教育事业的发展，其内涵和外延在不断拓展变化。课程地图在质的意义上是人类对学校教育及人的发展的"应然"状态的把握，因而价值关涉性是它的显著特点。正如乔治·A.比彻姆（G. A. Beauchamp）所说："课程设计的问题，首先要考虑价值。"即便是课程体系设计问题"也要考虑价值"。①在知识激增、科技日新月异发展的现代社会，要利用课程地图的理念与方法，展示学生学习的路径导向和课程的垂直联结与横向统整，实现从课程知识向学生能力与素养的转化，关键是要认真分析课程地图对于学生的学习和发展而言到底具有怎样的价值，并进一步解决如何在课程规划管理中最大程度地挖掘和发挥课程地图在社会变化、知识管理、文化变迁等方面所具有的多重价值。

（一）课程地图价值分析的多维视角

价值作为哲学范畴具有最高的普遍性和概括性。从认识论上来说，价值是指客体能够满足主体需要的效益关系，是表示客体的属性和功能与主体需要间的一种效用、效益或效应关系的哲学范畴。"价值具有生成性和发展性，即主客

---

① ［美］乔治·A.比彻姆：《课程理论》，黄明皖译，人民教育出版社，1989，第84页。

体之间的这种效应关系是建立在实践—认识基础之上的一种相互生成关系，而主体的生存与发展需要又是由社会物质生产条件和社会实践水平决定和构建的。"①在全球一村、世界一体的时代，人们交往日益普遍化、相互依存日益增强，同一客体在生活实践中可能与不同主体同时建立价值关系，从而构成价值的网状结构、立体结构和主体间性。在学校教育这个特定的社会情境和坐标体系中，价值的主体存在和主体需求具有特殊的内涵和意义，而作为客体的课程地图，其自身属性也呈现出多样性，因而催生了课程地图价值分析的多维视角。

1.社会视角

任何理念方法或理论学说都是人类社会实践的产物，而且"一种学说的生命力取决于三个因素：一是是否有社会需要，这种需要，不仅是它产生的社会原因，还是它能够继续存在和发展的社会原因；二是是否包含了真理性的因素，具有超越自己时代的价值，经得起历史的考验；三是有无实现这种学说的力量和传人"。②首先，课程地图是"社会需要"的产物，它产生于20世纪80年代末90年代初特定的社会背景，它最初产生的基本思想是如何使教学计划、教学内容（课程）与学生预期达到的学业标准之间保持一致，从而满足社会职业对学校所培养学生的能力要求。在之后的发展中，课程地图致力于使学生核心能力培养、课程体系与社会职业岗位的能力需求之间形成一个具有对应关系的逻辑图表，为学生学习提供路径导向、为教师教学提供知识链接与课程统整，从而促进课程教与学的质量不断提升。其次，课程地图作为一个教育实践的动态系统具有"超越自己时代的价值"，其原因在于它不是对课程体系设计在特定社会条件下应该采取的措施的具体判断，而是对课程体系设计活动规律的揭示。它使得课程体系处在社会需求与课程结构内在逻辑的公理系统之中，从而更新着课程教与学的依据，也改变了课程教与学的理念与方式。最后，从课程地图在不同国家（地区）学校的应用实践来看，依据课程地图理念与方法完善课程体系设计不乏"力量和传人"，这则意味着在学校教育领域，课程地图的理念与方法不仅拥有在实践中与时俱进的发展力，而且拥有在理论上继续发展和持续传承的创造力。

课程地图研究本身是一个现实的社会领域，它不仅仅关注当下人才培养的

① 巨乃岐、王建军：《究竟什么是价值——价值概念的广义解读》，《天中学刊》2009年第1期。
② 陈先达：《马克思主义十五讲》，人民教育出版社，2016，第53页。

现状，更关心如何为未来培养社会公民的问题。首先，课程地图的编制需要在不断变迁的社会现实中做出"为什么教""为什么学"的价值判断，将社会现实与人的发展相互关联。从社会演进的现实来看，课程地图研究总是要对现有社会的价值选择进行反思，重新塑造能够引领社会发展的课程体系。其次，课程地图研究总是同现实的学校教育相关联，课程体系的设计问题也总是在实践中不断生成和创造的，是一个动态变化的实践领域。因此，正如"课程不可能是某种社会规定的固化结构、某种外在于学习者的存在"一样，课程地图"必须根植于学习者所生存的社会情境，并作为历史的产物给学习者提供一种不断变化的、能够被理解和超越的现实"。①从这个角度讲，课程地图研究必须与时俱进，不仅要直接反映特定社会阶段人才培养的现实需求与具体条件，更要不断地构建社会发展的理想形态与未来价值。总之，在社会视角下的课程地图研究，需要我们关注课程体系关联社会现实的过去、现状以及可能的未来。

　　2.知识视角

　　"课程是指围绕知识选择、组织、传递和评价等而开展的各种教育教学活动过程的总和。知识选择活动内含于课程之中，属于课程本身的内在属性，即知识的选择性。"②只要是作为学校教育而存在的课程知识，就必定经过了人类选择。"什么知识最有价值？"这是学校课程知识选择的永恒命题。课程地图则是连接课程知识与教育教学的一条重要纽带。首先，知识视角中的课程地图价值分析可以帮助教师"在较大的课程脉络中做课程的修正，进行水平的与垂直的检视，水平课程是指单一年级一整年的课程，垂直课程则是指不同年级之间课程纵向衔接的部分"。③其次，知识视角中的课程地图价值分析可为教师提供一种课程整合的具体思路，也即"教师必须寻找课程知识重复的部分、缺少的部分、有意义的评量部分、与标准（教学指引）相契合的部分，甚至用来整合的前在部分和适时性的地方"。④最后，课程地图为学生学习的导引图、路线图，正是从个体学习的角度反映知识的价值，重点描述的是知识学习过程中学生个体能力素养的变化与课程知识之间的对应关系。

---

① 潘洪建：《致知与致思：课程改革的知识论透视》，山东教育出版社，2015，第1页。
② 李庆丰：《大学课程知识选择的实践逻辑研究》，北京师范大学出版社，2014，第50页。
③ 王嘉陵：《课程地图将导引大学课程走向何处？》，《课程与教学季刊》2014年第3期。
④ 卢美贵：《课程地图：课程统整与幼稚园到十二年级的评量》，心理出版社，2007，第61页。

人类社会的知识是客观存在的，但个体头脑中的知识并不是客观现实本身，而是个体的一种主观建构。"在知识的获得方面，个体不是简单被动地接收知识信息，而是主动地建构知识的意义，知识是个体在自己经验背景的基础上构建生成的。知识的学习过程，既包括感觉、知觉、表象等，又包括概念、命题、图式，它们分别标志着个体对客观事物反应的不同广度和深度，这是通过个体的认识活动而形成的。"①因此，知识对于个体而言总是有限的、发展变化的，人类对知识的掌握也总是相对的、局部的。从知识视角来分析课程地图的价值，可以反映知识的动态积累过程，有助于从学生个体的角度反映知识的价值，凸显学生的心智活动与心理品质在知识探究、获得中的意义。同时，也有助于揭示知识的动态学习过程中蕴藏的丰富的教育教学价值。

3.人本视角

人是一切社会实践活动的主体。课程地图为包括师生、课程体系设计人员、课程管理者和社会公众在内的所有利益相关者提供了一个沟通和交流的载体，从宏观层次课程地图指导思想的确立到微观层次课程地图的实施过程，本质上都是课程相关主体实现其利益诉求最大化的过程。作为课程用户（学生）主体，课程地图为其实现课程效用的最大化提供了现实的可能，学生在学习过程当中可以真正结合自己的利益需求实现对于课程学习的选择，充分发挥个体的积极主动性，充分尊重了学生的发展意愿，体现了进步主义教育哲学极力强调学习过程当中学生主动性的理论主张。作为课程体系设计（课程专家、教师）的主体，课程专家、教师必须具有"通识教育""全人教育"的现代教育理念，充分尊重学生的发展需要，努力为学生的自主选择和全面发展创造条件。在课程地图建设的过程中，课程体系设计者须帮助学生进行职业生涯规划，共同分析学业中的问题，完成课程方案的调适。作为课程评价（雇主、社会）主体，是否培养了符合雇主、社会要求的合格的社会产品是其衡量课程效用的重要尺度。从人本视角分析课程地图的价值，有助于明晰"利益相关者"各方在课程应用发展中的地位和作用。

课程地图既然作为一种"地图"的隐喻，就有着与普通地图相通的点，都是为人们的行程规划、路线安排提供一种可视化的帮助。劳拉·德尔加蒂

---

① 亓英丽、毕华林：《科学教育中科学知识的价值分析》，《全球教育展望》2012年第2期。

（Laura Delgaty）认为，如果将教育视为一个旅程，教师应该有一些可以利用的资源来为学生提供指南和指明方向，课程地图就是这样一种工具。[1]但是课程地图又有别于一般地图，它的终极诉求在于学生的成长成才，因此，课程地图在设计过程当中体现了动态化持续改进的特点，从课程地图所规划的人才培养目标，到具体课程学习内容的选择及课程学习效果的跟踪评价反馈，都是从学生的实际出发，考虑到诸多学习构成要素的需求，结合时代的变化、社会的要求及信息技术的实践变革，从而为学习者设计的一种达到终极目标的动态发展的可视化路径。

4.文化视角

在"比较教育研究的历史中，客观性一度是所有比较教育学者们的崇高理想，是比较教育研究'科学化'的保证"。[2]但当不同国家的比较教育研究者在国际论坛上交流彼此的研究成果时，我们不难发现不同文化背景下的比较教育学者对同样的教育事实或教育问题却往往有不同的解释和评价，出现这种情况的根源在于不同国家的比较教育研究者有着各自不同的文化背景与价值立场。这是因为教育本质上就是人类特有的一种文化传递活动，而且文化对人作为"文化存在"的影响是一种"润物细无声"的熏染和浸润。课程地图作为大学课程治理的一种方式，其本质上也是一种文化实践活动。从文化的视角分析课程地图的价值，有助于我们理解不同学校、不同类型课程地图的文化基因，有助于形成勇于创新、勇于求实、鼓励创新的多元价值观，从而重构良好的学校文化。

中华民族创造了辉煌灿烂的传统文化，形成了富有特色的思想体系，体现了中国人几千年来积累的知识和智慧。从"天人合一"的价值观念到以人民为中心的发展思想，再到"不以利为利，以义为利"的义利之辨，中国的传统、中国的实践，给出了一种不同于西方社会的"价值标准"。博大精深的中华优秀传统文化成为我们在世界文化激荡中站稳脚跟的根基，其所蕴含的民本思想、原始的辩证法思想以及生态伦理思维方式，都为我国比较教育研究认识论、价值论、方法论转向提供宝贵的"原始基因"和丰厚的"精神营养"。我国比较教

---

① L Delgaty, "Curriculum Mapping: Are You Thinking What I'm Thinking? A Visual Comparison of Standardized, Prescriptive Programmes," *ARECLS* 6(2009):35-58.

② 石中英:《教育学的文化性格》,山西教育出版社,2007,第98页。

育研究只有立足我国教育改革发展的具体实践，挖掘和阐发中国优秀传统文化的当代价值，在理性借鉴国外先进理论和研究方法的过程中，保持以人为本的人文倾向、和而不同的哲学沉思以及平等互鉴的发展态势，并最终形成跨越时空、超越国界、富有永恒魅力、具有中国传统文化特色的比较教育学科理论体系，才能彰显比较教育研究的文化自信和学术自主性。

（二）课程地图的多重价值

1.社会需求价值

人类社会已经进入以计算机为代表性象征、以信息技术为主体的信息化时代，信息传递的主体特征表现为所有人面对所有的传播，时空特征表现为及时性和共时性。面对瞬息万变的社会发展和互联网上"共时性"的海量信息，我们经常有这样的困惑：究竟什么样的知识信息能够联通过去、现在和未来？什么样的课程最适应学习者用以应对未来社会的挑战？正是在这样一个背景下，课程地图彰显了其超越时代的社会需求价值。

一是课程地图成为人们构建社会发展理想形态的重要方式。在课程体系设计的理念层面，课程地图为人们确定联通过去、现在与未来的知识信息提供了可能路径，课程地图的理念与方法预示着人们的思维方式从割裂走向整体、从简单走向复杂、从清晰走向弥散，而这也正回应了社会现实生活整体性、复杂性、弥散而没有边界的特征，彰显了教育回归社会生活的课程生态观。正如有学者指出的："今天的课程内容和结构，往往就决定了未来学生的素养知识结构，今天的课程格局，往往决定了未来世界的发展格局。"[1]在课程体系的决策层面，社会政治、经济、科技、文化各方面发展和进步，会不断影响学校课程内容，进而影响课程体系的决策。课程地图在决策课程设置时重点考虑了三个方面的因素：社会发展对人力资源的文化专业素质要求、社会专门职业发展对专业人员的特殊素质要求、学生步入社会后对终身学习提出的要求和创新素质的要求。在课程体系的实施层面，课程实施主体不可能以频繁的直接变化来应对社会需求变化，而是秉持一种开放的态度，主动吸收社会环境的各方面因素，并在辨别、比较中使社会因素有机地成为课程内容的积极因素。[2]课程地图通过全面分析社会各种因素，如人口发展、环境保护、资源利用等对课程体系目标

---

① 万伟：《课程的力量——学校课程规划、设计与实施》，华东师范大学出版社，2017，第7页。
② 常思亮：《大学课程决策论》，湖南大学出版社，2010，第112页。

产生影响的因素，密切联系社会经济与文化建设，从现代信息社会和经济全球化所需求的知识重要度、知识间的相关度方面来不断调整和严格筛选进入课程体系的新知识，使在课程体系下培养的人才具有主动的社会适应性，甚至可以通过课程设置来影响社会发展。

二是课程地图成为大学与社会进行沟通交流的"窗口"。首先，课程地图体现着国家总体教育目标和国家课程方案总的指导思想。一个国家所确立的总体教育目标反映着一定社会对受教育者的总体要求、引领着学校课程体系设计的主导方向，"国家课程方案规定了各学科课程的性质、基本理念，课程的总目标与学段目标等"。[①]实现国家总体教育目标、落实国家课程方案，总的指导思想是编制课程地图的首要原则。因此，课程地图成为集中反映一所学校落实国家教育目标和总体课程要求基本情况的重要窗口。其次，课程地图彰显着学校的办学特色。"知识组织是一个适应变化着的情景或境域的开放的、弹性的和应急的过程。对于一所特定学校或一节课来说，可能也是自主的、创造的和独特的。"[②]从课程资源开发的维度来看，课程地图是学校根据自身实际和办学现状对不同层次、不同类型的课程所进行整合与创造的产物，正是这种整合和创造形成了不同学校的课程特色和整体发展核心。从而使得课程地图成为社会各界了解一所学校办学特色的重要窗口。最后，课程地图促进着学校教学质量的提升。课程地图最初的基本思想就是"关注和记录教师们讲授了什么主题和时间安排（授课顺序和时间等）"，看其是否与"对学生的评价能与教学计划的要求相一致"。课程地图强调围绕学生的核心能力培养开展课程规划和课程的教与学活动，主张严格统一的课程体系、课程教与学的系统性和顺序性以及严格的学业测评标准等。因此，课程地图成为展示学校教学质量的重要窗口。教育主管部门或第三方评估机构也可以根据课程地图判断学校人才培养目标与学习成果是否与学校实际相符、课程体系与课程内容是否满足学习成果要求、学业测评手段和方法是否与学习成果相关联等，从而使得课程地图不仅能够成为高校课程教与学以及教学质量评估工作的有机组成部分，也必将成为学校与教育主管

---

① 车丽娜：《论学校课程规划的基本向度》，《西北师范大学学报（社会科学版）》2015年第4期。

② ［以］Shlomo Sharan, Hanna Shachar, Tamar Levine：《创新学校——组织和教学视角的分析》，姚运标译，中国轻工业出版社，2007，第120页。

部门或教育评估机构进行交流的重要窗口。

三是课程地图成为培养特定社会阶段所需人才的基本载体。首先，课程地图强调人才培养目标的实现度。培养目标在高校内部体现为学校人才培养目标、学院（系、所）人才培养目标以及各专业人才培养目标等不同的层次，"将培养目标细化到课程和学习路径中，形成可评价和测量的要素是构建课程地图的关键"。依据学校或专业人才培养目标定位，分析确定学生的核心能力体系是学校编制课程地图的首要环节。一般而言，学校要依据人才培养目标定位对学生未来可能的职业生涯发展方向进行预设，按照职业的需求或者某一类社会岗位的要求拟定学生在毕业后所具备的核心能力（包括职业能力、职业知识、职业素质以及职业资格证书等），并以此对不同年级、不同类型的课程进行统整，以开放的理念建构科学合理、简洁明了的课程体系。其次，课程地图注重课程体系对实现人才培养目标的支撑度。为培养具有广泛适应性、全面发展的社会"有用之才"，课程地图在编制过程中特别注重课程体系对实现人才培养目标的支撑，并强调重点处理好不同课程类型之间的匹配关系。课程地图重点要处理好通识教育课程与专业教育课程之间的关系，以体现人才培养的"通中求专""专中求通"或"专通并举"；要处理好必修课程与选修课程之间的关系，以协调大学课程设置的规定性和选择性之间的矛盾；要处理好理论课程与实践课程之间的关系，以促进学用结合、理论与实践相统一；要处理好课程教学与课外活动之间的关系，以促进学校教育与社会其他各系统在人才培养方面相协调。最后，课程地图注重社会用人单位对所培养人才的满意度。课程地图所构建的课程体系是一个开放的、动态的、发展的体系。随着社会需求特别是职业生涯发展需求的变化，课程地图所构建的课程体系始终围绕培养"学生核心能力"处在一个不断适应、调整的动态变化过程之中。而且，课程地图"关注培养目标的达成，其中心和焦点始终是为学生提供成长成才的资源与路径，其目的是要构建出循序渐进且具有挑战性的课程，不仅要实现培养目标的基本要求，更要使学生进一步超越这个标准"。①

2.学科知识价值

知识作为"全人类认识的结晶"，是构成课程内容的基本材料，大学的课程

---

① 董文娜、巩建闽：《课程地图是什么》，《教育发展研究》2014年第17期。

内容是从人类总的知识体系中依据一定的标准精选出来的，学科知识自身发展的逻辑体系是大学课程体系设计的重要标准之一。联合国教科文组织的一项研究表明：进入21世纪以来，许多学科的知识更新周期已缩短至2～3年。随着科学研究和技术的发展，学科与学科之间开始由单向联系向多向联系方向发展，从而形成一个相互渗透、纵横交叉、多层次、综合性的学科体系。面对学科知识的这种发展趋势，课程地图在实现课程内容垂直联结、横向统整过程中彰显出其超越时代的学科知识价值。

一是课程地图依据学科知识发展的自身逻辑设置课程。首先，课程地图彰显回归生活世界理念，强调课程设置的广泛全面性。"学科知识从来就是与生活经验同根连理、有机融合的。知识来源于生活，也服务于生活，对生活世界的意义和重要性是学科划分乃至知识选择的依据。人们最初是从生活和劳动的分析中抽离需要学习的知识领域，同时就需要认识的主题、需要思考的议题、需要培养的能力以及需要澄清的价值观等问题做出裁决。"[①]课程地图"依据科学知识的基本逻辑范畴，尽量选择有效的、无可替代的、稳定而不易老化的知识组成课程体系"，并在培养目标与课程之间建立起对应关系，强调课程所教的知识应与人的生活具有动态的契合，应减少知识的层级性与支配性，增强知识间的横向连结与知识的流通性，从而使学校教育在课程设置方面具备更为广泛的全面性。其次，课程地图体现学科制度要求，强调课程列表的系统性。学科是专门化、系统化的知识领域，系统性不仅是学科制度的基本"规约"，也是课程地图在形成课程列表过程中的基本遵循。课程地图能够直观地反映课程教与学的动态系统中各子系统之间的关系，以及子系统中各因素之间的衔接关系。特别是课程地图将学生学业预期达成标准与课程知识点相对应，在课程体系构建上体现出较强的逻辑性和系统性。正如我国台湾地区推行的"以通识教育为核心之全校课程革新计划"中所强调的，"课程地图所涉之课程内容与目标应互有融贯联结，并具系统性与层次感，而非仅单一课程综合。同时，应开设具备完整性与系统性之课（学）程，以作为全校课程地图之映照，发挥全校课程地图

---

① 车丽娜：《论学校课程规划的基本向度》，《西北师范大学学报（社会科学版）》2015年第4期。

指导课程开设之目标"。①最后，课程地图依据学科文化要求，强调课程教与学的合规范性。"学科文化是学科发展过程中形成的学科特有的语言、理念、价值标准、思维方式、伦理规范等。"②课程地图不仅注重在培养目标与课程之间建立对应关系，而且强调课程教与学要遵循学科特有的语言、理念、价值标准、思维方式和伦理规范等基本要求，以确保人才培养目标、课程设置与学生学业成绩之间的一致性。

二是课程地图依据学科知识的关联性统整课程内容。学科知识的关联性意味着学科知识体系的内在联系。任何学科的知识体系都不是由孤立的知识点机械地堆砌而成的，而是按照知识之间的内在关系组成的结构系统，每个知识点既是前面所学知识的延伸和拓展，又是后续学习的基础和铺垫。因此，课程地图注重厘清知识间的鸿沟所在，厘清课程知识重复的部分，教师可以通过课程地图，查找教学计划、讲授的课程内容之间是否存在缺口和重叠现象，确定在什么地方添加或消除什么内容，最终产生一个更加精简和综合的课程体系；学校可以通过课程地图剪裁重复过多的课程、补充缺少的课程、明确课程目标、优化课程结构、整合通识教育课程与专业教育课程、强化不同课程之间的内容衔接等，进而检验课程目标与学习成果是否一致。这样，课程地图成为教师依据学科知识的关联性实现课程统整的良好媒介。基于学科知识关联性的课程统整不仅是一种技术，更是一种思维方式和认识方式，要求我们用联系的、整体的眼光看待课程体系设计。而且，"统整"首先是一种思维方式，"课程统整不仅仅是将几门学科的知识进行整合，还要求我们对学习的本质、知识的组织和使用、教育经验的意义、学校教育目的、课程管理、教学策略、学习方式、评价标准的改变等进行整体的考虑"。③此外，课程地图理念在课程内容的统整实践中，既注重知识的横向连通以培养学生作为生命个体的'理性'的发展和自我心灵的安顿，又注重社会公共知识的设置与安排，以培养学生积极参与公共生活的意识和能力，促使学生作为个体生命在参与社会世界中完整地彰显自我、

---

① 巩建闽、萧蓓蕾：《台湾高校课程地图对大陆课程地图发展的启示》，《中国高教研究》2014年第5期。

② 庞青山：《大学学科论》，广东教育出版社，2006，第254页。

③ 万伟：《课程的力量——学校课程规划、设计与实施》，华东师范大学出版社，2017，第144-145页。

彰显生命的丰富性。

三是课程地图依据学科知识的发展变化检验课程体系。首先，学科知识的发展变化意味着人们对物质存在形式的认识不断深入和知识的不断增加，也意味着知识的分化、整合和重组。当人类知识越来越多、增长速度越来越快时，人的眼界和思考却越来越被一个相对狭窄的"学科"领域所束缚，或者面对每天汹涌的信息噪音不知所措。因此，课程地图理念强调课程地图的编制是一个动态开发、持续改进、不断完善的过程，课程地图所构建的课程体系也是一个开放的、动态的、发展的体系。正如雅克布斯所强调的："课程地图的设计和制作过程是一项复杂的系统工程，是一个'从上向下'设计与'由下向上'制作相结合、'分'与'合'相交织的过程。"[①]随着学科知识的发展变化，课程地图所构建的课程体系始终围绕培养"学生核心能力"处在一个不断适应、调整的动态变化之中。其次，课程地图强调严格的编制程序。雅克布斯教授提出课程地图编制程序的七个步骤是：搜集资料；从头到尾仔细阅读；多元小团体的回顾与讨论；大团体的回顾与检视会议；判定有哪些资料是可以立即修正的；判定哪些事件需要长期的研究与发展；永续性的循环检视。[②]雅克布斯教授进一步指出，课程地图的每一项步骤都极具弹性，可因地制宜地适合每一所具有独特性质的学校。课程地图的应用为学校全体教师和学生创造了一个可实际运用的、可推行的以及全面展开的课程蓝图。"当检视课程时，全体教职员透过课程地图的架构，使他们获得有关课程的资讯、厘清课程衔接上的鸿沟、融合可统整的课程内涵，以及适时运用评量来检核课程，使学生达到学习的标准。"[③]最后，课程地图强调课程内容的动态适应。随着现代科学的发展、知识的不断创新，各种学科资源不断丰富，知识内涵、知识功能、知识获取范式等方面都在发生着巨大的变化。课程地图编制主体在准确把握各门学科知识发展前沿信息的前提下，能够相对完整地适应社会需求的变化而不断有针对性地调整、充实和更新课程内容，并系统地组织学科知识序列。

---

① ［美］Heidi Hayes Jacobs：《课程地图：展现实践成果与省思》，卢美贵等译，心理出版社，2008，第76页。

② ［美］Heidi Hayes Jacobs：《课程地图：展现实践成果与省思》，卢美贵等译，心理出版社，2008，第10—17页。

③ ［美］Heidi Hayes Jacobs：《课程地图：展现实践成果与省思》，卢美贵等译，心理出版社，2008，第19页。

3.个人发展价值

人的素质发展是整个社会中最具价值的，教育的本质特性是促进人的素质全面而有个性地发展，课程处于教育构建环节的核心。[①]课程的教与学对于教师和学生来说是他们生活世界的主要内容，是教师和学生在教学活动中非主题性的、奠基性的、主观的、直观的存在，是教师和学生将课程教与学作为其生命存在的展现的过程。从课程规划的视角来审视，课程地图理念在实践中让教师和学生成为课程教学生活世界的主体，让教师协同参与课程规划、促进专业发展，以"地图"形式为学生课程学习提供方便，促进每一位学生"成长为自己的样子"。因此，课程地图在促进个人素质发展的过程中彰显着其独特的价值取向。

一是课程地图尊重个体差异（体质、智力、情感发展等）。课程地图既然是一种地图，就有着与普通地图的相通点，都是为人们的行程规划、路线安排提供一种可视化的帮助。劳拉·德尔加蒂认为，如果将教育视为一个旅程，教师应该有一些可以利用的资源来为学生提供指南和指明方向，课程地图就是这样一种工具。[②]首先，就课程地图的建构主体而言，教育行政主管部门人员、学科专家和教师要充分尊重学生发展需要，充分发挥自己的专业自主权，围绕学生核心能力的培养，努力为学生全面发展和职业生涯规划创造条件。教师可以通过参与编制课程地图，明确每一门课程在整个课程体系中的作用和地位、学习目标和要求以及与其他课程之间的培养关系等相关信息，从而使得编制课程地图成为教师加强交流合作、共享教学资源、促进专业发展的新途径。"除了地图对各门课程的统一要求外，具体课程的地图还允许教师结合课程实际绘制自己的个性地图。例如，有的教师将自己的课程地图与概念图结合起来使用，使地图更有助于学生的学习，有的课程地图还增加了在线课程，甚至可以将其与 e-learning 和慕课（MOOC）等现代教育技术紧密结合"，[③]以便增强课程地图的实用功能。其次，就课程地图的"用户"主体（学生）而言，课程地图为学生学

[①] 丁念金：《论课程规划中的主导价值》，《教育研究与实验》2013年第2期。

[②] L Delgaty，"Curriculum Mapping：Are You Thinking What Im Thinking？A Visual Comparison of Standardized，Prescriptive Programmes，"*ARECLS* 6(2009)：35-58.

[③] C Noble，M O'Brien，I Coombes，et al.，"Concept Mapping to Evaluate an Undergraduate Pharmacy Curriculum，"*American Journal of pharmaceutical education* 75，no.3(2011).

习过程提供一个可以鸟瞰的认识框架，让学生明确学习每门课程的意义和作用，明确学习的目的性和计划性，减少学习过程中的课程碎片化，尽可能实现学习成果与学业目标的一致性，从而促使学生成为一个有目的的学习者。因此，"一定意义上可以说，课程地图是学校、教师与学生共同立下的'承诺书'，是围绕学生核心能力养成、着眼其成长成才和未来职涯发展的学习路径的'私人订制'，让每一个学习者都有机会和权利根据个人需要、兴趣和特长等方面的个体差异制定符合自身发展期望的专属修读课路径、职涯规划，以减少学生学习的盲目性，避免走弯路"。①

二是课程地图引领学生开展有意义的深度学习。深度学习是一种主动探究式的学习方式，要求学生进行深度的信息加工、主动的知识构建、批判性的高阶思维、有效的知识转化与迁移应用及实际问题的解决。②深度学习的实质是结构性与非结构性知识意义的建构过程，也是复杂的信息加工与处理过程，须对已激活的先前知识和所获得的新知识进行有效的整合与精细加工，即从觉知、分析到综合、应用、同化而加工，最终目的是发展学生的高阶思维能力。③课程地图引领学生开展有意义的深度学习的价值主要体现在三个方面：第一，课程地图围绕学生发展来设计课程体系。课程地图以学生的全面发展为最终教育目的，把学生作为课程的主体，把课程作为促进学生知识增长和理智发展的重要手段。在课程地图编制过程中，教育主管部门、学科专家、教师不仅要考虑学生学什么内容，还要考虑用什么样的形式来呈现课程内容，引导学生用什么样的学习方式来参与学习。课程地图强调在呈现课程内容的时候，尽可能联系学生的真实生活情境，通过问题导向激发学生学习兴趣，考虑这些知识与当下生活和未来生活的联系，考虑如何通过课程体系设计，让学生真正理解学习的意义，寻求有意义的学习。第二，课程地图重视发展人的理性，强调人的和谐发展。在课程地图视野下，学习者不再只是课程的追随者，而且是课程的主人。"20世纪中期，在科学知识急剧增长和国家功利主义不断强化的同时，人的全面

---

① 季诚钧、张亚莉：《高校课程地图的理念、要素与特征：基于台湾经验》，《中国高教研究》2015年第12期。

② 吴秀娟、张浩、倪广清：《基于反思的深度学习：内涵与过程》，《电化教育研究》2014年第12期。

③ Eric Jensen、LeAnn Nickelsen：《深度学习的7种策略》，温暖译，华东师范大学出版社，2010。

发展问题也显化为大学课程领域的一个重要命题，要素主义、永恒主义等思想都再次表达了对人的理性的尊重和追求。以哈佛的《红皮书》和核心课程等为代表的大学课程改革无疑显示了人的因素在大学课程价值取向中的地位。"[1]课程地图为大学生德智体美全面发展提供的可供选择的课程体系，也是向学生提供整套学会生存与发展的知识、技能与素质体系，是大学生深入学习、个体发展的适应指向。课程地图理念的基本出发点是学生的需要，每个学生可以通过课程的学习，掌握未来生活所需的核心技能，为学生将来更好地适应社会需求奠定扎实基础，为学会学习、学会生存、回归社会生活做好准备。第三，课程地图重视学习成果，注重调动学习者本身的积极性。课程地图本质上是一种"模块结构课程体系"，在课程设置层面呈现出模块短小、目标明确的特点，在课程实施层面有利于学生选择最有兴趣、最有需要的学习内容，有利于学生看到"成功的希望"，从而增强学习的热情和信心，提高学习的积极性、主动性和创造性，同时也增强学习的效果。

　　三是课程地图提供了对学生学习整体性、真实性评价的依据。课程地图与学生学习成果密不可分，它为学生在一定学段内的学业发展提供了明确导向和路线，在实践中体现为目标导向、时间任务分析、结果本位教育。美国教育评价标准联合委员会认为，学生学习成果是对学生特定学习的期望，即学生在特定的学习、发展及表现等方面将会获得的各种结果。其核心含义是："学生经过某种学习后，知识、技能、态度和情感以及习得的能力得以增长，这种增长是具体的、可测量的。"在课程地图视野下，学生学习成果的概念和方法逐渐取代了传统的难以测量的培养目标，其实质是将人才培养目标变成某种可以测量的"标准"，从而使得课程地图为学生学习的整体性、真实性评价提供了依据。第一，课程地图强调成果导向学习。成果导向学习强调从学生的学习表现来检视教学绩效，教学活动设计是以学生为主体，评量方式则采用学生学习成果导向的多元评量，此种强调学生学习成果与核心能力的学习，较能协助学生达到未来在职场上工作实际上所需要的能力，也能检视学校的课程实施成效。第二，课程地图旨在谋求自然科学课程和人文社会学科的整合，注重个体一致性和差异性的统一，致力于培养"完人"。从课程地图的实施路径来看，课程地图是人

<hr>

[1] 常思亮：《大学课程决策论》，湖南大学出版社，2010，第112-113页。

文精神和科学精神相结合的产物，遵循了"缔造观"的课程实施取向，课程教学活动中注重师生的对话与沟通交流，使学生在体验性、探索性的框架下进行自主性、创新性学习，并在这一过程中建立民主、平等、对话的新型人际关系。第三，课程地图强调对培养目标与学习成果一致性的检测，本质上是一种"实践"检验。对于课程地图评价主体来说，是否培养了满足用人单位、社会行业需求的合格的人才是其衡量课程体系效用的重要尺度。课程地图理念基于人才培养目标与课程教学业绩基本一致、毕业生个性特征与社会行业需求充分吻合的原则，在实现学生个性充分发展的基础上，着力培养经济社会发展所需要的人才核心能力，实现学生"毕业即可就业"的培养使用目标。这种"实践"检验是一种对课程体系本身社会适应性的整体评价，也是课程地图在动态开放的系统中保持旺盛生命力的外部动力所在。

4.文化传承价值

著名比较教育专家萨德勒在题为《我们能在多大程度上从外国教育制度研究中学到有实际价值的东西》的著名演讲中说："当我们研究外国教育制度时，我们的注意焦点一定不能只集中在有形有色的建筑物上或仅仅落在教师与学生身上，我们一定要走上街头，深入民间家庭，并努力去发现在任何成功教育制度背后，维系着实际上的学校制度并对其取得的实际成效予以说明的那种无形的、难以理解的精神力量。"[①]实际上，这种"无形的、难以理解的精神力量"就是教育制度本身所赖以生存的传统与文化。课程地图作为学校治理课程的一种方式，其自身蕴含着一个国家、一所学校自身的传统与文化，并不断从这些传统与文化中汲取丰富的营养。

一是课程地图本身就是文化产物。文化是课程最基本的内核，课程是一定文化中最有意义的部分，它所包含和表达的是人类在长期的实践和认识活动中所形成的并凝结为智力劳动的知识和经验。"文化转型对课程的影响体现在由于人类世界观、价值观的变革所引起的教育观、课程观的变革；由于知识领域内部的变革，如知识型、知识性质、知识类型、学科内容与体系的变革所引起的课程内容体系、课程组织形式、课程实施方法的变革；以生产方式为基础的社会的全面变革所产生的社会对人才需求的变革，从而引起的高等教育人才培养

---

① 顾明远:《文化研究与比较教育》,《比较教育研究》2000年第4期。

目标的变革及其相应的课程体系的变革。反之，课程的变革又会对文化的发展发挥积极的推动作用。"①基于文化与课程之间存在着双向互动的关系，作为立体化、动态化呈现课程体系的课程地图，其本身就是文化产物。第一，课程地图是世界范围内文化全面变革过程的产物。从20世纪世界范围内文化转型的趋势来看，科学的新发现揭示了世界的开放性、创生性、多元性、联系性、自发性、运动性的本质特征，由此推动了人类世界观的变革；以现代世界观为核心而形成的标准化、专门化、同步化、集中化、极大化、集权化原则与以大工业生产为基础的机械文化构成了现代社会生活的现实图景，人们的物质与精神需求、价值观念、生活方式逐渐复杂化，形成了弹性化、多元化、创造性、无穷变化和普遍联系的生活形态；以多样性、境遇性、个体性、相对性为主要特征的后现代知识型动摇了科学知识型在知识领域的霸权地位。正是在这样的文化转型趋势下，开放性、创造性、多元性、整体性、联系性、标准化、相对性、运动性等文化品格，为课程地图理念的形成提供了思想基础和价值依据。第二，课程地图是国家文化传统在课程领域的集中体现。"课程在本质上是社会文化的一种选择。"②课程本身起源于文化传承的需要，传递、复制、再生产社会文化是学校课程唯一不变的使命。课程是在继承和传递文化的过程中存在和运行的，其政治、经济价值是作为学校课程文化功能的结果而产生的。③"任何课程或知识的发展和创新实际上都必须考虑本土的文化处境"。④课程地图在实践中充分考虑了本国社会的文化倾向，并在课程体系构建中担负着传承本民族文化、体现本民族文化特性的历史使命。第三，课程地图在民族性价值取向与时代性价值取向之间保持适当的张力。在知识信息时代，一方面课程体系的设计要保持本民族特色，体现对民族优秀文化传统的继承性；另一方面课程体系的设计又要保持与时俱进的时代性，要具有国际视野，不落后于时代的步伐。因此，从文化属性来看，课程地图在传承与创新之间保持一种张力，而正是这种张力使得课程由单纯的文化的复制、传递、维持、辩护的工具转变为自在的、自主的、

---

① 侯立平:《坚守与转向:文化转型与设计学课程设计的变革》,清华大学出版社,2016,第59-60页。

② 刘灿:《绉议大学课程文化》,《当代教育论坛》2007年第3期。

③ 高有华:《大学课程基本问题研究》,江苏大学出版社,2010,第143-144页。

④ 丁钢:《课程改革的文化处境》,《全球教育展望》2004年第1期。

自觉的文化主体。

二是课程地图是学校文化再生化的方式。美国学者雅克布斯指出，"价值是课程发展中不能逃避的重点，这不仅影响课程内容选择的内在问题，同时它也受制于长久以来价值观所沉淀而成的学校文化"。①"由上对下传统课程模式迈向学校本位课程发展的后现代，并清楚什么才是应然与实然或师生与当地所需的课程内涵的确并非易事。"课程地图为学校与教师在发展本位课程时提供一种相当不错的记录与省思工具，从而使得课程地图的编制过程成为循环检视自己学校文化的过程。首先，课程地图的编制是一个文化寻根的过程。课程地图彰显学校课程特色和办学特色的根源在于对学校文化传统的审视、对学校文化根基的依托。课程地图编制需要学校以高度的文化自觉，以"百年树人"的眼光和视角，认真梳理学校的办学历史和发展定位，坚守教育规律，并坚持"寻找属于自己的句子"，让学校的优秀文化传统渗透在课程设计的全过程，成为流淌着的动态的校本课程资源。其次，课程地图的编制是一个学校文化再生的过程。具有课程能力的学校在进行课程地图编制时必须具有敏锐的战略眼光，在学校传统文化和教育积累的基础上，结合当前的社会发展形势、学校发展特点、学生发展需求等多方面因素，制定既立意高远，又符合现实发展需要，既有长远战略考虑，又清晰可操作的课程愿景。课程愿景会影响学校课程建设的整体发展方向，也在一定程度上决定着学校文化的发展方向。最后，课程地图的编制过程是增强学校师生内部凝聚力的过程。在传统的课程发展模式下，教育行政主管部门人员、学科专家成为课程规划设计的主导力量，广大普通教师只是课程实施的执行者，而且课程往往是在一种"真空"孤立的状态下被决定的。正如雅克布斯所指出的，"虽然教师们可能会在同一建筑物里工作好多年，不过他们对于彼此在教室内所发生的事却不全然都了解"，于是以育人为主责的教师生活世界经常被视为只是由单独教室所集合而成的"校舍"而已。在课程地图理念下，学校课程规划的权力结构由垂直的支配关系变为横向的合作关系，教育行政主管部门人员、学科专家和教师在课程规划过程中是一种分工与合作的关系，教师之间也是一种协同与合作的关系。教师可以通过参与编制课程地图，明确每一门课程在整个课程体系中的作用和地位、学习目标和要求以及与其他

---

① ［美］Heidi Hayes Jacobs：《课程地图：展现实践成果与省思》，卢美贵等译，心理出版社，2008，第7—8页。

课程之间的培养关系等相关信息，从而有助于教师从专业的角度更好地把握单个课程在知识传授和能力培养方面的要求，及时发现课程建设中需要改进的内容和环节，进而改进教学方法、合理配置教学资源、丰富教学形式、提高教学效果。通过分工协作的课程地图编制，教师之间的凝聚力、对学校的归属感得到显著增强。

三是课程地图表征着课程非定位联结的潜在性文化内涵。课程地图是教室里所发生的事件的概览，是一项让课程更透明的技术，它让教师、学生或家长对于课程计划与学习成果有更多的了解。如前文所述，课程地图最基本的效用就是揭示整个课程间的逻辑关联，并引导学生的修误路径，让他们了解如何修习课程以及在学习过程中需要达到什么标准。然而，根据法国学者德勒兹和伽塔利关于"绘图"和"摹图"的概念，[①]我们需要思考一种地下茎式的课程地图。在德勒兹和伽塔利看来，课程地图中的地图是一种隐喻，为了指引学习者方向，避免学习者迷失路径。但地下茎式的课程地图就不仅仅具有为了避免迷路的"地图"隐喻，而是为了"失去定位"，失去定位不代表迷路，而是放弃当前所在的位置，从另一个地下茎的节点成长出去，然后又离开原点继续生长，在这一过程中"位置"（在何处）与"目的地"（往何处去）并不重要，它的重要性呈现于借着由原先的自我出发，不断地与新的情境做联结。依照德勒兹和伽塔利的观点，课程地图的价值不在于展开课程中的每一个详细片段，也不是在讨论课程应如何计划的问题，而是在展示非定位的联结的潜在性，每一个联结都是新的实验，经由多元的联结，学习的疆域跟着拓展，如同地下茎的生长。其一，地下茎式课程地图的边界在学习领域之外，其课程不是实现设定的边界或符号的表征，而是久居不动的"居留地"的失去。正如诺尔·盖勒格（Noel Gough）所强调的，这不是迷失在路途中，而是失去特定的道路，失去的是那条事先预定的唯一道路，在地下茎模式的旅行中期待一种属于教育的游牧式漫步，在当中能行走的不只限于唯一一条路。[②]其二，地下茎式课程地图中没有设计好的学习材料与学习目标，也不是要去寻找原先疆域之外的另一个栖息地，

---

① G Deleuze, C Parnet, *Dialogues* 2（revised edition）（New York：Columbia University Press, 2007）.

② N Gough, "Shaking the tree, making a rhizome：Towards a nomadic geophilosophy of science education," *Education Philsophy and Theory* 38, no.5（2006）：625-645.

而是去寻找当前学习的未知的他者，任何疆域都在此地图上，重要的不在疆域是什么，而是学习的行动是动态的、不满足于地点的，地图中的疆域由此无限扩张。在这里，课程的作用是鼓励学习者成为一位制图者，用行动去开拓自己的学习地图领域，开拓前人未曾到过的路线与领域，在这一过程中学习者要跨越原来学习材料的界限，也要跨出对学习的固有价值，摆脱对学习的定见和适应学习环境的舒适后，学习的多样性由此而变得可能。其三，地下茎式课程地图要开创的是地下茎的联结，这样的联结可以打破以经济生产为真理的教育操作，多元的学习与生活方式只能存在于这个真理之外。根据福柯（Foucault）的观点，课程地图可以是一个引导学生去个人化的持续产生器，在这里课程地图是一个"离开"的引导，是为了转换固定位置以获得学习经验的丰富性。基于这样的理解，课程地图不只是呈现教室实际发生时间的实体，而是在协助学习主体以多样的方式拓展自身学习的可能性。

从以上关于课程地图多重价值的内涵分析可以看出，社会需求价值、学科知识价值、个人发展价值、文化传承价值共同构成了课程地图的价值取向结构，其中社会需求价值是前提性的、学科知识价值是条件性的、个人发展价值是目的性的、文化传承价值是内隐性的，不同时期、不同的利益主体则会强调课程地图价值取向的不同侧面和维度。由于影响课程价值取向的因素是多元的和不断变化的，其影响的作用是综合性的，影响程度是非均衡性的，从而使得课程地图的价值结构也呈现出多元化、动态化的特征。具体到课程地图在大学的应用价值而言，我们更倾向于强调"整体学习"（integrated learning 或 integrated studies）。[1]正如永恒主义哲学家和教育家阿德勒所说："课程的来源必须给予对人类文明发展具有重大贡献的伟大的理念，这些理念如民主、幸福、善良和罪恶、荣誉、智慧、实践与空间、公民等课程的核心。"[2]因此，推动社会的进步与实现经典的传承，以及促进学生的发展可以称为教育价值追求的出发点。大学课程地图编制要综合考虑各种价值取向，综合协调各个利益群体的价值追求。其一，要围绕个人发展价值，使各种价值取向体现出协调互补的关系。为了实现个人发展价值，任何时代的大学课程体系都会而且必须考虑社会对大学课程

---

① 李海芬:《普通高等院校本科基础课程研究》,浙江大学出版社,2008,第94页。

② ［美］亚瑟·K.艾利斯:《课程理论及其实践范例》,张文军译,教育科学出版社,2005,第150页。

的要求，大学课程体系的个人发展价值和社会需求价值不仅都是合理的，而且其间的关系不再以对立、冲突为主调，而是内在地具有了协调的可能，大学通过教育所培养的人形成的具有适宜于社会的素质来满足社会需求，从而使得社会的要求和人的发展需要辩证地统一起来；为了实现个人发展价值，合适的知识总是有益的，在大学课程体系中，只要是服从于促进人的发展，追求学科知识的价值取向与个人发展价值取向就是相得益彰的；人类文化的传承并不只是通过教育让学生来接受，在根本上，文化的发展要让人成为"文化人"，又通过人的发展来实现和体现文化的发展，在这一过程中文化有了"人化"的内涵，继承和创造得到辩证统一。[①]其二，要使课程地图的多重价值取向呈现出一种"共时性"作用关系。随着人们对大学在社会进步、经济发展、人性完善以及文化繁荣等各方面价值的认识逐步丰富和加深，大学课程所承担的价值期待越来越多样复杂，大学必须同时着力培养学生社会所需要的各种素质，也即大学课程体系的多种价值取向得到"共时性"满足。特别是从文化自信的视角来审视，中华优秀传统文化在很大程度上具有超越时代和地域局限、与人类社会历史发展方向相贴近、为世界文明发展所客观需要的永恒价值。在当下日新月异发展的全球化浪潮中，随着中国经济的崛起和世界影响力的提升，中华优秀传统文化在世界范围内备受关注，这为我们彰显比较教育研究的文化自信提供了难得的历史机遇。为此，我们要自觉承担起时代赋予的历史使命和社会责任，善于深入挖掘中华优秀传统文化的现代价值，更加自信地展示其丰富内涵，以根植于中华优秀传统文化、具有中国特色的比较教育研究成果，为不同国家教育发展和改革提供更好的智力支持，为促进全球教育的和谐发展提供"中国理念""中国主张""中国方案"。

---

① 高有华：《大学课程基本问题研究》，江苏大学出版社，2010，第146-147页。

/ 第四章 /

课程地图的编制程序与技术

从"实践智慧"的视角来看，通过对课程地图的理论阐释和价值分析，我们有这样一个基本的判断：课程地图用图表的形式将培养目标、课程设置、社会职业岗位需求等要素及其相互关系呈现出来，发挥着"课程路径"的作用，但在具体实践中课程地图绝不是一个"公共框架"或通用的"人才培养方案"，而是一个动态的实践过程，它既包括教师"教"的制度性特征，也包括学生"学"的成长过程特征。就课程地图的编制而言，其本质上也是一个持续改进、循环检视的过程。尽管不同国家或地区、不同学校课程地图在呈现形式、结构功能、价值取向、适用范围等方面各有侧重，但作为一种课程体系设计的方法和可视化工具，课程地图在实践中有着基本的编制程序，也有信息化时代应用而生的编制技术。本章通过分析课程地图的基本模式和编制程序、介绍基于信息化的课程地图编制技术，以期为我们构建以学生为中心、突出能力本位的课程地图实践框架提供启发和借鉴。

一、课程地图的编制程序[①]

课程地图编制需遵循学生本位、与社会需求相适应、突出能力培养、关注学生发展方向的基本原则。早期的课程地图与现今的课程地图在编制程序上存在明显的差异。20世纪70年代和80年代早期的课程地图深深受到卓越的课程设计学者英格里斯和他强而有力的理论影响。当时的课程地图是通过评论人员检测或是协同教学者的访谈而完成的，他们花了许多时间在依据教师们的讨论意

---

① ［美］Heidi Hayes Jacobs：《课程地图：统整课程与幼稚园到十二年级的评量》，卢美贵等译，心理出版社，2006，第9–17页。

见进行课程调整上。如同英格里斯所说的，课程地图是一种技术，用来记录时间和搜集工作资料，然后基于对这些资料的分析，来决定采用哪些比较适合的课程内容和评论方式。而且以往总是用人力来抄写教师在进行课程地图编制讨论时所说的内容，然后再将手写稿整理打印。在今天的信息化时代，我们不但可以同步而且更加详尽地记录教师上课的内容、技能和教学成果等信息，而且可以真实地呈现学生在课堂上所发生的事情。从课程地图发展历史及不同国家（地区）的应用实践来看，传统意义上课程地图的编制要经历三个阶段、七个步骤，重点完成六个方面的课程检视任务。

（一）准备阶段

第一步：搜集相关资料。在这个步骤中，需搜集的相关资料主要包括以下几个方面：一是学校信息。主要包括学校办学定位以及由此确立的人才培养目标定位相关资料，学校发展规划、学校教学基础设施、学校课程设置需遵循的相关政策文本以及社会各界对学校教学的评价意见等。二是课程信息。主要包括依据学校或专业人才培养目标定位以及学生专业核心能力培养要求必须开设的课程和根据学校办学资源条件（主要是师资队伍条件）实际能够开设的所有课程，一般要求每门课程都必须具备详细的课程简介、课程大纲、课程进度计划。课程简介主要涵盖课程名称、课程代码、开课学期、上课教师、上课地点、关联的核心能力、课程的分类属性（如专业基础课、专业核心课、专业方向课、实践课、教师教育课）等信息；课程大纲需涵盖内容简介、课程目标、课程要求、考核评价、参考书目等内容；课程进度具体到每个教学周的进度和教学内容安排。三是教师信息。主要包括每位教师能够开设的课程名称及其课程简介，每位教师关于主要课程要素的描述资料。根据美国学者雅克布斯的观点，在这个步骤中，每位教师需描述在课程地图中的三个主要课程要素：（1）强调学习过程与技能；（2）依据重要概念、主题或内容，以检测核实重要问题；（3）根据作品与学习的表现作为评价考量的基础。四是学生信息。主要包括已经毕业学生的就业去向，对学校原有课程体系的修订意见和建议，在读学生的个人发展需求以及对现有课程体系的意见和建议等。这些资料可以是纸质的，也可以是电子版的。资料搜集得越是充分、详细，对于课程地图的后期编制越是有利①。

第二步：仔细阅读资料。在这个步骤中，参与课程地图编制的所有人员需从头至尾认真阅读搜集到的所有资料。特别是参与课程地图编制的每一位教师都要通过仔细阅读资料，对课程内容、教学方式与考核方式等重点部分加以标示，查找课程重复的部分、缺少的部分、有意义的评量部分，以及与国家课程标准相契合的部分，甚至可以用来整合的潜在部分和适时修订的地方。当每位教师都成为专业的课程发展与课程地图编辑者之后，整个学校的教学专业水平也会随之提升。当然，教师在这一步骤中的重点工作是充分了解学校课程的相关知识与学生的发展需要。

（二）编制阶段

第三步：小范围的回顾与讨论。当教师们开展小范围的回顾与讨论时，最好不要与他们平时所教的同年级团队、跨学科团队、分科或是教学搭档一起工作，参与讨论人数的规模一般以6～8人为宜。小范围讨论如果规模太大或同质性高权力倾向太集中时，教师们便会倾向于有意或无意地使用性质相同的教材，这样的教材看起来就会是相似而同质，这样的结果并不是学校编制课程地图所期望的。在这个小范围的回顾与讨论中，每位教师都分享通过阅读资料获得的信息，主要包括：知识的分歧点、整合的潜在部分、成果与课程错误的结合在哪里，有意义的评量与无意义的评量等。换句话说，这些是值得关切的部分，而不是用来复制课程的。在这个讨论中，教师搜集资料并且报告他们的发现，对他们来说是很有帮助的。把所发现的疑点罗列出来，是小范围专业讨论的重要成果。

第四步：大范围的回顾与研讨会。一般而言，学校所有教师均要参加大范围的专题讨论。参加过小范围专业讨论的成员都要报告在小范围专业讨论会上的发现，这些发现将会被完整记录在会议报告中。大范围研讨会的主持人，可以是学校校长或专业负责人。通过大范围专题研讨，重点解决每一门课程与学生核心能力培养的关联度，形成课程与核心能力培养对应表，并依据核心能力体系确定每一门课程在教学计划中的权重。

---

① L Delgaty, "Curriculummapping: Are you thinking what I'm thinking? A visual comparison of standardized, prescriptive programmes," *Annual Review of Education Communication & Language Sciences* 6(2009): 35-58.

第五步：判定并修订部分课程资料。教师根据专题研讨结果资料来判断哪些工作是个人就可以处理的、哪些是需要团队共同处理的，或者哪些是教学行政管理人员可以处理的。教师们通过频繁交换意见来判定课程资料中哪些是重复的甚至错误的，并着手立即修订完善。例如，在美国一所小学里的三年级开设有关美国殖民时期历史的课程内容，当学生们到四年级的时候再度上到这个时期的课程。最终经这两个年级的团队协商，同意由三年级接管美国殖民时期的课程，四年级的课程则可以直接深入到美国独立战争，花多一些时间在学生平常较少接触的领域拓展学习内容。

第六步：判定需长期研究与发展的事项。在经过前期努力形成课程地图之后，参与课程地图编制的教师们将会发现有某些部分，在提出问题解决方法之前需要更为深入地调查研究。这些需要长期研究和发展的事项，往往是对学校课程地图完善具有长远影响的重要问题。这也正说明了，课程地图的编制不是为了形成可视化的课程列表，而是通过编制课程地图引发教师们仔细思考用何种课程模式和课程结构对学生才是最有帮助的。

（三）检视阶段

第七步：永续性的循环检视。课程地图是学校的蓝图，它说明了课程运作的情形。课程的检视历程应该是充满活力而且持续不断的。运用课程地图，学校所有的教师均能扮演蓝图的编辑角色，他们运用课程地图审查课程需要修正与确认的部分。当检视课程时，全体教师可以通过课程地图的架构，获得有关课程的资讯、厘清课程衔接上的鸿沟、融合可统整的课程内容，以及运用考核评价标准检核课程，以实现预期的学习成果。在进行永续性的循环检视时，需要教师们重点完成六个方面的基本任务。

任务一：掌握课程地图所蕴含的基本信息。阅读课程地图可以让教师们建立一个资料库，以便明确哪些内容是之前已经教过的。当学校教师初次检查课程地图时，常会听到同事们互相告诉对方说："我不知道你已教过那些了呢！"即使粗略地阅读课程地图，学生依旧是最大的受益者。因为，教师们发现，课程地图不但能帮助他们提高洞察力，还能帮助他们制定教学内容，以提升教学品质。

任务二：确定课程地图，厘清鸿沟所在。这里的"鸿沟"主要是指教学目标与实际教学之间的落差，而这些落差会持续影响学生的学习。我们不可能要求教学管理者都要了解每一个教室的上课情形，但我们可以重组课程审查委员会，让每一位教师都能有机会参与其中。这样，课程地图可以帮助教师找出垂直比对间遗漏的部分与水平比对间的彼此连结，包括过去、未来与现在。

任务三：厘清课程重复的部分。课程地图能显示出课程重复的部分，这些部分都是需要被重新加以检视的。课程地图不只揭示内容重复的部分，还揭示技能重复的部分。比如，学生的技能需要练习、复习和训练，使他们从工作的态度转变渐渐朝向更复杂技能的精熟发展。但过度的技能练习将会使学习者感到无趣而且提不起学习的劲头。教育学者的工作是研究课程地图、建议课程内容和技能，并且评估那些经过确认或经过修正后的课程要点。

任务四：确认可统整之处。将两个或更多个课程适当地融合统整，帮助课程设计者选一个最能达到学习效果的课程内容形式，必将产生有力且持续性的学习体验。课程地图能够成为课程统整的良好媒介。当教师们阅读课程地图后，便可以了解该教什么、什么时候教和哪些科目同时整合并行，并使学生发展与课程产生相互影响。在课程统整方面，美国学者雅克布斯提出了6个层次的课程整合模式①（如图4-1所示），为我们实现课程统整提供了一个分析框架。

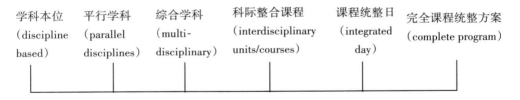

图4-1　雅克布斯6个连续性层次的课程模式

雅克布斯6个层次的课程模式可依译者延伸下列说明：

（1）学科本位：以分科方式安排每日的作息，每一种科目均有其固定上课的时段。

（2）平行学科：并未改变学科领域的课程内容，只是各自调整课程内容呈现的顺序，并与其他相关领域互相配合。透过各相关领域教师的协调，以主题发展的教学，期望能发现各学科间内隐的关联性。

（3）综合学科：将两门或两门以上的相关学科领域，统整为一个正式的单

---

① Jacobs H H, *Interdisciplinary Curriculun*: *Design and Implementation*（Alexandria，VA：Association for Supervision and Curriculum Development，1989），pp.14–18.

元或一门课，用以探讨特定的主题。它必须更改整体课程焦点，才能达到课程间的互相配合。

（4）科际整合课程：刻意打破学科领域的界限，选择一个共同的主题，将学校课程组织内的各个学科领域，统整成一个在一定时间内完成的主题单元。在实施前，必须召集各学科领域的专家，共同磋商如何将各科界限打破重新结合。

（5）课程统整日：依据学生生活中感兴趣的主题而策划整天的学习活动。此活动一般不参考现成的教科书，教师必须自行规划课程内容及评量方式。

（6）完全课程统整方案：是统整程度最高的模式，也是开放教育中开放程度最大的模式。学生全数住校，24小时生活在学校环境中，从他们每天的生活中创造课程，且学生的学习内容与方式完全自主。

任务五：达到学习标准的评量。通过对学习效果的测评，了解学生是否达到所制定的学习目标。学习效果测评一般包括检验学生的写、说、设计及计算的能力，但并不能包含全部的学习内容。通过每年的课程评量来增加课程的可解释性。具体的成果及可观察的行为，也都能作为评量学生学习成长的基本依据。

任务六：适时检核。由于知识的持续扩张，每天都有新的书籍、想法、科技及创意产生，因此教师必须谨慎地更新他们的课程计划。适时运用课程地图是课程教学质量最好的检核方式，适时的检核也将有助于教师在讨论教学工作时形成新的创意。

二、课程地图编制程序分析

从传统意义上课程地图的编制程序来看，课程地图的编制是一个关系性范畴，它有自身独特的逻辑，体现为它遵循的基本价值理念——满足社会发展和个人发展的共同需要。在布尔迪厄看来，"社会科学的真正对象并非个体，场域才是基本性的，必须作为研究操作的焦点"。布尔迪厄本人正是以一种"实践"的方式在场：通过田野调查和深入贫民窟的访谈，展示当代法国社会普通人日常生活中的种种困难和痛苦，并通过社会学来解释这种痛苦背后的社会和政治根源。依据布尔迪厄的场域理论来分析，课程地图模式的编制本质上是教学管理者、教师和学生以及其他教育参与者之间形成的一种以知识的生产、传承、传播和消费为依托，以人的培养、形成、发展和提升为旨归的教育场域的过程。第一，课程地图的编制过程实际是一个客观关系相互作用的过程。"根据场域概念进行思考就是从关系的角度进行思考"，课程地图编制所要搜集到的相关资料信息涉及四个基本方面，本身都是特定历史阶段社会化的产物，是"高度分化的社会里"具有相对自主性的"社会小世界"，这些"社会小世界"就是自身逻辑和必然性的客观关系的空间。第二，课程地图的编制过程是一个动态运作的场域空间。课程地图编制过程中的小范围回顾与讨论、大范围回顾与讨论、修订部分课程资料、判定需要长期研究和发展的问题以及永续性的循环检测，都是课程地图编制主体（以教师为主）利用种种策略围绕利益彼此冲突展开的竞争过程。这一过程中具体的每一门课程是这个场域空间最为重要的"活动因子"，每门课程在整个课程体系中的权重划分是场域内各种力量关系冲突与斗争的结果。第三，课程编制过程中每一门课程与学生核心能力之间对应关系的形成、具体各门课程在整个课程体系中权重比例的变化构成这个场域空间的发展动力，而这一过程也是教师专业权力民主化进程的集中体现。

依据课程现代化理论来分析，课程地图编制模式的编制过程是一个统摄解决"社会需求""知识体系""个体发展"三者之间的关系，使课程体系诸要素在结构性的联系中展现整体效应的过程。第一，课程地图模式的编制过程充分体现了课程体系是发展的、开放的、跨学科的，并非一成不变的、封闭的。正如课程地图编制的"永续性的检视"环节指出的："课程地图的检视历程应该是充满活动力而且持续不断的。"第二，课程地图模式的编制过程承认和尊重人们（特别是教师们）的意见和价值观的多元性，不以权威的观点和观念控制课程设置，强调从积累知识走向发展和创造知识，在各种观点、思想相互冲撞和融合的过程中寻求一致或理解。这就是为什么当我们检视课程时，"全体教师可以通过课程地图的架构，获得有关课程的资讯，厘清课程衔接上的鸿沟，融合可统整的课程内容，以及运用考核评价标准检核课程，以实现预期的学习成果"。第三，课程地图模式的编制过程充分体现了课程体系不一定是特定知识的载体，它是师生共同参与求知的过程。

三、课程地图的编制技术

课程地图的设计和制作过程是一项复杂的系统工程，它需要充足的论证准备和不断的实践改进。随着网络信息技术的普及和应用，误程地图的制作技术也在发生着变化。

（一）课程地图制作技术的发展

1.纸质化阶段。最初的课程地图是纸质的，由教师手工书写绘制完成。文献普遍认为，20世纪80年代前后英格里斯的相关工作是课程地图概念和方法的雏形。英格里斯通过相关人员调查、访谈等方式，确定教师教学的主题、方法和授课的顺序、时间安排等内容。调查人员将调查结果和分析数据等相关情况向授课教师和其所在的学校进行反馈，要求他们对出现的问题进行调整或修改，以期实现教学内容、学生评价和教学计划趋于一致。90年代，雅克布斯将日历作为组织课程地图的一种手段，其做法是让教师将一年内所教内容按照月份或者分年级的"时间块"来描述，从而制作成一个描述课堂学习的图表或一个包含内容、技能和对学生评估的"地图"。

2.电子化阶段。课程地图涉及教学的各个环节，需要不断地绘制和修订，传统的纸质课程地图制作费时费力又不利于分享交流。信息技术推动了电子课程地图的使用，将计算机软件和信息技术运用于课程地图的设计和制作，极大地提高了课程地图的制作和使用效率。使用通过计算机软件制作的电子化课程地图，教师可以便捷地查找授课内容与教学计划之间是否存在差异和缺漏，从而及时地进行修改和调整，最终制作一个精确、综合的课程体系。

3.网络化阶段。随着信息技术、网络技术和课程地图的深度融合发展，基于网络化的课程地图大大拓展了课程地图的功能和应用领域。典型的课程地图就是一个关系数据库，这些数据库存储着有关课程、人员和各种不同要素相互联系的信息。雅克布斯认为，"课程地图将成为学校教与学的决策中心，它作为一个中央数据库可以从任何地方访问从而获得学校的需求和计划……"[1]。目前，课程地图应用已经越来越深入和广泛，它已经逐步发展成为一个形式直观、功能全面、范围广泛、技术完备的综合网络系统。

（二）课程地图制作工具

目前，商业化定制的课程地图系统越来越多。其中，技术成熟且应用广泛的有 Curriculum Mapper、Rubicon Atlas 和 TechPaths 等系统。Curriculum Mapper

---

[1] Jacobs H H, "Connecting curriculum mapping and technology," *Curriculum Technology Quarterly* 12, no.3 (2003): 1-8.

是最早的基于网络的课程地图系统，可以通过网页浏览器创建、编辑、搜索并分析课程数据；TechPachs 以系统思维与持续改进为设计目的，优势在于进行基于标准的课程设计；Rubicon Atlas 是综合化的管理工具，能够分析课程、比对标准、分享课程、查看学生评估数据等。

在以上三个常用的课程地图系统软件中，Curriculum Mapper 是第一个基于网络的课程地图系统，它拥有大型的检索数据库，应用范围最为广泛。下面简要介绍一下 Curriculum Mapper 的功能和使用方法：

1. 创建、编辑和查看课程地图

（1）创建账户

第一次使用时需要创建自己的账户。用户登录 Curriculum Mapper 网址（www.clihome.com），在线创建自己的用户名和密码，以便访问 Curriculum Mapper 的安全数据库。

（2）创建课程地图

登录 Curriculum Mapper 后，通过点击左侧导航栏中 "My Maps" 可以创建自己的课程地图。单击页面顶部的 "Add New Map" 按钮，屏幕将会出现 "Add/Edit" 的新窗口，使用下拉菜单选择要创建的进程、年份和月份开始创建。如果选定的月份有一个现有的地图，Curriculum Mapper 将显示现有地图；如果没有地图，将出现待创建的空白地图。完成地图创建后，单击屏幕左下角的 "Save Map" 按钮进行保存操作。

（3）编辑课程地图

打开已经创建好的课程地图，可以编辑、查看、复制和删除地图。具体操作步骤是通过点击屏幕右侧下拉菜单中的 "Month Action" 按钮高亮显示 "Edit"，点击要编辑的月份，进入 "Add/Edit" 页面进行编辑操作。

（4）查看同事的课程地图

通过 Curriculum Mapper 的 "School Overview" 页面可以查看任意一所学校和教师创建的课程地图。需要查看时，将光标放在屏幕左侧导航菜单中的地图，在出现的子菜单上点击 "School Overview"，选择课程名称即可查看某一课程和教师的课程地图。查看时，菜单栏提供了便捷的排序和切换功能。

（5）打印课程地图

Curriculum Mapper 提供了两种打印方式：在 web 视图下直接打印和导出到

word中打印。选择web视图下直接打印时，在"My Maps—Summary"页上，选择课程栏中的课程名称，点击"Fit to Screen"（适合屏幕），即可打印整张地图；选择导出到word中打印时，将选中的课程地图导出保存到word即可打印。

2.插入课程地图标准

在创建课程地图时，教师可根据自己的学科要求，插入新的课程地图标准。通过"Add/Edit"屏幕直接将标准插入到课程地图中，具体操作步骤是：在"Add/Edit"屏幕上，将光标放在想要与已有标准连接的地图中，单击"Insert Standards"按钮，使用下拉菜单选择标准、学科和年级；在标准清单中，找到"附加到你的地图的标准"的复选框，单击"下一步"。从复选框旁边的下拉菜单中，根据"标准"与你的课程的关联度，选择"引入""发展""强化标准"。

3.附件文件和添加链接

Curriculum Mapper可以将文件、文档、电子表格、图片等附加到课程地图上，并允许其他用户查看这些附件。此项功能可以将教案、评分标准、写作提示等附加到课程地图中，便于查阅、参考和指导。

（1）附加文件

将文件附加到课程地图上需要两个步骤：首先要将文件上传到文档库。文档库是存储要附加到课程地图上的文件的区域。具体操作步骤是：打开地图，点击"Attach File"按钮，找到需要上传的文件单击"Upload"按钮上传到计算机。其次是将文档库里的文件附加到课程地图上。在"Add/Edit"状态下，点击"Attach File"按钮，选择之前已经上传到文档库里的文件即可附加到地图上。

（2）添加链接

Curriculum Mapper提供了插入超级链接的功能，操作时只需选中需要插入链接的地方，输入链接网址即可。

4.搜索

Curriculum Mapper可以进行关键词搜索和全局搜索。关键词搜索时，选择导航栏"Maps—Search"，打开"Search Curriculum Maps"，选择年份、输入关键词即可搜索需要的课程地图。全局搜索功能可以根据特定的标准搜索所有订阅学校的课程地图，可以搜索查看学校的教师数、学生数、生师比、地理区域等，操作过程与基本搜索方式相同，只需选择"Global Search"即可。

5.课程比较与分析

随着技术的发展，Curriculum Mapper 实现了课程比较与分析的高级功能，它可以将两个或多个课程地图整合于一个文档中进行纵向或横向的比较和分析。此功能的典型用法包括：比较分析由不同的教师制作的同一门课程地图，比较监测不同年级之间的课程进展情况，比较分析某一学科领域确定的不同学习标准，了解某个地区或学校课程实施的整体情况等。具体操作步骤是：通过导航栏中的"Adv. Features—Compare Courses"打开"Compare Courses"页面，选择想要查看的学校、学年、类别、年级等信息，点击"Go to Analysis"进行比较分析，在"Analysis Worksheet Selections"页面会显示比较分析报告。

综上所述，Curriculum Mapper 是一个拥有大型的检索数据库、基于网络的课程地图系统软件，它的应用能够为我们设计和编辑课程地图提供便利。而课程地图本身的意义在于课程及相关资料信息库的建立过程以及课程的编制的永续检视过程，在这样的过程中建构了一种新的课程组织形态。换言之，通过系统软件生成可视化课程地图本身的意义在于师生通过参与课程地图的编制而获得对课程本身的理解，其直观的学习成果就是学生的发展，而且是一种适应学科知识发展需要、社会发展需要和个人发展需要等综合需求的发展。

/ 第五章 /
高校学分互认机制的国际比较

    教育作为人类精神发展的重要领域，是人类共有的生存方式，但世界上存在着分属于不同文化背景的教育。不同文化背景下的教育现象或教育问题蕴含着一个时代人类社会及其教育发展的大趋势，这才使得教育交流与理解成为可能。坚持以理性的态度、开放的心态、宽阔的胸怀和鲜明的批判精神，将跨文化对话作为比较教育研究的基本途径，在认识和理解教育的"文化基因"的基础上，以完全平等的态度体认和尊重不同文化背景下的教育现象或教育问题，探究教育发展的共同规律，经由"和"而创造"不同"，为解决国际教育问题和促进全球教育的和谐发展贡献"中国智慧"。这是全球化背景下我国比较教育研究的时代使命和自觉担当。比较教育研究具有跨文化、跨民族的特性。比较教育研究者需要建构类比思维，只有那些具备了类比特征的教育理论或实践才能进入研究视野。

    学分互认是终身教育理念下高等教育区域一体化进程的主要议题，目的是通过建立高校之间学分互认机制，使学生在区域内学校之间学分累积、转换，以有效推动区域内人员的流动和促进学校课程建设的发展，实现优质高等教育资源共享，提高高等教育的国际化水平。"他山之石，可以攻玉。"从高校学分互认机制的发展历史来看，学分互认起源于美国，后来在美国、英国、加拿大、韩国等国家高校得以广泛应用和发展；从研究的实践意义来看，美国、加拿大、韩国和欧洲各国的学分互认发展实践，既有共同的理论基础和教育哲学思想依据，又具有各自的地域文化特色，其基本特征和运行机制能够为我国高校学分互认机制的创新发展提供经验借鉴和政策启示。

一、学分互认机制的发展历史

学分互认机制是在一定的社会历史条件下高等教育发展的产物，纵观欧美等国家和地区学分互认机制实施概况，可以将其历史发展过程分为萌芽阶段、初步创立阶段和发展完善阶段，每个阶段呈现出不同的特点。

（一）萌芽阶段

学分制是实行学分互认的基础和前提条件。美国是世界上最早实行学分制的国家，因此，美国也是学分互认机制最早的诞生地。第二次世界大战以后，为了从根本上优化高等教育体制，使高等学校布局更趋合理、功能更为全面，能有效地为社会发展和国家经济建设提供人才保障、智力支持，美国社区学院在国家政策导向下取得了长足的发展，在服务社区经济发展、助推高等教育大众化进程的同时，其转学教育功能获得社会的广泛肯定，成为社区学院的一项主要功能。同时期的欧洲各国为了促使本地区政治、经济、教育的一体化发展，在各成员国达成一致的基础上制定了推进教育发展一体化的相关政策，发起了一系列教育活动计划，在1953年法国巴黎召开了由32个国家参加的题为"关于进入异国大学学习时文凭等值的欧洲大会"的主题会议，其别具一格之处是建立了"根据双方约定和派出国大学颁发的证书，东道国大学可以吸纳学生入学"的原则，[①]促进了地区和国家之间教育的交流和合作。以学分银行主著称的韩国是亚太地区学分互认机制实施较为彻底的国家，为了联结正规教育和非正规教育的鸿沟，扩大国民受教育的机会，避免学生之间的过度竞争，重构高等教育秩序，韩国政府成立教育改革总统委员会（PCER），提出了一项改革设想，即通过构建新的教育体系，来促进和发展开放的终身学习社会，学分累积互认制度（CBS）就是其中的重要内容。[②]在澳大利亚，由于各地先前学习认证发展不平衡、实施主体多样，导致对先前学习认证的理解和界定也各不相同，并影响了先前学习认证的发展，引起了澳大利亚政府学者的高度关注，先前学习认证作为课程改革的一项重要内容逐渐被提上日程。

（二）初步创立阶段

世界各国关于学分互认法规及政策文本的出台，标志着学分互认机制的正

---

① 李联明：《高等教育一体化进程中的欧洲学分转换系统》，《比较教育研究》2002年第10期。

② 杨黎明：《从韩国学分累积制度看我国"学分银行"构建》，《上海教育》2008年第3期。

式确立。到20世纪80年代中期，美国加州率先通过立法确立了州内社区学院转学教育功能，要求社区学院和本科大学联手合作，为那些无法上大学的学生提供"第二次机会"，制定了一系列有针对性的校际转学、学分互认政策，为两年制学院毕业生转入本科分校深造提供便利条件。后来尝试取消副学士学位限制，使更多学生有机会进入大学深造，无论转学新生是否已获得副学士学位，其在两年制学院成功修读通识教育课程所获得的学分都能完全转换成四年制本科分校平行课程的学分。欧洲学分互认机制的建立则源于1988年欧盟发起的伊拉斯谟计划，其中涉及学分互认计划（European Credit Transfer Scheme，简称ECTS），明确学分互认的重要地位和作用并开始实施，最初由145个欧盟成员国参加，涉及商业管理、化学、历史、机械工程和医药学五个学科领域。1999年欧盟各国在意大利博洛尼亚签署的《博洛尼亚宣言》，标志着博洛尼亚进程（Bologna Process）正式启动，旨在促进学生、教师、研究人员和管理人员的流动，并承诺为其自由流动扫除一切障碍，该进程助推了学分互认机制的正式实施。加拿大于1989年在不列颠哥伦比亚省建立了学分转换系统（British Columbia Transfer System，简称BCTS），帮助学生实现学分转换，已取得良好的效果，该系统被公认为是世界范围内同类系统中最为完善的。[1]韩国政府于1997年1月批准了教育总统委员会所提出的学分累积制度提议，以此促进和发展终身学习，并于次年从法律层面确保该制度的正式实施。1995年，先前学习认证（RPL）被纳入澳大利亚资格框架（AQF），作为注册培训机构（Registered Training Organization，简称RTO）实施认证培训的标准，并在1997年得到澳大利亚教育、就业、培训和青年事务委员会（MCEETYA）的权威支持和肯定。2004年7月AQF顾问委员会（AQFAB）发布了《国家先前学习认证准则和操作指南》[2]，作为学分互认实施的指导性文件。

（三）发展完善阶段

为了顺应高等教育国际化的潮流，应对国家、地区内高等教育发展的诉求，各国家和地区都对学分互认机制进行了调整和改革。美国高校之间学分互认范

---

① Bekhradnia B, "Credit Accumulation and Transfer. and the Bologna Process: an Overview," accessed October 28, 2011, http://www.hepi.ac.uk/files/1 3CAT-ExecSummary.pdf.

② 郭翠、周晶晶：《澳大利亚先前学习认证制度述评及对学分银行的启示》，《高等继续教育学报》2013年第3期。

围逐渐扩大，由全美高校排名100所之外学校之间的学分互认逐渐扩展到100名之内，学分互认学科领域扩大到教育学、文学等人文社会学科领域；突破了普通教育与职业教育、远程教育的藩篱，有关方面于2002年提交了关于远程教育学分转移的重要报告——《远程教育与学分转移》（*Distance Learning and the Transfer of Academic Credit*），探讨如何实现远程教育的学分转移问题，并制定了相关的实施办法。[①]2007年，欧盟在伦敦召开了各国高等教育部长会议论坛，审议并通过了《伦敦宣言》，会议的主题思想是要扩大高等教育的范围，进一步推进有着不同教育标准的国家和地区之间的学分互认，组建欧盟的高等教育区，为学生在欧洲的高等教育领域内的自由流动提供"欧洲护照"。韩国学分银行制度发展为可以实现学分的累积存储、兑换信贷功能，学分累积制度致力于为中学毕业后有教育和培训需求的求学者提供创新的、多样化的、最大化的教育机会。澳大利亚通过颁布一系列补充协议的形式将先前的学习认证、学分转换和衔接整合起来，2009年5月，政府颁布了《AQF学分安排的国家政策和指南》，使先前学习认证（RPL）成为学习成果认证和学分互换的通用工具。在政府、行业、学校和培训机构各方力量的推动下，RPL覆盖澳大利亚资格框架（AQF）10个等级的所有资格证书，并涉及高中教育、成人社区教育、职业教育与培训、高等教育四个部门，进一步推动了学分互认的实施。[②]加拿大通过签署针对课程、专业证书认证协议，建立专门认证机构的方式为实现学分转换提供便利条件，促进学分互认机制发展。

二、学分互认机制的国际比较

（一）欧洲学分转换与累积系统（ECTS）

欧盟是经济、文化、政治等全方位一体化的代表，其资历框架建设旨在适应欧洲劳动力市场区域一体化的需求，并以"协议"的形式，推动各国之间以及各国内部的学分互认。[③]欧洲由于较早地开始了高等教育一体化的探索，研发

---

① Southern Regional Education Board, Distance learning and the Transfer of Academic Credit: A Report and Recommendations in a Series on Distance Learning Policy Issues, http://eric. ed. Gov/ERICWebPortal/recordDetail？accno=ED481865, 2002.

② 郭翠、周晶晶：《澳大利亚先前学习认证制度述评及对学分银行的启示》，《高等继续教育学报》2013年第3期。

③ 吴南中：《学分认证机制的国际比较与中国模式选择》，《教育与职业》2017年第17期。

了一套别具特色的学分体系，即欧洲学分转换与积累系统。欧洲学分制最早产生于 20 世纪 80 年代欧盟发起的欧洲大学生流动计划，即著名的"伊拉斯谟计划"。当时，欧洲国家意识到，欧洲各国由于历史、文化、社会、教育理念和教育体制方面的多样性，在学制设定、课程组织、教学语言、学位授予方面各不相同，学分计算方法千差万别，为实现学历互认，迫切需要一个共同的学分计算与衡量标准。于是欧洲委员会于 1989 年开发了欧洲学分转移体系，用于衡量、比较和转移学生在不同国家和高等教育机构的学习成果。[①]欧洲学分体系的建立及其在高等教育领域的广泛应用源自 1999 年发起的"博洛尼亚进程"。2003 年出版的《实现欧洲高等教育区——柏林公报》的资料显示，里斯本公约国不仅要将欧洲学分体系用于学分转移，而且须将其用于学分累积。也就是说，学习者在未完成全部教育课程的情况下，也可以用学分来衡量和累计部分学习经历带来的学习成果，便于将来在合适的时机进一步完成学业或继续深造。因此，欧洲学分不仅可以在空间上实现跨国、跨院校转移，还可以在时间上实现跨学习阶段持续计算。因此，这套学分体系又被称为"欧洲学分转换与累积系统"，其在实践应用过程中呈现以下一些鲜明的特征：

1. 它是一个以学生为中心的学分系统。学生成绩共设 7 个等级，按成绩高低排序，根据每个等级所赋予的比例确定每个学生的欧洲学分等级。它将教育的核心从传统的强调"教"转为强调"学"，即以学生的需求和期望为中心，将一切课程设计与教学组织围绕学习过程来开展，从而给学习者在内容、方式、节奏以及学习地点上的自由选择。"博洛尼亚进程"的最终目标是：到 2010 年建立欧洲高等教育区，通过采用学分制度，实现学位制度的灵活性，承认以往在欧洲不同大学所获得的学分，允许学生在任何时间、以不同背景入校，提高学位和学历，增强和促进学生、教师的流动。从欧洲学分转换与累积系统的实施过程来看，其核心内容包括院校发布教育信息需求与供给信息、两校协议签订以及成绩单交换等重要步骤，这是一个基于"培养学生能力为中心"实现通过学分制量化转换的过程，其目标是通过认证、单元学习、流动性学习、评价与

---

① 袁松鹤：《欧洲学分体系中 ECTS 和 ECVET 的分析与启示》，《□国远程教育》2011 年第 5 期。

认可，在正规的高等教育中获得相对规范的认同。①此外，欧洲学分转换与累积系统还可以在非正规的高等教育中进行，只要学习者申请，在一定时期内完成一定的具体学习目标与项目，高等教育机构或组织即可以给予学习者一定的学分认可。以学分的方式对学生的学习成果进行量化，在一定程度上突破了以往学生升入某所高校就要在这所高校直至毕业的学习模式，在更大程度上满足了学生的个体需求。

表5-1 欧洲学分转换系统中的评分等级

ECTS学分等级 （欧洲学分转换系统 学分等级）	各分数段的学生数占考试 合格学生总数的百分比	评价
A	10	优秀:突出的成绩,最少的错误
B	25	优良:超出平均水平,有一些小错误
C	30	良好:成绩良好,但有一些小错误
D	25	中等:刚好令人满意,有较多的错误
E	10	及格:勉强达到及格水平
FX		不及格:需要提高水平以获承认
F		不及格:需要很大的提高

2.它是一个以学习成果为基础的学分体系。根据博洛尼亚资格框架工作组《关于欧洲高等教育区资格框架的报告》的记载，它被欧盟定义为"对学生通过学习某一课程或项目所获得的知识、见解及能力的可证实的阐述"。这个概念将教学、学习与考评有效连接起来，从而使教学目标更加清晰和容易理解，也使学历易于比较和获得承认。博洛尼亚资格框架工作组在《欧洲高等教育区学历资格框架》中说，为了描述不同阶段和不同层次的学习成果，博洛尼亚学历工作组专门开发了"都柏林指标（Dublin Descriptors）"，用于定义和描述不同层次的学历资格所代表的学习水平。根据这套指标，欧洲高等教育区第一阶段高等教育，即本科教育，需要180~240欧洲学分；第二阶段高等教育，即硕士研究生教育，需要90~120欧洲学分。在欧洲学分转换与累积系统中，学习成果

① 白艳霞:《欧洲学分转换系统运行机制、特征及对国内高等教育的启示》,《中国成人教育》2017年第9期。

是估算学习量，也就是计算和分配学分的基础。欧盟《欧洲学分转换与累积系统使用指南》指出，学习量指的是学生为获得预期的学习成果而完成所有教学活动必需的时间。这里的教学活动不仅包括课堂学习，如讲座、研讨等，还包括课外的作业、自学、考试、项目、实习活动等。这样，学习量就超出了传统的"学时"范畴，走出了"校园"的围墙，将所有有关的学习时间，尤其是学生独立自主学习的时间纳入考量。而且，学习量的估算可以根据定期测评和学生的反馈及时进行修订，因而具有相当的适应性和灵活性。《欧洲学分转换与累积系统使用指南》显示，综合欧洲大部分国家的情况，一学年正规全日制学习的学习量大概在1500小时左右，一个欧洲学分对应25小时的学习，因此，通过正规全日制在校方式学习的学生，如成功通过测评，一学年应获得60个欧洲学分。根据每个国家学制的不同，一学年分成两个学期的国家，每学期的学习量为30欧洲学分；一学年分为三个学期的国家，每学期的学习量为20欧洲学分。此外，每个国家还可以自主调整本国欧洲学分与学习时间的量化关系，比如，德国规定1个欧洲学分需要30小时的学习量，芬兰规定1个欧洲学分需要27小时的学习量，而比利时、希腊、波兰等国则规定1个欧洲学分的学习量可在25～30小时之间浮动。[1]

3.它依托一系列关键性文件而实施运行。它的配套文件包括课程目录、学生申请表格、学习协议与成绩单。课程目录包括学校信息，如校名、历史、提供课程、入学要求、注册程序；课程信息，如课程设置、颁授文凭、学习方式、教学语言、毕业前景；学生信息，如食宿、生活费用、医疗保险、学生团体、体育活动。当学生选择跨校流动时，需要填写一份申请表格，然后由学生、派出学校和留学学校共同签署一份学习协议，记录已学习课程清单，确定未来仍需学习的课程。最后，两校交换学生的成绩单用于实现学业升级和作为认可学历的重要官方证明材料。这样，通过准确、及时、有效的传递信息，它实现了学分在不同国家教育机构之间的转移。[2]根据欧洲大学联盟的统计，截至2010年，签署《里斯本公约》的欧洲国家75%以上的高等院校已使用欧洲学分转换与累积系统作为学分转移和累积的工具。它作为欧洲1000多所院校通用的学分

---

① 宗华伟：《拆除阻碍欧洲高教一体化的围墙——透视欧洲学分转换与积累系统（ECTS）》，《中国教育报》2012年3月30日。

② 赵莹：《荷兰终身学习成果认证、积累与转换制度研究》，《成人教育》2015年第3期。

标准体系，在促进欧洲学生流动，构建统一、透明的欧洲高等教育区中发挥着核心作用。

（二）美国高校学分互认转换体系

美国高等教育学分衔接体系是适应社会经济发展和在应对学习者群体需求变化的过程中逐渐形成的一种灵活、开放的学习制度。在相关政策的支持下，美国许多院校都有院校间的学分衔接框架，拥有系统、完整的学分衔接方案。各校虽然要求不尽相同，但一般都通过协议来实现。[①]从整体上看，美国高校的学分衔接体系呈多样化趋势，即高校不仅认可社区学院所获得学分，还认可通过高中先修课程项目所获得学分，同时还认可学生在其他四年制高校获得的学分，甚至以"非传统学习方式"获得的经验也可以转换成学分。其中，占据较大比例的是来自社区学院的学分。[②]可以说，美国高校学分互认转换的发展与美国社区学院的产生和发展几乎同步。其根源在于美国学位制度的发展实践，美国的学位结构主要划分为副学士、学士、硕士和博士四个层次。其中，副学士学位在社区学院（community college）通过大约两年的时间获得。在美国，社区学院被视为高中后学术和职业教育的典型模式，副学士学位攻读期间所修学分也日益得到四年制大学的认可，这类四年制大学从先前全美排名100名以外的普通高校，逐渐扩容到一些排名前列的名校。如弗吉尼亚州获得副学士学位的学生可以转入知名的弗吉尼亚大学或威廉玛丽学院继续攻读学士学位。由此，社区学院在培养应用型人才的同时，发展出转学这一新功能，使美国高等教育机构中"不同系统"之间的流动成为可能。社区学院与四年制大学之间的学分互认，实现了副学士学位与学士学位之间"转学式"的衔接和融通。[③]美国高校学分互认转换体系呈现出以下几个方面的主要特征：

1.充分尊重学习者意愿。美国高校学分互认转换体系让学习者拥有较大的选择余地，以激发学习者的主动性和创造性，在制度设计上更强调弹性和灵活性，给操作层面留有较大的伸缩空间。不同学期制的大学之间、不同学时的大学课程之间都可以实现学分互认和转换。以乔治·梅森大学设立的个性化学士

---

① 杨晨、顾凤佳：《国外学分互认与转移的探索及启示》，《现代远距离教育》2011年第4期。

② Daniel de Vise, "Community - college Transfer Students in Va, Md, Easing into University Level," *Washing Post* 17(2010):23.

③ 陈静、王瑜：《美国高校学分互认的实施途径与发展特征》，《现代教育科学》2014年第1期。

学位项目为例，该项目要求单独申请，可以将申请者的经历或是通过非传统方式学习获得的经验转换为学分予以认可。申请者需要满足以下条件：（1）在申请项目前完成高中教育（或同等级教育）至少达到7年以上；（2）已累计完成大学教育的30个学分（其中至少15个学分是通过传统课堂授课获得的）；（3）高中课程平均分至少在2.5分；（4）符合大学录取资格；（5）申请进入项目并获得批准；（6）对跨学科研究感兴趣，并愿意根据个人需求自我制定学习内容。[①]这个项目旨在为学习者提供获得不同于传统专业设置的本科-学士学位机会，其受益对象主要为需要全职工作的学生、需要通过远程学习的学生、从其他教育机构转学的学生、退伍士兵或现役军人、毕业后多年重返校园的学生、为进入研究生阶段的学习需要获得学士学位的学生等。这一项目成为美国许多大学吸引成人学生重新返回校园、实现教育多样化、体现创新型教育理念的一个重要手段。[②]

2. 保证先修课程水准和毕业文凭的含金量。美国高校学分互认转换体系中对于可认可转换的学分数有明确规定，尤其明确规定了可转换学分数的上限，以保证学生的培养规格，保证学生在毕业时能够达到大学的毕业要求。[③]大多数美国高校要求学生获得学士学位时需要修满120学分，有些专业则有特别规定，如会计专业的学生如果希望获得注册会计师资格，则需要在修完120学分后再加修30学分。例如，马里兰大学规定，为达到学位要求，可转移的社区学院或两年制初级学院学分最高不超过60学分，可转移的两年制学院和四年制大学学分总量不超过90学分，且必须在转入院校完成最后的30学分才能获得学位。[④]所涉及的课程必须是学术性课程，并且在教学内容方面与马里兰大学所提供的课程类似。乔治·梅森大学的120个学分中，可转移的学分最多为90学分。由此可见，在美国高校学分互认转换体系中，各高校不仅设置了可转移学分的上限（一般为总学分的75%），而且还规定了可从社区学院转移的学分上限（一般

---

① "Bachelor of Individualized Study," George Mason University, accessed December 15, 2010, http://bis.gmu.edu.

② 刘丹:《从个性化学士学位项目（BIS Program）看美国高等教育的创新理念》,载于《挑战与应对——成人高等教育探索与实践》,北京语言大学出版社,2011,第24页。

③ 陈静、曹春芳:《美国高校学分转换保障体系述评》,《现代教育管理》2016年第7期。

④ 邱萍、刘丹:《美国大学学分转换模式探析——以三所美国公立大学为例》,《比较教育研究》2012年第11期。

为总学分的60%左右）。同时，美国很多高校还明确规定了不能转换的课程和学分。如陶森大学规定，与该大学课程不一致或学科不一致的课程不能进行转换。这些课程包括：所有的补习或补修课程、个人发展课程、入学教育或职业课程、商业选修课程等。如果没有相配合的讲授课程，单独的1学分实验科学课程也不能转换。学院等级考试大纲课程学分可以有选择地实现转换。

3.课程编码体系完善，操作方案科学易行。美国高校课程的编码体系比较精细，所有课程都标明编码，其编码系统与课程名称、性质、等级直接相关，学习者在选择课程以及申请学分认可转换时都能依据编码系统迅速做出评判。例如，为了方便社区学院与四年制院校之间的课程对接和学分互认，北卡罗莱纳州社区学院委员会和北卡大学管理委员会采用6位数字编码系统对其规定的核心课程目录进行了统一分类和编码。如26.0702，其中26代表学位课程分类中的生物学科目，07代表生物学目下的动物学专业，02代表动物学专业下的昆虫学方向；而05.0102则代表区域、人种和文化研究学科下区域研究专业的美洲地区研究。每个社区学院和四年制院校都详细说明本校课程所对应的CAA课程编码，并将其在学校网站和招生目录中予以公开，方便学生掌握自己在社区学院所修课程学分与拟转目标院校的学分互认情况。普通教育核心课程及其编码系统的建立为北卡两种高等教育机构间学分互认的规范化运行提供了基本条件。[①]这种相对稳定、标准接近的编码系统有助于快速制定校与校之间、州与州之间的学分衔接协议，并保证操作上的便利。同时，为了较好地实现社区学院与四年制院校在同一专业上实现课程衔接和学分互认，美国各州还着手在普通教育课程中经过协商筛选出最基本和最具代表性的课程，即核心课程，作为两个教育机构之间学分互认的标准，并详细规定了在某个领域的具体学分数和等级要求。

（三）加拿大高等教育学分累积与转移制度

加拿大是世界上国民受教育程度最高的国家，也是高等教育最发达的国家之一。学生需求多样化、实现中等教育与高等教育顺畅衔接、教育成本上涨以及博洛尼亚进程的影响，促使加拿大在高等教育系统中推行学分累积与转移制度。1995年，加拿大各省级教育部长共同签署了《泛加拿大大学学分转移协议》

---

① 米红、李国仓：《美国大学与社区学院学分互认机制研究——以北卡罗莱纳州为例》，《比较教育研究》2007年第10期。

（简称PCCAT），以确保加拿大大学前两年学习期间的学生可以自由转学，自此加拿大各省开始陆续建立学分转移制度。2001年10月，加拿大教育部长委员会召开由各省和地区的教育部长参加的政策议题论坛，再次讨论关于社区学院和大学之间以及各省和地区之间的学分转移问题。同年4月，成立学分转移工作组，致力于建立和发展泛加拿大学分转移策略，重点在于建立和发展一个强大的贯通各省和地区之间的学分转移系统。[1]由于各省和地区之间的学分转移系统和高等教育机构存在很大的差异性，2002年10月加拿大教育部长委员会决定改善整个加拿大学分转移状况，提出泛加拿大学分转移系统将逐步建立，重点在于开发和建立有效的省、地区学分转移系统。[2]为了进一步促进政策的实施和支持学生流动的实践工作，2006年泛加拿大招生转学联盟（简称PCAAT）成立，该联盟旨在建立一个统一可行的泛加拿大信息数据库，这个数据库将会收集来自所有高等教育机构和学习者的有关转移学分计划的全部信息，使各省和地区都涵盖于同一系统之内。2009年，加拿大教育部长委员会发表了《加拿大学分转移部长声明》，对学分转移制度提出了明确要求，用以指导各省政府、各社区学院和大学以及学习者开展学分转移。[3]2010年，加拿大各省发表声明承诺：通过提供更多的资源加强学生流动，支持实施学分转移系统。[4]目前，加拿大学分转移主要是通过不同的课程计划实现的。通常这些课程计划是机构之间通过协议建立的协作和合作课程，当一门课程是在协议所包含的机构内完成的，那么就已经意味着获得了接收机构的认可。加拿大高等教育学分累积与转移制度在实施过程中呈现以下几个方面的显著特征：

1. 基于共同原则的差异化学分认定策略。加拿大教育部长委员会明确要求各种不同类型的高等教育机构实施学分累积与转移策略都要遵循以下六项基本

① 陈斌：《加拿大后中等学校学分转移实践发展研究》，《高教探索》2015年第6期。

② "Aisha Fatinma Khaja. Exploring the Evolution of Credit Transfer Policy：Imolicationgs on the Role and Interplay Brtween Colleges and Universities，" accessed February 23，2015，http：\\tspace. library.utoronto.ca\bistream\1807\35559\1\Khaja_Aisha_20133_MA_thesis.pdf.

③ "Ontario Council on Articulation and Transfer. 2013 Ontario Report to the Pan-Canadian Consortium on Admission & Transfer，" accessed February 28，2015，http：\\wwwl.iwindsor.calpccat/29/ pccat-2013.

④ 赵耸婷、徐明：《加拿大高等教育学分累积与转移制度探析》，《外匤教育研究》2015年第12期。

原则：①（1）学分转移协议要能够有效地促进学生流动，这就要求学生开始他们在另一个机构的学习之前，了解有关学分转移的条件和限制的最新信息，相关机构应致力于提供关于学分转移政策的最新可靠信息和学分转移的常规步骤；（2）学习者和高等教育机构应当就转移协议达成共识，高等教育机构应该建立和保持明确的学分转移制度和流程，学习者能够了解被相关机构拒绝接受的原因，相关机构也应该提供学生对此提出上诉的明确流程；（3）每个省和地区的高等教育机构都应该致力于和其他高等教育机构、转学服务机构及政府部门的合作，扩大学分转移的机会，机构之间关于同等学分协议应当主要考虑学习本质的等价特征，虽然学习形式是多种多样的，但学习内容、学习的严格性和学习结果方面可能是相等的；（4）所有的学分转移协议都应该与大学课程的完整性一致，与高等教育机构决定课程设计和授课的权力一致，学业的完整性和机构对课程的自主权是必须保持的；（5）不管是转学学生还是直接进入的学生都应当享有平等的学习条件；（6）转学学生应该了解课程的具体标准和各种影响因素，拥有了先前的学业是申请者符合入学标准的前提条件，但是不能保证一定能够被特定的学习项目录取。该六项原则从学生、学校以及地方政府全面规范了学分转移的具体操作，保障学分转移过程中学生的权益，这也成为加拿大学分转移的纲领性意见，不断推进和引领加拿大各省的学分转换工作。

2.以先前学习成果认证为基础的学分转移课程策略。加拿大高等教育以先前学习成果认证为基础，形成了多种学分转移策略，包括双学分课程、学位课程、一揽子转移安排协定、联合与协作课程、大学转学课程。其中双学分课程为学习者从中学阶段向大学阶段的过渡提供了便利，也为学生高中毕业后接受高等教育提供了更多机会。以安大略省为例，双学分课程制度的实施通过安大略省教育部和培训部进行，社区学院和大学贯穿于"中学—大学—工作"的整个过程，允许学生参加职业教育和中学后课程学习，获得的学分计入高中毕业文凭，同时也计入高等教育文凭或职业教育文凭。社区学院开设学位课程实现了社区学院之间的学分转移。学习者不需要从社区学院转入大学，只要转入开设学位课程的社区学院就可以取得学士学位。目前，加拿大的许多社区学院除

---

① Association of Canadian Community Colleges，"Transferability and Post-secondary Pathways，" accessed March 7, 2015，http：llwww.xiexingwen.comlgoogleIsp.php？from=sug&query=transferability%20and%20post%20secondary%20pathways.

了开设传统的一年制、两年制和三年制的文凭和证书课程，还提供学士学位课程。[①]一揽子转移安排协定的所有课程的学分可以在全国范围内转移，是被统一认可的。比如证书和文凭课程，从一个机构转到另一个机构是不需要通过课程评估的。一揽子转移协定一般是在不同机构之间通过协商进行的。在各省区的学分转移系统中，学院和大学之间建立了一揽子转移协定，这就使得学习者可以得到较多用于取得大学学士学位或其他文凭的学分。联合与协作课程通常是指同一门课程在两个或两个以上的机构中招生、授课、考试，并且实施过程符合相关机构的招生规定。联合课程可以是同一学期内在两个或两个以上的机构中同时授课，或者第一个学期在一个机构中提供授课，其后的学期在其他机构提供授课。大学转学课程主要是在加拿大阿尔伯塔省和不列颠哥伦比亚省实行，为了使转学得以顺利进行，这两个省的大学和学院之间都签订了衔接协议。这些协议可以使学生了解，要取得大学学位，他们前两年在社区学院的学习必须达到学位课程要求。[②]

3. 对先前学习经验进行严格评估和认定。实施学分认证和转移的重要前提是对先前学习经验的认证，其中包括对正式和非正式学习成果的认定。正式学习成果主要包括学习教育的课程成绩，而非正式学习成果指的是课程以外的非正式学习获得的成果，包括职业能力认证或职业资格等。通过对先前学习经验的认证，将学习成果量化为相应的学分，这样才能保证学分顺利地累积与转移。加拿大各省高校都设立了"先前学习经历评估和认证"（简称PLAR）中心，对学生以往的学习成果进行评估和鉴定。比如阿萨巴斯卡大学的PLAR中心主要负责对学生入学前的学习和实践经历进行评估和认证服务。[③]PLAR的开设不仅可以使学生更加批判性地审视自己过往的学习和工作情况，为学生提供了一个展示所学知识和行业实践相结合的机会，同时也可以避免重复学习导致的时间和资源的浪费。在整个认证过程中遵循严格的程序，评估过程严谨、有序。首

---

① Higher Education Policy Institute, "Credit Accumulation and Transfer, and the Bologna Process: an Overview," accessed February 28, 2015, http://www.hepi.ac.uk/wp-content/uploads/2014/02/13CATFullReport.pdf.

② Sean Junor and Alex Usher, "Student Mobility and Credit Transfer: A National and Global Survey," accessed March 5, 2015, http://www.educationalpolicy.org/publications/pubpdf/credit.pdf.

③ 陈娜、杨永博：《加拿大阿萨巴斯卡大学教学改革的新进展》，《河北广播电视大学学报》2014年第2期。

先是评估材料的准备工作，学生提交学分转移的正式和非正式学习经验，其中正式学习经验包括具体的课程概况、学时等信息，因而可以通过课程评估或者模块评估完成认证；而非正式学习经验则需要有具体的成果，比如证书、资格证明等证明申请者具备相应的知识和技能。之后进入评估过程，由多位评估专家进行严格的评审，筛选出可承认的课程和成果，转化为相应的学分。接着再有学习项目主管依照所选项目章程决定是否录取，同时计算出可减免的学分以及录取特别要求等。项目主管要确保学校的招生章程和政策得以执行，同时为学生学习计划的制订提供依据。学生被录取后，会有专门的学习流程指导顾问根据学习计划的要求，制订出个性化的学习计划图，主要包括总学分、必修课程、选修课程范围以及必须在该校完成的学分数等内容。[①]同时，历经多年的发展，加拿大高等教育学分累积与转移制度也呈现出一系列经验特征，主要包括政府的支持和协调、注重跨省跨区合作、多样性与差异化并存、教育机构之间实现双向衔接等。

（四）韩国国家学分银行制度

学分银行制（简称CBS）是学生通过在大学或是社会教育培训机构修习课程或是通过教育部的学分认证考试等多种形式获得学分，将之存入个人在学分管理系统注册的账户中，累积达到一定数量，最终获取高等教育学位证书的一种学分管理方式。这种方式是一个开放式的教学管理系统，承认学习者多样的学习经验，扩大了高等教育的大门，让更多的人有机会获得高等教育的学位证书，提高了国民的高等教育素质。[②]韩国学分银行体系建设始于1995年韩国教育改革委员会提交的《关于促进开放式终身教育社会和教育体系的革新设想》，该报告提议采用学分银行制来"实现非正规教育的价值和功能"，试图通过授权教育机构和学分互认，建立一个联结正规教育和非正规教育的网络体系。基于这一设想，委员会开始研究学分银行体系的相关问题，且获得了政府的批准。1997年1月，韩国政府颁布了针对非普通大学学生以时间制学生登录试行条例的《时间学生登录制的试行指南》，拟定了鉴定系统和标准化课程，并且首次评

① 胡夏楠、王亮：《加拿大学分转移机制及其启示》，《开放学习研究》2018年第2期。

② 谭兵、胡蓉：《韩国高等教育学分银行制探析》，《开放学习研究》2009年第12期。

估认定了教育机构和标准课程。①依据法律实行令，韩国指定国家教育开发院为学分银行制度的主管机关。韩国学分银行制的目的，是使国民无论在何时何地都可以在自愿的前提下接受高等教育。1998年2月，韩国关于学分认证等法律规则的《教育部令第713号》制定颁布，规定了学分银行制的具体实施规则。由此，韩国学分银行制度得以全面实施，并取得了巨大的成功。

1.国家层面强有力的政策法规保障。从韩国学分银行制度建立的起源来看，韩国政府通过国家立法的形式为终身教育发展和学分银行建设提供了强有力的政策法规保障与支持。通过颁布一系列的政策法规，学分银行的建设不断推进和落实，并最终得以确立。其中主要的政策法规包括：（1）1996年8月，韩国政府修订先前的《社会教育促进法》，更名为《终身学习法》，强调政府与教育培训机构在推动和服务终身学习的职能。（2）1997年1月，韩国政府颁布《学分认定法》，指导学分银行建设，明确学分银行中机构与课程认证、学分认证、学位授予等环节和各相关机构的权限。《学分认证法》成为韩国学分银行建设最直接的法律，从根本上决定了学分银行制度的建设发展。它具体规定了对学习课程的设立与取消、学历与学分的认证以及学位授予，明确了学分银行建立的目的，为韩国学分银行制度的具体实施和操作提供了规范，更为学分银行制度的顺利实施提供了法律保障。以此为依据，于1998年3月正式投入运营。②（3）1998年3月，韩国政府将《终身学习法》修订为《终身教育法》，规定通过学分累积系统学习并完成一定学分的学习者应当取得相应的社会待遇，鼓励广大民众积极参与学习。（4）2000年至2009年期间，韩国政府先后对《终身教育法》进行了5次修订，其中2007年的修订直接促进了学分银行的重要保障机制——终身学习账户制的产生与发展。③

2.健全规范的组织管理运行机制。健全规范的组织管理体制是学分银行得以正常运行的保障与前提。韩国学分银行主要由教育科学技术部、国家终身教育振兴院和各省的教育办公室负责管理（如图5-1）。其中，韩国教育科学技术部负责颁布有关学分积累制度的相关政策法规，审核教育和培训机构提供的所

---

① 陈晶晶、陈龙根：《韩国学分银行制及其对我国构建完全学分制的启示》，《高等农业教育》2010年第8期。

② 叶芳君：《韩国终身教育研究》，硕士学位论文，台湾师范大学，2011。

③ 王涛涛：《韩国终身教育体系的学习账户制探析》，《成人教育》2011年第11期。

有教育培训计划和课程，制定课程标准以及颁发学位证书；国家终身教育振兴院负责学生注册、学分审查等学生管理工作，同时还为学生和教育机构提供一套咨询系统和网络在线服务；各省教育办公室作为学分银行制度的信息中心，主要负责收集和传递韩国国家终身教育振兴院制定的注册表格和学分审查申请表格，给学生提供实际可行的信息和建议。经过十几年的发展，韩国逐步建立了从中央主管机构到地方各类教育培训机构连贯一体的组织管理体系。各级各类组织机构在运行过程中分工明确、权责一致。目前，韩国国家终身教育振兴院（2012年4月至今）是学分银行的中央主管机构，其下设的"学分银行总部"负责学分银行相关政策的制定、实施与业务指导等工作。[①]在2008年以前，韩国"学分银行"建设主要经费来源是国家拨款、学生的报名费以及非正规教育机构缴纳的认证费用，基本上实现经费的自给自足。目前，韩国"学分银行"隶属于国家终身教育振兴院，其经费来源主要有四个：第一，政府提供的资金；第二，中央及地方政府给予的委托项目研究资金；第三，国家终身教育振兴院自身经营项目的所得，主要是学分银行制及自学考试的报名费；第四，前一年度余留的基金。多样化的经费来源保障了韩国学分银行制度的有效运行。

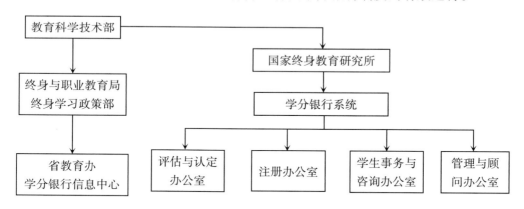

图5-1　韩国学分银行系统的机构设置

3.以标准化为核心的课程体系建设。课程标准是为各学科领域专门制定的综合教学计划。韩国国家终身教育振兴院与教育科学技术部合作开发课程标准，根据社会的发展、科学与技术的发展、教师和学生的要求等因素，每两年修正一次。课程标准明确规定了教学目标、学科专业、学位毕业要求、评估和质量

---

① 刘安、王海东：《韩国国家学分银行制度及经验》，《中国考试》2013年第5期。

控制等规定。所有专业课程都分为文学课、主修课和选修课三类，不同等级的学位都有明确的最低学分要求。每个教育机构都可以向韩国国家终身教育振兴院提交新的课程标准。[①]韩国学分银行制度对不同课程之间的衔接、各种证书的认定以及非正规教育机构如何参与学分银行制度都做了明确规定，主要表现在：第一，制定课程标准和教学大纲，保障课程衔接。目前，韩国的课程标准和教学大纲由国家终身教育振兴院与教育科学技术部联合开发，每两年修正一次，为不同学科领域的教学工作以及学生学习提供明确的指导，满足教师和学生不断变化的要求，保障课程衔接。第二，严格鉴定教育项目，保障非正规教育机构的参与。鉴定是对非正规教育机构及其开设的教学项目所做的正式评估，以便决定他们所提供的教学项目和授课科目是否可以同等地计算为相应的学分。韩国每年实施两次鉴定计划，具体由教育部与其教育发展研究所共同制定，其鉴定内容主要包括教师、教学环境、硬件设施等，其中，对专业课程的鉴定最为严格，规定专业课程必须符合每个科目的课程标准和教学大纲。鉴定机制保障了非正规教育机构的参与权，也拓宽了"学分银行"的平台。第三，多样化的证书认定，保障学生的学分获得及累积。对证书的认证换成学分是对学习者终身学习的肯定，并且可以保障学生所学的知识能够兑换积累。韩国就业劳动部掌管556种国家职业资格证书（NVC），131种其他的国家证书（NC）由另外的部门掌管，学分银行制度认可其中的部分证书，包括368种国家职业资格证书和100余种其他的国家证书。[②]由此可见，标准制定是韩国学分银行制运行的一个标志性举措，具体是指教育行政部门为学习者和教育培训机构制定的涉及学分评定、专业类型、主修课程、公共课程和学时的教学指南，这一指南为学分银行的构建提供了基本框架，而其核心则是课程的标准化建设。[③]一般来说，韩国课程的标准化是在有关专家的协助下，由人力资源开发部与教育发展委员会联合制定，并根据社会变化、学术和技术发展、师生要求等每两年一次进行更新，主要包括教学目的、课程内容、主要课程、选修课程的必修学分以及学

① 朴仁钟、刘音：《终身学习型社会与韩国的学分银行制》，《开放教育研究》2012年第1期。

② 崔昌浩、杜永新：《通往明日之路：学分银行之机遇与挑战》，《开放教育研究》2012年第1期。

③ 孙东喆、吴遵民、赵华：《学分银行建设的国际比较与评析》，《职教论坛》2013年第9期。

时学位的获取要求、评分和教学质量监控等内容。[①]韩国学分银行制的标准化课程体系灵活且具有弹性，便于调整，易于取舍，反映了学习者和教育机构的教育需求和社会需求。

表5-2　学分银行转换学位的学分要求

学士学位		副学士学位	
		2年	3年
总学分	140学分或以上	80学分或以上	120学分或以上
专业课程	60学分或以上	45学分或以上	54学分或以上
通识课程	30学分或以上	15学分或以上	21学分或以上
选修课程	50学分或以上	20学分或以上	45学分或以上

（五）学分互认机制建设的比较分析

"比较"在任何时候都是比较学科的核心观念和思想精髓，比较教育学科的"比较"是一种思维方式，是一种基本的立场与观念。"比较"作为理性思维方式的本质决定了比较教育研究不仅关注直观的教育现象，而且要致力于积极探究教育发展最一般的规律。"比较"的根本目的在于尊重差异，认识"自我"。差异是自主发展的基础和对话的条件，是认识主体重新发现自我、认识自我的外在参照。从欧洲、美国、加拿大和韩国学分互认和转换体系建设的历史实践来看，不同国家或地区学分互认机制既有共同的理论基础，又具有结合各自实际的显著特征。我们需要坚持"和而不同"的比较教育研究方法论取向，以理性的态度、开放的心态、宽阔的胸怀和鲜明的批判精神，通过对欧洲、美国、加拿大和韩国的学分互认机制的基本特征进行比较分析来重新认识"自我"，从而形成对我国基于课程地图理念的高校学分互认机制建设的经验借鉴和政策启示。

1.学分互认机制国际比较的经验借鉴

通过对欧洲各国以及美国、加拿大和韩国学分互认及转换机制的比较分析，我们不难发现各国学分转换机制在运行流程、基本条件、转换方式及后续保障

① 鄢小平：《学分银行制度建设：模式选择与制度设计》，中央广播电视大学出版社，2017，第44页。

等方面有很多共同之处，从而为我国创新高校学分互认机制提供了经验借鉴。

（1）学分互认机制的运行流程

学分互认机制的运行流程包括五个主要环节，首先是组建专门管理机构，在政策导向下，通过地区、国家的高校之间签署学分互认及转换相关协议，为后续转学、学习搭建平台；再由各高校发布转校要求及其相关信息，满足基本要求的学生可以提交转校学习申请，由转入校对申请者的学习成绩进行评估认证，审核通过后，学生与转出学校及转入学校签署三方协议（美国、加拿大等国社区学院学生可凭入学通知书直接进入大学学习），并把自己以前所学学分通过一定标准转换为转入校的学分，学习期满，考核达标之后可以在转入校或转出校申请获得学位。

图5-2 学分互认机制的运行流程图

（2）学分互认的基本条件

第一，统一的学分制是各个国家和地区学分互认机制实施的基础。在美国实行的学时学分制，"将一门课不少于120学时确定为一个卡内基学分（Carnegie Unit）"，[1]以此作为学生学习量和教师工作量的基本计量单位，辅之以学习绩点（GPA）来衡量学习质量的好坏，为实行统一化的标准来衡量多样化的学习方式提供了可能；欧盟的集学分累计与转换为一体的学分累积和转换系统（ECTS）成为该地区普遍使用的学分制，根据这一标准，ECTS学分是量化学习成果的一种方式：具体规定一个全日制大学生一年要修满60学分，1个学分通常需要参与25～30学时的学习，因此，全日制大学生的工作量是每年1500～1800学时；[2]澳大利亚则规定可以把学习者先前的正规的或者非正规的学习经验转换为学习某些课程的准入资格或者全部学分，使先前的学习成为一种基于学分的评价工具；在韩国，学生可以通过所有检定合格

---

① Jessica M Shedd, "The History of the Student Credit Hour," *New Directions for Higher Education* 9(2003):65.

② European Union, "European Credit Transfer and Accumulation System (ECTS)," accessed October 22, 2011, http://ec.europa.eu/edueation/lifelong-learning-policy/doc8_en.htm.

的教育培训机构、业余大学、社区学院或学士学位考试获得学分,并且得到国家认可。

第二,先前学习基础是学分互认机制实施的前提条件。要实现不同教育机构之间学分的相互认证及转换,必须确保学生具备一定的学习基础,达到基本的资质要求,并签署互认转换协议。在具体操作过程中,受诸多因素影响,各国在对学分互认的条件要求上略有不同。(如表5-3所示)

表5-3　学分互认机制实施的条件比较

国家	美国	欧盟	韩国	澳大利亚	加拿大
学分互认条件	1.掌握普通教育核心课程并达标 2.设置六位课程编码系统 3.通过认证	1.了解三个文件:信息包/课程目录;学习协议;学业成绩单 2.满足三个要素:学分;负荷量;七个等级	1.具有高中毕业后证书或同等学习背景 2.通过注册审核	1.具备与认证资格或转换学分相关的先前学习经验 2.制定政策,明确RPL实施信息 3.通过自我认证评估	1.符合转入大学录取条件 2.成绩合格,具备继续学习能力 3.获得与注册学习相关的课程学分

（3）学分转换方式

学分转换方式是学分互认机制具体操作的关键,受教育体制及高等教育发展水平的影响,各国家和地区采取的方法各异。美国主要采用2/4模式、2+2模式、绩点制模式;欧盟以ECTS学分作为地区内通用学分标准,国际学分转换则借助于一定的转换率进行学分折算、课程比较;韩国依据获得证书的难易程度及取得学位的学时和最低学分要求转换;加拿大学分转换方式呈现多样化,主要有相近的课程与课程之间的双边认证、课程与课程标准之间的等价单边认证及课程之间差异较大不便比较而实施的打包整块学分认证三种方式;澳大利亚的RPL采用灵活多样的方式,诸如参加考试、技能展示、档案袋综合认证等(如表5-4所示)。

表5-4　学分转换方式一览表

国家	转换方式	主要特征
美国	2/4模式 2+2模式 绩点制模式	2年社区学院获得学分被4年制大学完全认可,直接入校学习 2年职业教育+2年大学教育 绩点大于3.5方可实现学分在中等学校与大学之间互认和转换
欧盟	使用转换率 课程比较法 模糊转换法	借助一定的比率折算学分 相近课程比较,获得大致相当的学分 在转出校修完两个完整学期已经获得了60个ECTS学分即可
韩国	证书难易参照 学位学分要求	根据获得资格证书的难易程度兑换相应学分 必须达到取得学位所需学分的最低要求
澳大利亚	参加考试 技能展示 档案袋认证	考试通过即可授予学分 展示技能视为达到课程学分要求 学习过程证明材料视为达到课程学分要求
加拿大	双边认证 单边认证 打包认证	课程与课程之间的等价评估 课程与课程标准之间的等价认证 整块学分之间的等价认证

（4）实施保障措施

后续的配套措施为学分机制的实施提供保障，通过学分认证的申请认证之后，为了确保学生顺利实现学分转换，取得学位或资格证书，一般都会成立一定的监管机构或制定相关的政策文件推动学分互认机制的顺利运行。比如美国专门设计了转学信息系统，成立了转学咨询委员会，制定了转学录取的保障政策，告知学生转学申诉程序；在欧盟地区，教育与文化总署在推行与各国教育部门配合实践中，不断得到相关教育政策的支持与补充，完善学分互认、转换、累积制度。各国在2003年通过了《柏林公报》，要求各国采用文凭说明书（Diploma Supplement，简称Ds），具体描述文凭所代表的学习性质、水平、情境、内容和状态，以提高国际透明度，便于学术和专业资格的认证。[1]韩国为了便于学分互认，在专家协助下教育发展研究院和教育部共同开发了学分转化课程体

---

① Sean Junor, Alex Usher, "Student Mobility & Credit Transfer: A National and Global Survey," accessed May 12, 2011, http://www.pccat.ca/storage/pccat 2008/presentations/ΞPL.pdf.

系，建立了在线的学生网络服务系统；澳大利亚通过提供咨询服务、反馈认证结果等方式为先前学习认证提供便利；加拿大采取了多样化的认证方法来认证学生以前的学业成就，包括设立对应课程、认证尚未授予的学分、对已获得的证书进行学分认证等措施。[①]

2.学分互认机制国际比较的政策启示[②]

（1）树立"大教育观"的教育理念。美国、欧盟等国家的学分互认机制之所以实施比较顺畅，与其树立的"大教育观"的教育理念有着必然的联系。"大教育观"要求高等教育的发展要突破国家、地域的限制，摆脱等级门第和封闭办学思想的影响，破除阻碍学生流动的坚冰，在全球视野下，整合教育资源、实现优势互补，着眼于全人类的发展和共同进步。因此，终身化、国际化背景下的高等教育发展必须突破学科专业禁锢、狭隘地域范围观念限制，打破学校与学校之间的藩篱，实现学校之间、地域之间、国家之间的优质教育资源共享，促进学生的有效流动，开阔学生的视野，充分发挥多元文化价值观对学生的熏陶作用，提高教育教学质量；克服以传统的地域范围、发展水平、教育层次类型简单将高等教育发展分割成块的做法，在具有全球视野"大教育观"的教育理念引导下，建构链接正规教育和非正规教育、普通教育、职业教育和网络教育的多层次立体结构的实现终身教育的"立交桥"；以广阔的胸怀和兼容并蓄的态度平衡各国家和地区高等教育权利、资源的分配，加强国家与国家、国家与地区、地区与地区之间的交流融通。

（2）基于学分制的统一课程标准和信息要求。凡是学分互认、转换实施较好的国家和地区都无一例外地实行了完全的学分制管理，学分制的实施为各国家和地区的学分互认、积累转换提供了现实可能。学分制既是课程计划管理的一种有效方法，也是对学生学习质量的一种评价模式，高校通过实施学分制，有利于建构合理的课程结构体系，实行灵活的学籍管理制度，给学生更大的自主选择的空间和余地。建立在完全学分制基础之上的学分互认，便于各国家地区对课程与教学内容有严格统一的标准要求、规范的信息披露、一致的文件格

---

① CMEC,"CMEC Ministerial Statement on Credit Transfer in Canada,"accessed May 12,2011,http://www. Cmec. ca/Publications/Lists/Publications/Attachments/216/ministerial-statement-credit-transfer-2009.pdf.

② 闫文军：《高校学分互认的国际经验与启示》，《黑龙江高教研究》2021年第3期。

式及标准化的课程体系，为校际学分比较、互认搭建了统一的平台。为了顺应高等教育国际化的潮流，考虑到不同国家和地区教育体制及文化背景的差异，顺利实现学校之间的学分互认，各高校应把完全基于统一要求标准的学分制实施作为一项基本要求贯彻落实，建立统一规范的课程标准及信息要求，对学生学习课程的结构比例、需修学分数的上限和下限、上课的时数、具备的技能要有一致性要求，为后续学分的互认转换提供现实可能。

（3）组织机构健全，政策保障到位。建立超越政府国界的学分互认管理机构并制定相应的法规政策保驾护航是落实学分互认举措的重要保障。纵观欧盟的学分互认实施过程，无论是最初的博洛尼亚进程中ECTS的诞生还是作为补充说明的《欧洲学分互认与累积体系用户指南（第三版）》《职业教育与培训学分互认体系与累积用户指南》，不管是澳大利亚AQF资格框架，还是为了实施学分互认而成立的韩国教育改革总统委员会，都建立了权威性的组织机构、适时的政策跟进，形成了较为完整、科学的学分互认政策体系和实践框架。因此，对国外学分互认和转移经验的借鉴，我们不能仅仅停留在文本和技术层面，其科学合理的设计、有效的措施以及严密的组织执行是关系"学分互认机制"实施成败的重要因素。[1]在学分互认具体的实施过程中，要建立权威性的管理协调机构，制定相关的政策法规，促进沟通、增进理解、加强互信，形成上有机构协调管理、下有国家教育部门和高等院校等多种利益集团广泛参与的治理体系。[2]

三、学分互认机制建设的实践困境

从国外学分互认机制发展实践来看，学分互认机制的实施有效促进了学生在国家和地区之间的流动，拓宽了学习路径，实现了高等教育资源共享，建立人才成长"立交桥"，践行了终身教育理念，但在具体操作过程当中，由于各国的教育管理体制、思想理念、文化背景等诸多因素的影响，存在着一些不容忽视的问题。

（一）缺乏科学的理论支撑

学分互认机制是高等教育国际化背景下践行"终身教育"理念的有效举措，

---

① 杨晨、顾凤佳：《国外学分互认与转移的探索及启示》，《现代远距离教育》2011年第4期。
② 田德文：《欧盟社会政策与欧洲一体化》，社会科学文献出版社，2005，第16页。

因此，高等教育的国际化及"终身教育"理念自然就成了学分互认机制产生的理论基础。但是在学分互认机制的实践运行过程中，由于高等教育的国际化及"终身教育"理念过于宏观，并不能作为高校之间实行学分互认、累积、转换的具体指导理念，提供具体的操作策略，致使在实践运行中缺乏可操作性，导致在实施过程中人们经常会提出种种质疑：以前学生所获得的学分、学习经验能否达到既定的目标要求？知识和能力、价值观等能否通过定量的标准来进行衡量？学分对于知识、技能的代表性到底如何？隐性知识的作用如何判断？等等。故此，由于理论基础的缺乏及具体指导策略的不一致，在实践中出现多样化的学分认证转换办法也就不足为奇了。诸如实行学分互认的国家、地区在学分认证、转换的过程中，即便是各个教育机构之间达成了一致协议，制定了统一的课程标准及修业要求，但是由于学校的类型不同、层次有别，加之生源质量的不同，难免会造成统一标准要求下教育在个体身上所产生的作用会有差别。因此，一些国家和地区采取折换系数的办法来进行学分转换，例如欧盟学分转换采用乘以系数的办法来认证不同学校之间的学分，加拿大对于一些不好比较或者没有可比性的学分进行"打包转换"的办法，整块转换学分。所以，学分互认机制理论基础的缺失已经引起了诸多学者的关注，并已成为人们研究学分互认研究机制的新视角。

（二）运行成本较高、社会认可度不高

跨越校际、国际的学分互认管理机构为了确保学分互认、累积、转换的顺利实施，都要建立专门的管理机构并制定凌驾于国家教育政策层面之上的相关规章制度，发挥其协调引导功能，这就需要大量的人员和庞大的资金支持。但是在实际的运行过程中，由于各国家、地区教育体制政策的不同及学生多样化的认证需求，管理机构不得不耗费大量的人力、物力、财力，这在某种程度上给机构的正常运转和工作协调的效率带来了一定的影响，导致国家的投入与实际运行的效果之间存在较大的落差，没有得到社会的广泛支持和学生的普遍欢迎，这已经成为诸多实施学分互认机制的国家和地区存在的普遍问题。例如在澳大利亚，虽然政府、教育培训机构热衷于推进RPL的实施，并将其视为成人学习者的新路径，但学习者参与热情似乎并不高。据国家职业教育研究中心数据显示，2001年参与RPL的学习者比例为4.0%，2004年参与RPL的学习者比例下降至3.6%，而近几年RPL参与率也持续走低。而韩国随着人口出生率的下降、适龄入学人口的减少，再加之高等教育的大众化、普及化，"学分银行"的申请者逐年减少，人们更愿意接受普通大学的正规高等教育，特别是想拿"学分银行"获取的文凭应聘工作，可以说是杯水车薪，难以找到称心如意的工作岗位。[①]近年来，加拿大的人口情况正在发生着变化，如18～21岁的人口数量减少，很可能更多的完成中等后教育的学生由于经费问题会选择直接上大学，这种情况在不列颠哥伦比亚早就出现了，这种发展趋势在某种程度上可能会使人们对学分转移的兴趣锐减。

（三）课程设置僵化、质量保障困难

设置适合社会发展的学科门类，组织体现时代变化的课程与教学内容既是课程开发编制的基本要求，也是提高人才培养质量、满足社会需要的关键所在。从课程设置来看，虽然各实施学分互认的国家与地区都建立了比较统一的课程标准或相关要求，设置了相应的互认学科门类，但是由于地域跨度过大、教育管理体制差异明显，政策运行持续时间长，各国家、地区高校的反应速度较慢，严重制约了课程种类及内容的及时更新，影响了人才培养的质量。此外，严格的课程标准局限了学习者的柔性化培养及个性化发展，且难于突出各教育培训机构的办学特色。但反之，允许课程设置、教育内容、考核方法自由化，也必然引发教学秩序混乱、教育质量下滑等不良势头。[②]从教学过程来看，学分互认、转换只关注学习所取得的学分这一结果，忽视了教育教学的过程，学生把获取学分或取得学位、资格证书作为学习的终极目标，本末倒置，况且以获取学分为目的的知识技能的学习，学习的态度、价值观不能在互认学分中得到体现，教学质量保障困难。例如欧盟2007年在库存盘点报告（Stocktaking Report）中声称，超过50%的国家使用ECTS进行学分转移，但是，很少有国家将课程学分和学习成果相联系，而这正是学生之间的主要区别所在。[③]从学校的类型层次来看，各学校之间的教学质量也存在着较大的差异，诸如正规教育与非正规教育之间的差异、重点高校与非重点高校教育质量之间的差异、普通教育与职

---

① 奇永花：《韩国终身教育的发展与实务运作》，《成人教育》2009年第3期。

② 陈晶晶、陈龙根：《韩国学分银行制及其对我国构建完全学分制的启示》，《高等农业教育》2010年第8期。

③ Terry L S，"The Bologna Process and its impact in Europe：It's so much more than degree changes，" *Vanderbilt Journal of Transitional Law* 41，no.1（2009）：1-112.

业教育等之间的差异，导致在学分互认过程中两所不同高校之间的学分在多大程度上具有等值性成为大多数人的疑虑所在。瑞士的学生亲身体会后说道："一个学分数并不等于一个学分数，因为一些学分数更加廉价。"①

（四）学分认证转换方式不统一

综观美国、欧盟等国家和地区的学分互认机制，缺乏统一的学分认证、转换方式已经成为影响该机制顺利运转的最大障碍。各国家和地区由于教育管理体制等诸多因素的影响，很难形成一种超越地区、国界的统一的认证、转换方式，即便是在同一国家的不同地区、不同学校之间，学分互认转换的方式也有所不同。如在美国，不同州之间，在二年制与四年制院校之间并没有进行学分转移的相关规定。如果没有全系统范围内的政策或衔接协议，学生的学业评价就没有统一的标准，而是根据个体或院校情况而有所不同。②即便是州内的衔接协议也有一定的局限性。比如，仅仅加利福尼亚州就有超过5000份衔接协议，这是因为这些协议都是课程与课程之间、学院到大学的学分转移协议，并不具有普适性和统一性。③在加拿大，也面临着同样的问题，各所大学、学生团体和省级政府等重要的利益相关者在形成全国统一的学分衔接协议方面还没有强烈的愿望。④在欧盟德国，不同学校、不同时间的考试成绩有时也无法进行有效比较，好的成绩可能因为激烈的竞争而变弱，差的成绩可能因为竞争比较弱而变好。正如徐辉教授所言："欧洲国家众多，文化背景、教育传统各不相同，因此，实现学生的跨校、跨地区和跨国的流动十分困难。"⑤

从国外学分互认机制的相关研究及实践探索来看，欧盟、美国等国家和地区学分互认转换的举措值得我们学习和借鉴，但是存在的问题也不容忽视。在我国学分互认机制建设实施过程当中，如何建立符合我国国情且接轨

① European Students'Union(ESU)，"Formerly known as the National Union of Students(ESIB)in Europe" Survey on ECTS, http：//www.esib.org,6-10.

② U.S. Government Accountability Office，"Transfer students：Postsecondary Institutions Could Promote More Consistent Consideration of Coursework by Not Determining Accreditation，"accessed May 24,2011，http：//www.gao.gov / new.items / d0622.pdf.

③ Bahram Bekhradnia，"Credit Accumulation and Transfer, and the Bologna Process：an Overview，"Higher Education Policy Institute，accessed May 9，2011，http://www. Hepi. ac.uk/466 - 1138/Credit -Accumulation -and -Transfe r.-and -the -Bologna -Process -an - -Overview.htm1.

④ 杨晨、顾凤佳：《国外学分互认与转移的探索及启示》，《现代远距离教育》2011年第4期。

⑤ 徐辉：《欧洲"博洛尼亚进程"的目标、内容及其影响》，《教育研究》2010年第4期。

于国际高等教育发展轨迹的学分互认机制应该是学者们关注的焦点所在。为此，对于别国的经验做法不能盲目单纯地借鉴移植，对存在的问题要保持高度警惕，更应注重内在的发展；关注国外学分互认取得成绩的同时更应注意提高我国高等教育的质量，注重内涵发展，构建体现本土化操作策略的学分互认机制。

第六章

我国高校学分互认机制的实践探索

高校是构建全民终身学习体系极其重要的主体，学分互认则是发挥高校主体作用的锁钥。高等学校之间推行"学分互认"，是促进校际交流与合作、提升高校办学水平的重要推动力，更是高校开放程度和开放办学水平的重要体现。"长期以来，我国大多数高校之间基本处于自然的隔绝和封闭状态，各自发展，缺少合作与沟通，即使有合作，合作的范围也非常有限，对于学生的校际交流也存在很大的障碍。"[①]因此，学分互认看似是一个技术性的评估评价并认定转换的标准体系，实际上是促进和构建各级各类教育纵向衔接、横向沟通，推动建设终身学习的学习型社会的关键一环。"从纵向上看，学分互认联通了大学教育和终身教育的立交桥，为终身学习、全民学习奠定关键基础；从横向上看，学分互认贯通了高校之间的资源共享和优势互补，有利于高校整体的优质均衡发展。"[②]为了提高教育信息化水平，实现优质高等教育资源共享，我国教育部在《面向21世纪教育振兴行动计划》中设立了"基于天地网的远程教育示范工程"，旨在推动校际课程互选和学分互认，为我国学分互认的实施拉开了序幕。20多年来，我国高校在学分互认方面进行了有益的尝试，目前高校学分互认机制的实践探索进入了全面推进和纵深发展的关键时期。信息技术日新月异的发展和新冠疫情对高校教学管理带来的冲击，在一定程度上加速了建立具有中国特色的高校学分互认系统的历史进程。

---

① 殷双绪、姚文建：《我国高等教育领域学分互认的典型案例分析及启示》，《中国远程教育》2012年第12期。

② 谷泽：《推动学分互认的关键是高校开放程度》，https://www.360kuai.com/pc/9cd11b66913375251?cota=3&kuai_so=1&tj_url=so_vip&sign=360_57c3bbd1&refer_scene=so_1，访问日期：2021年2月2日。

一、我国高校学分互认的发展历程

（一）依托网络技术的初步试点阶段

2001 年，教育部开始规划依托中国教育和计算机网，以实现异地学分互认制度。教育部在首批 25 所高校开展远程教育试点工作，积极开发网络课程，推动校际的课程互选和学分互认。2002 年 6 月，上海交通大学、西安交通大学、浙江大学率先签署互认合作协议，之后宁夏大学、西藏大学先后加入，标志着学分互认的正式开端。2004 年，为进一步推进学分互认机制的实施，扩大学分互认范围，教育部印发了《关于在职业学校逐步推行学分制的若干意见》[①]（以下简称《若干意见》），明确提出实行分类指导的原则，逐步推行学分制，逐步建立和完善学分互认机制。《若干意见》强调经济、教育发达地区和中心城市应在总结试点经验的基础上，积极在区域内推进职业学校全面推行学分制的改革，逐步建立和完善区域内职业学校之间的学分互认机制；经济、教育欠发达地区要积极推进职业学校开展学分制试点工作，为职业学校实行学分制提供更为灵活的政策，在优化教育教学资源的基础上，借鉴其他地区成熟经验，积极试点、大胆创新，为逐步推行学分制创造条件；结合教育部等六部门提出的"职业院校制造业和现代服务业技能型紧缺人才培养培训计划"的实施，推动承担培养培训任务的职业学校实行学分制；结合"农村劳动力转移培训计划"的实施，推动城乡之间尤其是东部地区和西部地区对口支援的职业学校实行学分制和学分互认。为进一步建立和完善学分互认机制，《若干意见》提出四个方面的具体要求：（1）积极推进区域间、学校间和专业间的学分互认。在教育行政部门的统筹协调下，合格职业学校之间的相近专业的课程或培训项目的学分应该互认；学历教育与非学历教育相近课程或培训项目之间的学分应该互认。区域间、校际间相近课程学分的互认可以在比照课程目标和内容的基础上通过签订学分互认协议的方式来实现。（2）承认学习者已有的学习和职业实践经历，并可折合成相应的学分。对于从高中阶段其他类型学校或教育培训机构转入的学习者，对于具有其他层次学历或职业实践经历的学习者，在出示有效证明或通过测试后，应承认其经历并折合成学分，允许其免修相应的课程。对于学习者取得的

[①]《教育部关于在职业学校逐步推行学分制的若干意见》，http://www.moe.gov.cn/srcsite/A07/s7055/200408/t20040802_79106.html，访问日期：2004 年 8 月 2 日。

国家职业资格证书和培训证书，可以折合成相应的学分，并允许免修相应课程。对于学习者在参加国际、全国或省部级职业技能竞赛以及其他活动中受到的表彰和获得的奖励，应承认一定的学分。（3）探索和建立职业学校学分累积与转换信息系统（学分银行）。依托教育信息化平台，逐步建立职业学校学习者的学习和职业实践经历信息库，为学习者转换学分、取得学历、终身学习和就业提供服务。（4）改进和加强对实行学分制的职业学校的教学安排和教学质量的检查与评估，逐步建立学分制条件下的职业学校教育教学质量评价和监控体系。各地教育行政部门和教研机构应当加强对职业学校教学过程的科学管理，避免简单化地组织和安排文化基础课程的统一考试。2004年9月，南京成立了"仙林大学城教学联合体"，实行"联合体"内的课程互选、学分互认，充分发挥了仙林大学城的聚集效应和综合优势。2005年，教育部在新修订的《普通高等学校学生管理规定》中明确指出，"学生可以根据校际协议跨校修读课程，在他校修读的课程成绩（学分）由本校审核后予以承认"[①]。2005年，东南大学与上海、浙江的六所高校开展长江地区三角高校联合办学，之后签署了《三角六校交换生计划备忘录》，推进学分互认。

2007年，教育部印发《关于进一步深化本科教学改革　全面提高教学质量的若干意见》，明确提出全面推广和广泛使用"国家精品课程"，积极鼓励高等学校之间的跨校选修课程机制，加强高等学校之间学分互认等，使学生享受更多的优质教学资源，并逐步实现教学资源共享机制稳定化、常态化。2008年，我国进一步推动在"中等职业教育领域进行学分银行试点，推动校际学分互认"制度的落实。《国家中长期教育改革和发展规划纲要（2010—2020年）》提出"搭建终身学习'立交桥'，促进各级各类教育纵向衔接、横向沟通，提供多次选择机会，满足个人多样化的学习和发展需要……建立继续教育学分积累与转换制度，实现不同类型学习成果的互认和衔接"。2013年教育部工作要点明确要求"积极推进继续教育学习成果认证、积累与转换制度的研究与实践"。2015年4月，教育部印发了《关于加强高等学校在线开放课程建设应用与管理的意见》，明确提出要建立"在线开放课程的学分认定办法"，强调"在保证教学质量的前提下，鼓励高校开展在线学习、在线学习与课堂教学相结合等多种方式的学分

---

① 《普通高等学校学生管理规定》，http://www.moe.gov.cn/srcsite/A02/s5911/moe_621/200503/t20050325_81846.html。

认定、学分转换和学习过程认定"。

（二）依托课程互选的全面推进阶段

2016年，《国民经济和社会发展第十三个五年规划纲要》提出了"建立个人学习账号和学分积累制度，畅通继续教育、终身学习通道。制定国家资历框架，推进非学历教育学习成果、职业技能等级的学分转换互认"等任务举措。[①]2016年9月，教育部颁布了《关于推进高等学校学分认定和转换工作的意见》[②]（以下简称《意见》），对落实学分认定和转换工作提出了总体要求，强调高校要畅通学分认定和转换通道，积极推动各类高等学校之间学分认定和转换，明确了探索建立多种成果认定机制的具体要求，并提出学分认定与转换工作是完善人才成长"立交桥"的重要举措。这是我国高等教育发展历史上第一次就高等学校学分认定和转换工作专门制定的宏观指导文件，对于推进我国高等学校学分互认机制创新发挥了积极的促进作用。《意见》强调要推动各类高校之间学分认定和转换：一是高等学校之间学分认定和转换以课程为基础。各类高校学生学习外校课程并达到一定要求，通过本校认定后，可转换为本校相应的课程学分。二是高等学校认定外校课程，要考察其教学目标、教学内容、教学时数、考核方式等教学要求和师资水平、教学条件等教学能力，评价与本校相关课程的要求是否基本一致，确保学生通过学习外校课程所掌握的知识、技能和水平与在本校学习基本相当。三是高等学校自主制定外校课程认定办法，规范细化认定流程，具体规定外校课程认定的种类、数量以及外校课程学分所占最高比例。及时汇总、更新、公布认定的外校课程清单，实行动态管理，为学生学习外校课程、获得相应学分创造便利条件。《意见》还就建立健全学分认定机制提出具体要求：明确学分认定和转换具体责任部门，组织开展学分认定等工作，为学生学分积累和转换提供咨询服务；制定外校课程学分认定办法、高等教育自学考试学分认定办法、非学历学习成果转换为学分的办法，认定学生不同渠道获得的学分，确定相应的免修课程；要吸收人力资源开发部门、自学考试机构、培训机构以及考试评价机构的专家，就学分认定和转换开展评估与论证，不断提高科学水平。《意见》指出，到2020年，高等教育学分认定和转换体系要更

---

① 王海东：《学习成果认证制度研究》，中国人民大学出版社，2017，第2-3页。

②《教育部关于推进高等学校学分认定和转换工作的意见》，http://cqxdjy.swsm.edu.cn/info/1052/2068.htm，访问日期：2021年7月18日。

加完善，国家公共服务平台初步建成，人才成长"立交桥"逐步完善，继续教育、终身学习资源更加丰富，方式更加灵活，渠道更加畅通，为基本形成全民学习、终身学习的学习型社会提供有力支撑。2018年，教育部《关于实施卓越教师培养计划2.0的意见》明确提出，鼓励支持高校之间交流合作，通过交换培养、教师互聘、课程互选、同步课堂、学分互认等方式，使师范生能够共享优质教育资源。自此，高校之间教师互聘、课程互选、同步课堂、学分互认成为我国实施"六卓越一拔尖"计划2.0①的重要举措，推动国内高校学分互认机制不断完善发展。

（三）依托信息技术的纵深发展阶段

2020年，针对新型冠状病毒感染疫情对高校正常开学和课堂教学造成的影响，教育部发布《关于在疫情期间做好普通高等学校在线教学组织与管理工作的指导意见》（以下简称《指导意见》），要求采取政府主导、高校主体、社会参与的方式，共同实施并保障高校在疫情防控期间的在线教学，实现"停课不停教、停课不停学"。《指导意见》明确提出面向全国高校免费开放全部优质在线课程和虚拟仿真实验教学资源，保证在线学习与线下课堂教学质量实质等效。《指导意见》要求，高校要将慕课教师以及承担教学任务的所有任课教师线上教学计入教学工作量。引导学生在疫情防控期间积极选修线上优质课程，增加学生自主学习时间，强化在线学习过程和多元考核评价的质量要求。制定在线课程学习学分互认与转化政策，保障学生学业不受疫情影响。2021年1月25日，教育部在关于政协十三届全国委员会第三次会议第1241号（教育类109号）提案答复的函中指出，教育部鼓励高校校际学分互认，支持国内高校建立与学分制改革和弹性学习相适应的管理制度，加强校际学分互认与转化实践，完善学分标准体系；教育部将以疫情防控期间在线教学实践为契机，引导高校逐步完善学分制，制定科学合理的学分互认制度和标准，扩大学生学习自主权、选择

---

① "六卓越一拔尖"计划2.0是指：教育部与相关部门印发《关于实施基础学科拔尖学生培养计划2.0的意见》《关于加强农科教结合实施卓越农林人才教育培养计划2.0的意见》《关于加快建设发展新工科实施卓越工程师教育培养计划2.0的意见》《关于坚持德法兼修实施卓越法治人才教育培养计划2.0的意见》《关于提高高校新闻传播人才培养能力实施卓越新闻传播人才教育培养计划2.0的意见》《关于加强医教协同实施卓越医生教育培养计划2.0的意见》等文件，对文、理、工、农、医、教等领域提高人才培养质量做出具体安排，明确了"六卓越一拔尖"计划2.0的总体思路、目标要求、改革任务和重点举措。

权，为学生选择学分创造条件。2021年3月，《国民经济和社会发展第十四个五年规划和2035年远景目标纲要》对建设高质量教育体系作出了全面部署，在"深化教育改革"方面进一步提出，要发挥在线教育优势，完善终身学习体系，建设学习型社会；要推进高水平大学开放教育资源，完善注册学习和弹性学习制度，畅通不同类型学习成果的互认和转换渠道。2022年2月，教育部等五部门印发《关于加强普通高等学校在线开放课程教学管理的若干意见》，对在线开放课程学分互认相关问题再次进行了明确规定，指出高校"要制定本校在线开放课程……学分认定等管理制度"、课程"必须从教育部列入的'白名单'的平台上选用学分课程"[①]，这为我国在线开放课程学分互认提供了实践思路和操作指南，有序推进了在线开放课程学分互认发展。

二、国内高校间学分互认的主要模式

多年来，在国家的倡导推动和高校的积极努力下，我国高校在学分互认方面进行大量有益的探索，在实践中依据高校所在区域位置（相近区域如校内、大学城、同一城市，特定区域如划定的特殊范围、国内外跨区域及网络空间区域）、学校之间的层次（同一层次，不同层次如本科、专科）及教育的类别（普通教育和职业教育）形成了不同的学分互认模式，我国高校学分互认机制创新正在向纵深方向发展。

（一）基于同区域高校的学分互认模式

1．"基于大学城或相邻院校"的学分互认模式。随着高等教育教学改革的不断深入和高校学分制改革的不断推进，"大学城"作为一种新兴的高等教育现象出现。大学城形成了区域"教学共同体"，在教学、科研和社会服务等领域产生了合作趋势。"大学城"内或相邻的学校之间开展合作，以学分互认、相互开放选修课等为载体实现资源优势互补。[②]20世纪90年代以来，我国北京、廊坊、上海、南京、郑州、重庆、宁波、温州、广州、深圳、珠海、东莞、兰州、昆明等城市陆续建立了大学城。例如，北京市"学院路教学共同体"内的17所高

---

① 教育部、中央网信办等：《关于加强普通高等学校在线开放课程教学管理的若干意见》，《中华人民共和国教育部公报》2022年第22期。

② 潘洁、翟红华：《我国高校学分互认制度改革实践及推进策略研究》，《国家教育行政学院学报》2017年第5期。

校以教学共同体的合作方式，实行相互选课、互认学分。20世纪90年代中期，上海市高校间开展联合办学，开展与高校学分互认的相关教育项目有跨校辅修、跨校第二专业、跨校第二专业学士学位、跨校选课、教师互聘、名教授流动讲座，形成了以地理位置为特征的西南片、东北片、松江大学城高校之间的联合办学和学分互认活动。[①]2000年5月，南京仙林大学城中南京师范大学、南京经济学院、南京中医药大学、南京邮电大学等院校之间签订协议，实行学分互认、课程互听、教师互聘。2004年9月，为充分发挥南京仙林大学城的集聚效应、综合优势和开放特色，大学城九所高校又决定共建"仙林大学城教学联合体"。为了规范和引导校际课程互选、学分互认工作，广东省教育厅曾于2006年颁发《关于在广州大学城高校开展课程互选、学分互认的通知》，广东省教育厅会同物价局分别颁布了《广州大学城普通本科院校课程互选、学分互认若干意见》《广州大学城课程互选、学分互认实施办法》等文件，为学分互认运行机制提供制度保障。[②]这一模式充分发挥了园区高校间教育资源共享、优势互补的特点，通过跨校选课、学分互认的方式实现了多学科的交叉，提高了学生多学科的创新能力，拓宽了学生的知识面和学术视野。2019年，由华北水利水电大学牵头，与郑州龙子湖区域的河南中医药大学、河南农业大学、郑州航空工业管理学院、河南财经政法大学、河南理工大学六所高校签署了课程互选与学分互认合作框架协议，建立了协商机制，开展课程互选和学分互认。2020年秋季学期，福建省教育厅组织福州大学城高校开展课程互选、学分互认试点工作。福州大学城高校遵循"优势互补、资源共享、互惠共赢、协调发展"的合作原则，依托现有的福建省高校在线教育联盟，总结前期线上课程开放共享、学分互认工作经验，广泛采用现代信息技术，充分应用国家级、省级精品在线开放课程和线上线下混合式课程资源，促进优质课程资源共享，促进信息技术与高校教育教学的融合，推动课堂教学模式改革，深入探索学生跨校跨专业修读课程、在线学习成果认证、学分认定和高校间学分互认的学习方式和管理制度，共同打造"旗山云大学"共享品牌。2022年9月，深圳市教育局印发《深圳西丽湖科教城片区高校课程互选、学分互认工作实施方案（试行）》，着力推动同处西丽湖国

---

① 李芹、王雷震:《南京高校校际学分互换探究——兼与上海比较》,《中国农业教育》2009年第2期。

② 唐令辉:《广西高等学校学分互认机制的研究》,硕士学位论文,广西大学,2011。

际科教城的深圳大学、南方科技大学、清华深圳国际研究生院、北京大学深圳研究生院、哈尔滨工业大学（深圳）五所高校实现学分互认、课程互选、师资互聘、资源共享。2022年秋季学期，深圳西丽湖国际科教城片区五校共推选出79门共享互选课程、1142个选课名额，课程层次涵盖研究生和本科课程，课程类型包括通识教育课程、"双一流"建设学科课程、学科交叉融合课程、科学实验课程等，高度体现各校教学水平和特色。2023年春季学期，深圳西丽湖国际科教城片区课程互选从五所高校升级为X9联盟的八所高校院所之间部分优质课程跨校互选，进一步打破上课"边界"，共推出93门共享课程、1141个选课学位，其中深圳大学、南方科技大学、哈尔滨工业大学（深圳）实现了学分互认，更好地满足了学生个性化学习和发展需求。

2. "基于同城或同区域内高校之间"的学分互认模式。地处同一城市内的高校都有各自有特色的课程和教学模式，为了实现师资、课程等方面的资源共享，最终为实现学分互认服务，一般需要建立学校之间的跨校协调机制。学分互认成为同一城市或区域内高校互派交换生、建立合作联盟的主要载体。例如，2005年，同处长三角地区的东南大学与上海及浙江省六所高校为实现优势互补、资源共享，签订《三角六校交换生计划备忘录》，最终实现了学生跨校学习、学分互认。2012年5月，中国人民大学和北京外国语大学签署战略共同体合作框架合作协议，双方互为"第二校园"，互相开放相关课程，互认学分并互免学费，相互提供优秀研究生生源，开展互派教师、共同研发项目等合作。2011年，同处甘肃省兰州市安宁区的西北师范大学、兰州交通大学、甘肃农业大学、甘肃政法学院、兰州城市学院签订安宁五校战略联盟合作框架协议，该框架协议提出安宁五校战略联盟应从优势课程共享、优秀教师互聘、特色成果互通等方面着手，遴选部分高水平教师和优质自建课程，依托资源共享平台在联盟高校之间进行共享探索，逐步实现联盟高校之间课程互选、教师互聘、学分互认、成果互通、优质资源共建共享的目标。2019年，由华北水利水电大学牵头的六所高校学分互认合作框架协议，推动形成以优化区域高校联盟学分互认机制为依托，以拓展跨区域高校学分互认为重点，以健全在线课程学分认定、国际合作办学学分认定制度为保障，健全以课程规划机制、选课机制和学分评定机制为重点的学分质量监督机制、网络服务机制和后勤保障机制等综合工作机制①。该框架协议新闻被教育部、河南省人民政府、《中国教育报》、人民网等政府网站和主流媒体转载，在工作制度建设、优质特色教学资源共享、校际课程互选平台、质量监控与评价体系保障等方面进行了创新，满足了学生的个性化发展需求，形成了示范性成果②。2022年，中山大学、华南理工大学、暨南大学等高校发起成立的"粤港澳大湾区高校在线开放课程联盟"，通过创新教学模式实现在线开放课程的校际共享与学分认定。目前，已有45所高校共享了736门次课程，18.4万人次学生获得学分。2023年3月，甘肃省教育厅印发《甘肃省高校"课程互选、学分互认、教师互聘、教学互评、资源互享、学位互授"实施办法（试行）》，明确要求各高校要以"线下+线上""校内+校外"的方式构建"课程互选、学分互认、教师互聘、教学互评、资源互享、学位互授"的优质教育资源共享平台，满足本科生多样化学习和发展的需求。2023年12月，浙江省印发《浙江省数字教育高质量发展行动计划（2024—2027年）》，进一步指出："构建学分互认联合体，支持高校组建联合体，构建在线开放课程学分认证机制"，③推动在线开放课程学分互认融入高校人才培养体系。2024年3月27日，山东师范大学与山东大学举行战略合作协议签约仪式。根据协议，双方将在学科建设、人才培养、师资交流、科学文化研究等领域开展深入合作，探索建立学分互认机制，推动资源共享。

（二）基于跨区域高校的学分互认模式

1.相同层次高校间的学分互认模式。相同层次高校之间的学分互认常见于部分一流大学。如2003年，北京大学、清华大学、浙江大学等九所国内一流高校共同发起了"一流大学建设系列研讨会"。在2009年召开的第七届研讨会上，"交换学生、互认本科课程学分"成为主要议题，并签订了《一流大学人才培养和交流协议书》，以共同培养拔尖人才。根据协议书，九所高校将互相承认所修学分。一流高校间的学分互认机制，对于加强高水平大学建设，培养拔尖创新

---

① 杨建坡、康旋子：《学分互认机制创新推动高校人才培养模式改革走深走心》，光明网-学术频道，访问日期：2023年9月28日。

② 孟俊贞、杨建坡、高亚伟：《智慧教育时代高校"1+X"学分互认机制构建与实践》，《河南教育（高等教育）》2023年第11期。

③ 吕长生、焦方瑞、邵阳博：《高校在线开放课程学分互认的多重困厄、运行机制和实践进程》，《湖北开放大学学报》2024年第3期。

人才，以及进一步加强国际合作和交流都是一个非常有益的创新探索。2017年，江西省颁布《江西省普通高等学校校际学分认定和转换试点工作方案》，提出在南昌、赣东北片区、赣南片区的几所本科院校试点，校际通过签订"合作协议书"实现学分互认[1]。2018年1月，江西省召开普通高校学分制改革试点工作推进会，再次明确2017年9月至2020年12月是江西省普通高等学校学分认定试点阶段，南昌大学、江西师范大学、江西农业大学、江西财经大学、华东交通大学等十四所高校纳入学分制改革试点。试点高校的学生登录江西省高校学分互认管理信息系统进行网上选课，按要求参加课程学习，并通过课程考试后方能取得成绩和相应学分。除通识课学分可互认外，与人才培养方案中课程名称相同或相近，且教学内容相似率达到80%以上的专业课程，也能互认。《江西省普通高等学校校际学分认定和转换试点工作方案》提出，要以满足全省高等学校学生多样化学习和发展需要为目的，探索建立多种形式学习成果认定机制，畅通校内教育与校外教育、本校学习与他校学习之间的转换通道，促进优质教育资源开放共享，建立具有江西省特色的学习成果认定和转换机制，加快提高江西省高等学校人才培养质量[2]。

2.不同层次高校间的学分互认模式。不同层次高校之间的学分互认常见于本科、专科阶段实行校际学分互认，以及行业特色型的重点院校和普通院校之间的学分互认。前者如山东省应用型本科院校和高职高专院校"2+2"校际学分互认模式探索，在该模式下学生在专科试点院校修完前两年规定学分后，根据在校学习成绩和选拔测试成绩，择优进入本科院校继续完成后两年学习，本专科阶段实行校际学分互认，总学制为四年。后者如西北师范大学与西南大学签订学生互派、学分互认协议，自2005年以来两校每学期从本科二年级学生中互派50名学生到对方相同专业学校，学生根据学习情况可申请延长学习一年，双方互认所修课程和学分。这种模式有利于各院校充分发挥各自的学科专业优势，实现优质教育资源共享，增加学生的"第二大学校园"经历，对于推动本科院校人才培养模式改革具有重要的现实意义。2014年，上海交通大学研发的中文慕课平台"好大学在线"上线，首期有上海交通大学、北京大学、香港科技大学和新竹交通大学4所大学参与，推出"粒子世界探秘""艺术史"等10门课

---

① 赵倩:《学分互认区域比较与重庆策略选择》，《成人教育》2018年第1期。

② 江西教育网:http://jyt.jiangxi.gov.cn/art/2018/1/12/art_25822_1396185.html。

程，对全球有学习意愿的人开放，其宗旨是"让所有人能上中国最好的大学"①。上海西南片19所高校签署慕课共建共享合作协议，建立基于慕课的课程共享及学分互认机制，将慕课纳入人才培养体系。学生不出校门就能跨校修读优质课程，获得第二专业学位。2014年，辽宁省教育厅启动全省普通本科高校大学生在线学习、跨校修读学分试点工作。试点工作依托已经在辽宁省普通高等学校本科教学网上线的300门精品开放课程（建设课程）和已经开发完成并通过测试的辽宁省大学生在线学习平台开展。学生在线修读课程、学分互认至少可以通过三种方式来实现：一是在选用课程高校确定后，由课程主讲教师与选用课程学校的任课教师组建教学团队，共同备课并确定考核方式，采用课下利用网上课程资源学习基本理论知识、课堂研究讨论的教学方式，由选用课程学校的任课教师承担日常导学、课程辅导、学生答疑等工作，课程主讲教师所在学校出具考核成绩，选用课程学校认定学分；二是通过选用课程高校直接使用精品开放课程资源，实现在线修读、在线考核，主讲教师所在学校出具考核成绩，选用课程学校认定学分；三是选用课程高校直接使用精品开放课程资源，并组织考核、出具成绩、认定学分。2019年1月，北京市教委、天津市教委和河北省教育厅共同发布《京津冀教育协同发展行动计划（2018—2020年）》，强调京津冀三地将深化高校联盟建设，开展课程互选、学分互认等工作。而此前，由中山大学、华南理工大学等高校发起成立的粤港澳大湾区高校在线开放课程联盟，也将学分互认作为一大亮点。2020年4月，重庆市教委与四川省教育厅在渝签署推动成渝地区双城经济圈建设教育协同发展框架协议②。根据协议，双方将推动教育资源共建共享，加快构建教育协同发展合作机制，支持两地高校在人才培养、学科联建、教师互派、课程互选、学分互认、科学研究等方面进一步深度合作。2021年6月，辽宁省、吉林省、黑龙江省、内蒙古自治区（以下简称"三省一区"）向各有关普通高等学校联合发出《关于推进普通高等学校开放办学　加强合作　实现高质量发展的指导意见》，明确提出三省一区将在"十四五"期间构建三省一区高等教育高质量发展新格局，实现

---

① 董少校、卢思语：《上海"好大学在线"平台上线 19所高校互认慕课学分》，《中国教育报》2014年4月16日。

② 匡丽娜：《川渝共建共享教育资源　高校课程互选学分互认》，《重庆日报》2020年4月28日。

优质教育资源共建共享，以建立高校联盟、互认学分、教师互聘等形式增加合作与交流。三省一区各普通高等学校将制定学分认定转换管理办法，制定跨校互聘教师管理制度，以提供制度保障。2023年11月20日，南京大学举办了"1学分证书"颁发仪式暨少年英才"0年级计划"课程师生座谈会，在全国高校中率先实现与中学的学分互认。高中阶段选修过南京大学与中学共建的大学先修课程，或是参加过中学生"英才计划"的南京大学本科生，只要通过学校组织的学科考核，便可获得相应学分。南京大学还向全国高校发出倡议，建立学分互认体系，鼓励更多高校加入与基础教育的培养衔接中，希望全国更多的高校通过系统的课程群，构建高等教育与基础教育之间的更强链接，携手为拔尖创新人才的培养做探索。

3.具有支援性质的高校间学分互认模式。为了提供一种适合我国国情的远程教育资源共享模式，支援西部高等教育发展，促进我国高等教育的公平与均衡发展，跨区域高校之间通过各种形式推进学分互认。以"基于天地网"的远程教育示范工程项目为例，2002年6月，上海交通大学、西安交通大学、浙江大学三所学校率先签署了合作协议。2002年12月和2003年12月，宁夏大学和西藏大学先后加入该计划。从2011年秋季学期开始，北京、天津、河北、山西和内蒙古五省区启动试点部分高校优秀学生交流互访、学分互认制度。参加高校选拔出数量相同的优秀学生到对方相关专业进行为期一年的交流学习，学生在对方高校所取得的学分原校予以全部认可。

从创新学分互认机制的视角来看，以上国内高校间学分互认的主要模式在学分认定和转换工作中普遍坚持了以下四个原则：一是坚持质量标准。学分认定和转换必须综合考察课程所体现的知识、能力和水平等因素，严格质量标准，坚持实质等效，确保符合学分认定主体的要求。二是坚持规范操作。学分认定和转换必须建立规范的工作程序，按照规定的学分标准和操作规程办理，建立学分档案，建立学分认定、积累及转换系统。要建立科学合理的学分认定办法，制定公开透明的转换程序，完善严格规范的质量保障体系，鼓励先行先试，取得经验后逐步推广，确保有序推进。三是坚持以生为本。创新制度安排，建立有效通道，方便学生在不同高校获得的学分及其他学习成果得到认定、积累和转换。四是坚持学校主体。试点高校根据自身实际、办学水平和办学特色，自主确定学习成果认定和学分转换的范围、标准和办法。

三、中外高校间实施学分互认的探索与实践

（一）中外合作办学发展历程

中外合作办学是我国教育事业的组成部分。中外合作办学作为教育国际合作与交流的一种重要形式，有利于引进国外优质教育资源，加快教育改革开放进程，拓宽人才培养途径，缩小我国教育与发达国家的差距。20世纪80年代中期，中国人民大学、复旦大学、南京大学等相继与美国高校合作举办学位班和成立研究中心，这些合作均属早期中外合作办学的先例。80年代后期到90年代初期，中外合作办学机构逐渐增多，为规范对外教育交流与合作活动，1995年1月，原国家教委发布了《中外合作办学暂行规定》（以下简称《暂行规定》）。作为一种新的教育模式，中外合作办学在此期间获得了一定的发展。2001年，我国加入世界贸易组织。世贸组织《服务贸易总协定》第十条第三款规定，除由各国政府彻底资助的教学活动之外，凡收取学费、带有商业性质的教学活动均属于教育服务贸易范畴。这就要求我国必须把世贸组织议定书的规则与协议等化为国内法规。2003年3月，我国颁布《中外合作办学条例》（以下简称《条例》），它的颁布实施，对进一步扩大教育对外开放，规范中外合作办学活动提供了法律依据。《条例》首次以法规的形式确定了中外合作办学的性质和地位，也强调了政府的政策导向。我国积极推进中外合作办学，其国家政策总目标在《条例》第一条做了明确表述："加强教育对外交流与合作，促进教育事业的发展。"其具体政策目标在《条例》第三条做了阐述："国家鼓励引进外国优质教育资源的中外合作办学；国家鼓励在高等教育、职业教育领域开展中外合作办学；鼓励中国高等教育机构与外国知名的高等教育机构合作办学。"《办法》第三条中也就具体政策目标做了表述："国家鼓励中国教育机构与学术水平和教育教学质量得到普遍认可的外国教育机构合作办学；国家鼓励在国内新兴和急需的学科专业领域开展合作办学；国家鼓励在中国西部地区、边远贫困地区开展中外合作办学。"归纳起来，具体政策侧重以下三个方面：（1）合作伙伴：学术水平高、教学质量好的外国教育机构；（2）合作领域：高等教育、职业教育的新兴和急需学科专业；（3）合作区域：中国各个地区，尤其要加大在西部、边远地区的中外合作办学力度。为了更好地贯彻执行《条例》，2004年3月，教育部颁布了《中华人民共和国中外合作办学条例实施办法》（以下简称《办法》），

进一步细化了有关管理制度和措施。《条例》和《办法》的相继颁布与实施，标志着中外合作办学开始走上法制化轨道，进入了一个快速发展的时期，对规范中外合作办学行为、促进其良性发展起到了积极的推动作用。2006年，教育部印发《关于当前中外合作办学若干问题的意见》，更好地促进了中外合作办学在国家扩大开放、规范办学、依法管理、促进发展方针的指引下稳步健康发展。截至2013年9月，全国依法获得批准的中外合作办学机构和项目已达1979个，各级各类中外合作办学在校生约55万人，其中高等教育阶段在校生约45万人，高等教育阶段中外合作办学毕业生超过150万人[①]。从高校情况来看，初具规模，发展平稳。目前，全国举办中外合作办学项目和机构的高校有577所，占全国高校总数的21%。"211工程"和"985工程"大学79所，占项目总数的16%。普通本科和高职院校举办中外合作办学项目的有498所，举办项目占项目总数的84%。这些院校通过合作办学提升实力的积极性高，已成为中外合作办学的主力。到2015年，我国中外合作办学机构已有7所，主要集中在上海、浙江、广东等东部沿海地区，如宁波诺丁汉大学、上海纽约大学等中外合作大学[②]。

党的十八大以来，我国教育的国际合作与交流更加注重系统性、整体性、协同性，中国教育以更加开放自信主动的姿态走向世界舞台。新时代十年来，我国同181个建交国普遍开展了教育合作与交流，与159个国家和地区合作举办了孔子学院（孔子课堂），与58个国家和地区签署了学历学位互认协议。教育部引导高校通过国际合作与交流推进"双一流"建设，依托国家公派留学助力高校教师队伍建设和国际化人才培养，支持组建国际高校联盟，参与国际学术组织，推进跨学科交叉融合和跨领域、跨国界的科研合作；深化"放管服"改革，以信息化手段支撑全链条留学服务体系，开通"国家留学人才回国就业服务平台"，在推进制度建设、实施质量保障、严格入学标准、规范培养管理、加强留华毕业生工作等方面出台了一系列政策举措。2019年，来华留学学历生比例达54.6%，比2016年提高7个百分点。到2020年底，我国有中外合作办学机构和项目2332个，其中本科以上1230个，积极促进合作办学高校的学分互认和

① 万玉凤：《全国中外合作办学机构和项目达1979个，在校生约55万人》，《中国教育报》2013年9月6日。

② 蔡铁峰：《中外合作办学：从规模扩张转向质量提升》，《人民日报》2015年4月25日。

学历互认。仅2020—2021学年，在册国际学生来自195个国家和地区，学历生占比达76%，比2012年提高了35个百分点①。截至2021年底，全国经审批机关批准设立、举办的高等教育中外合作办学机构和项目共2356个，其中本科以上层次机构和项目1340个，专科层次机构和项目1016个；合作对象涉及39个国家和地区，1000余所境外高校，900多所中方（内地）高校。②目前，全球200强的高校中75%以上与我国开展了合作办学；我国"双一流"建设高校中80%以上开展了中外合作办学；400余所高职院校与国外办学机构开展了合作办学；高校举办硕博层次中外合作办学机构和项目总计超过350个，与国外高校和科研机构在生物医学、环境生态等领域组建了数十个国际合作联合实验室。③中外合作办学整体被赋予了引领我国高等教育走向世界舞台中心的"领头羊""排头兵""桥头堡"的社会责任，对提升我国高等教育国际影响力具有重要作用。

（二）出国留学发展状况

改革开放以来，随着国家发展和政策的不断完善，出国留学政策逐步完善，出国留学活动也逐渐呈稳定状态。1984年9月，党中央提出"对自费留学，要坚决大胆放开"的要求，实行了两年的自费出国留学紧缩政策开始放开。同年年底，国务院发布了一项新的《关于自费出国留学的暂行规定》。从新出台的规定中可以看出，除了对单位专业骨干人员的自费出国留学行为保留了之前的旧条款之外，其他政策基本完全放开。这一项政策的实行，为我国自费留学活动的繁荣发展奠定了基础。同时，我国坚持创新和完善公派出国留学机制，加强对自费出国留学的政策引导，提高对留学人员的服务和管理水平。1993年11月，我国出台了对于留学生"支持留学、鼓励回国、来去自由"的政策方针，采取多种形式鼓励海外人才为国服务。这一政策方针代表了中国留学活动的基本方向，使出国留学活动进入到一个趋于正常和快速发展的轨道，全面推动了在外留学人员回国工作和为国服务，带动了日后"归国潮"的出现。2003年，

① 宋凌燕：《教育部：近年中外合作办学共录取近万人，缓解疫情下留学受阻》，《南方都市报》2022年9月20日。

② 林金辉：《这十年，中外合作办学交出满意答卷》，《中国教育报》2022年9月29日。

③ 秦惠民、柴方圆、祝军：《中国大学全球影响指数：设计、分析与启示》，《中国高教研究》2021年第9期。

国务院批准成立留学人员回国服务工作部际联席会议制度，发挥人力资源社会保障部、教育部、科技部、外交部等部门资源优势，协调开展留学人员回国服务工作。从1978年到2011年底，我国留学回国人员总数达82万人，有72%的留学人员学成后选择回国发展。这一时期，我国留学群体呈现几大特征[①]：一是规模庞大，人数排世界首位。截至2011年底，中国在外留学人员总数达142万，近3年年均出国留学人数增长达23%，我国已经成为世界上最大的留学生生源国。二是类别多样，情况更加复杂。留学人员最大群体已从传统的公派出国人员发展成为自费留学人员。近年来，低龄留学人员等特殊留学人员逐年增加。三是留学人员遍布100多个国家，但分布相对集中。目前，大部分在外留学人员集中分布在美国、澳大利亚、日本、英国、加拿大等国家。在以上5个国家的留学人员约占在外留学人员总数的74%。四是留学人员作用巨大，留学回国人数持续增多。改革开放以来，我国共有约82万留学人员学成后选择回国发展，近年来继续保持快速增长的态势。据统计，大多数入选"千人计划"的高层次人才具有留学背景；在2011年新当选的中国科学院院士中，留学回国人员占90%；教育部直属高校校长绝大多数是优秀留学回国人员。

党的十八大以来，我国教育对外开放不断深化，出国留学规模持续扩大，建立了以国家公派出国留学为主导、自费留学为主体的工作格局[②]，留学回国人数不断攀升，已有231.36万人学成归国，占改革开放以来回国总人数的73.87%。[③]中国留学生已经日趋成为中国教育对外开放和中国人才国际流动的代表，出国留学工作呈现出稳定发展状态。

一是出国留学改革发展顶层设计基本完成。2013年10月，习近平总书记在欧美同学会成立100周年庆祝大会上提出了"支持留学、鼓励回国、来去自由、发挥作用"的新时期留学工作方针。2014年，全国留学工作会议对留学事业做出了总体谋划。2015年，教育部等五部委联合发布《2015—2017年留学工作行动计划》。2016年中共中央办公厅和国务院办公厅颁布实施《关于做好新时期教

① 杨桂青：《贡献大 任务重 挑战多——改革开放以来出国留学工作综述》，《中国教育报》2012年7月6日。

② 教育部：《对十三届全国人大一次会议第7631号建议的答复（摘要）》，http://www.moe.gov.cn/jyb_xxgk/xxgk_jyta/jyta_gjs/201902/t20190220_370266.html。

③ 张慧：《盘点出国留学50年大数据》，http://www.sohu.com/a/230940703_380485，访问日期：2019年2月24日。

育对外开放工作的若干意见》。国家出国留学事业改革发展的"四梁八柱"已经完成。

二是新时代出国留学工作格局逐步形成。2017年我国出国留学人数首次突破60万大关,达60.84万人,同比增长11.74%,其中国家公派3.12万人、单位公派3.59万人、自费留学54.13万人,持续保持世界最大留学生生源国地位。同年留学人员回国人数较上一年增长11.19%,达到48.09万人,其中获得硕博研究生学历及博士后出站人员达到22.74万,同比增长14.90%。留学回国人数与出国留学人数逆差逐渐缩小,截至2017年年底,我国留学回国人员总数达到313.20万人,逾八成(83.73%)留学人员学成后选择回国发展,形成了最大规模留学人才"归国潮"。

三是国家公派出国留学的调控补给作用充分体现。国家公派出国留学统筹规划,聚焦国家急需和前沿领域,充分发挥调控补给作用,全方位培养国家急需人才。国家公派出国留学在稳步扩大出国留学规模的同时,加大在外攻读博士生(后)和高层次创新型人才资助力度,围绕国家"一带一路"建设、外交发展和经济社会发展重要需求,面向社会各行业及在外自费留学人员公开选拔。以2017年为例,我国出国留学人员目的地仍相对集中,多数前往欧美发达国家和地区求学,"一带一路"国家成为新的增长点。当年赴"一带一路"沿线国家留学人数为6.61万人,比上年增长15.7%,超过整体出国留学人员增速。其中国家公派3679人,涉及37个"一带一路"沿线国家[①]。

四是出国留学管理服务体系不断完善。党的十八大以来,初步形成了全方位的出国留学政策框架、较为完善的国内外管理服务机构,以及贯穿留学全过程全链条的管理服务体系。教育部针对在外留学人员安全问题,围绕"平安留学"做了大量工作,构建了安全教育体系。外交部指导驻外使领馆做好留学人员服务工作,进一步增强留学人员的归属感和向心力。

五是留学人员回国服务工作水平不断提高。教育部会同有关部委和地方政府,举办"中国留学人员广州科技交流会"等大型活动,通过"春晖计划"、"春晖杯"中国留学人员创新创业大赛,为海外留学人员回国发展打造项目、人才、资金和信息的对接平台。外交部指导驻外使领馆面向海外留学人员群体,

---

① 教育部:《2017年出国留学、回国服务规模双增长》,http://www.moe.gov.cn/jyb_xwfb/gzdt_gzdt/s5987/201803/t20180329_331771.html,访问日期:2018年3月30日。

积极宣传国内发展形势和国家引进海外高层次人才政策，多渠道、多层次、全方位地发现人才、联系人才、引荐人才。

（三）中外高校学分互认实践探索

近年来，中外高校之间的学分互认也有一定的实践与探索。我国部分高校在本科教育中已经具有与国际知名院校实现学分互认、课程对接与学生交流的经验，涌现出了不少中外院校合作中的典型案例。如复旦大学与伯明翰大学、诺丁汉大学、墨尔本大学等16所高校之间相互承认学分。西安翻译学院于2001年9月与美国、英国共23所大学集中签约，就学分互认的有效合作进行了充分的论证①。北京大学近年来积极拓宽本科生国际交流的渠道，先后与耶鲁大学、剑桥大学、东京大学、新加坡国立大学等一大批世界一流大学建立联系并开展学生交流项目，相互承认学生所修学分。为了提高高等教育国际化水平，更好地服务于高等教育改革，教育部留学服务中心于2012年7月举办了"中外学分互认学位互授与国外学历学位认证标准培训研讨会"，旨在探索高校学分互认、学生交流和国际课程合作新模式②。近年来，为顺应经济全球化和高等教育国际化趋势，我国与各国间的教育合作交流不断加深。为更好地服务于对外开放战略，我国部署实施了"'一带一路'中国—东盟教育交流周"等高等教育对外开放战略政策。截至2019年，教育部已与24个"一带一路"沿线国家签署了高等教育学历学位互认协议③。

在数字化时代，教育资源数字化和共享是学分互认机制构建的基础。近年来，在我国教育部的积极推动下，国家精品课程、国家级虚拟仿真实验教学示范中心等高质量教育资源在全国高校之间共享，各大高校深入开展学分互认机制改革，这为学分互认机制提供了数字化支撑。同时，中国高校开设的大规模开放在线课程（MOOCs）也取得了一定的进展，其中包括"中国大学慕课"和"学堂在线"等平台，这些在线教育资源的共享进一步促进了学分互认机制的发

---

① 潘洁、翟红华：《我国高校学分互认制度改革实践及推进策略研究》，《国家教育行政学院学报》2017年第5期。

② 潘洁、翟红华：《我国高校学分互认制度改革实践及推进策略研究》，《国家教育行政学院学报》2017年第5期。

③ 刘宝存、张伟：《文化冲突与理念弥合——"一带一路"背景下新型世界公民教育刍议》，《清华大学教育研究》2018年第4期。

展[①]。2022年3月，我国建设上线了"国家高等教育智慧教育平台"。目前，该平台已成为覆盖高等教育人才培养全过程的综合平台，面向高校师生和社会学习者提供2.7万门优质慕课以及6.5万余条教材、课件、案例等各类教与学资源，并提供全流程教学服务、个性化教师专业发展等支持服务。平台上线以来浏览量稳步增加，关注度持续走高，品牌效应明显增强。据统计，学习者中高校师生占90%，社会学习者占10%，国际用户覆盖146个国家和地区[②]。2023年12月，"2023世界慕课与在线教育大会"在意大利米兰召开，这是世界慕课与在线教育联盟成立以来首次走出中国国门举办的大会。会上发布的《无限的可能——世界高等教育数字化发展报告（2023）》《世界高等教育数字化发展指数（2023）》，持续向世界发出中国声音，分享中国经验，贡献中国标准，引领世界高等教育数字化创新发展。依托世界慕课与在线教育联盟，我国高水平大学为印尼提供两批近300门高水平慕课，支持3000所印尼高校学生的在线学习，并继续开展世界著名大学校长对话活动，聚焦人类面临的重大问题举办系列全球公开课，开设中外学生共同参与的全球融合式课堂221门，实现国际高校间学分互认[③]。2024世界数字教育大会期间，世界数字教育联盟成立，目前已有来自全球41个国家和地区的104家机构加入；中国国家智慧教育公共服务平台国际版上线，为全球学习者提供全天候24小时不间断的学习支撑。"爱课程""学堂在线"两个高校在线教学国际平台，向全世界大学生和学习者提供了包含14个语种的1000余门在线课程；开设340多门次全球融合式课程，推动一批国内外著名大学实现学分互认[④]。自2013年起步以来，我国慕课从无到有、由弱变强，目前已上线课程超7.68万门，注册用户达4.54亿，不仅服务了国内12.77亿人次学习，且通过实施"慕课出海"行动，为世界高等教育贡献了中国智慧、中国方案。

当前，国家教育数字化大数据中心已起步建设。我国教育部将继续坚持应

---

① 杨建坡、康旋子：《学分互认机制创新推动高校人才培养模式改革走深走心》，光明网-学术频道，访问日期：2023年9月28日。

② 教育部：《对十三届全国人大五次会议第8489号建议的答复》，http://www.moe.gov.cn/jyb_xxgk/xxgk_jyta/jyta_gaojiaosi/202208/t20220831_656911.html。

③ 高毅哲、郑翅：《数字教育 引领未来——我国教育数字化工作取得积极成效综述》，《中国教育报》2024年1月30日。

④ 吴丹：《推动"慕课出海"迈向"2.0"》，《人民日报》2024年4月23日。

用为王，走集成化、智能化、国际化道路，以国家智慧教育平台为依托，以国家教育数字化大数据中心为重点，着力统筹应用、共享与创新，全面赋能学生学习、教师教学、学校治理、教育创新和国际合作，以数字化支撑引领教育强国建设。重点任务主要是三个方面[①]：

第一，组织优质资源工具的遴选汇聚，推动集成化。完善国家智慧教育平台体系，建立资源开发汇聚、激励评价、更新迭代机制，实施短缺资源补充计划，强化资源有组织开发，打造一批标杆课程。在国家智慧教育平台上线应用超市，汇聚地方、学校、企业开发的工具，构建多元参与的应用生态，开展"五好"典型案例的培育推荐与宣传推广、试点国家中小学智慧教育平台积分认定，探索将数字化应用纳入教师和管理者工作考核。

第二，开展人工智能应用试点示范，推动智能化。建设国家教育数字化大数据中心，强化资源开发利用、公共服务提供、应用发展监测、综合研究分析和安全运维保障，建成数据治理平台、算法赋能平台、算力共享平台，构建标准规划体系和网络安全体系。实施高等学校生成式人工智能创新应用项目，推动生成式人工智能在相关专业领域的应用，以人工智能赋能国家智慧教育平台升级，实现资源个性推送和智能搜索。

第三，深入实施"数字教育出海"，推动国际化。持续举办世界数字教育大会、国际人工智能与教育会议、世界慕课与在线教育大会，持续发布中国智慧教育蓝皮书、数字教育发展指数和全球数字教育示范案例。推动"慕课出海2.0"，发布世界高等教育数字化发展报告和发展指数，依托世界慕课与在线教育联盟举办全球公开课，开设全球融合式课堂，开展国际学分互认，探索学历互认。建立金砖国家数字教育合作机制，参与联合国儿童基金会全球数字学习门户项目。

学分互认对于留学交换生的学业进度和学习经历具有重要意义。总体看来，国内外学生流动日益频繁，但由于涉及的国家和地区较为广泛，中外高校本科专业的课程体系设置差异较大，在学生学分互认过程中尚未形成较为认可的模式或标准，如何满足学生流动、建立健全学分互认机制仍是一项极其重要的任务。从一些留学交换生学分认证指南来看，中外高校学分互认面临的挑战与解

---

① 李依环：《教育部：开展人工智能应用试点示范　建设国家教育数字化大数据中心》，人民网http://www.moe.gov.cn/fbh/live/2024/55785/mtbd/202401/t20240129_1113172.html。

决方案主要体现在三个方面：

一是国家层面的挑战，主要来自不同国家的教育体系和学分认证制度的差异。不同国家有不同的课程设置和学分计算方式，这给学分互认带来一定的困难。解决这一困难的方法与思路主要有：加强国际学术交流与合作，共同研究学分认证制度的差异性，寻找可行的解决方案；建立学分转换机构或机构间的合作协议，统一学分转换的标准和程序；充分利用国际学术组织和教育机构的资源，推动不同国家学分认证制度的统一。

二是学校层面的挑战，主要体现在学分转换的具体操作上。每所高校都有自己的学分认证制度和相应的规定，如何将留学交换学生的学分与主校对应课程的学分相匹配是一个复杂的问题。解决这一问题的方法和思路是：建立学分转换规则的指导性文件，明确交换生学分认证的标准和程序；加强学校之间的合作与沟通，分享学分互认的经验和教训，共同制定更具体的学分转换方案；开发学分认证的信息化系统，提供方便快捷的学分转换工具，减少操作上的困难。

三是个人层面的挑战，主要来自交换生自身的学术规划和选课问题。不同国家的教育体系和课程设置导致选课和学分转换的困难。解决这一困难的主要方法和思路是：提前了解目标交换学校的课程设置和学分认证制度，制定合理的学术规划；与主校的学术顾问或负责人进行沟通，寻找合适的课程和学分转换方案；积极参与目标交换学校的选课过程，并妥善保留相关的学分认证材料。

四、课程地图视角下我国高校学分互认机制的检视

（一）高校学分互认机制的实践反思

从我国高校间学分互认主要模式的特点以及探索实践来看，目前我国高校学分互认机制在具体操作层面存在的问题主要集中在以下几个方面：

1.学分互认所涵盖的范围有限。一是跨校选课区域有限。课程互选是实现学分互认的前提。由于学习成本等因素限制，目前实现学分互认的高校多集中在同一大学城或相对集中的同一区域，提供给学生选择的校际选修课程通常由地理位置上较近的几所高校共同开设，学生可以跨校选修课程的范围仅限于小区域内，而校际学生交流也只是在签订合作协议的高校间展开，还不能实现大范围内学生的自由流动。加之，近年来很多高校都建设了新校区或分校区，学生跨校选课的成本更高。以1999年成立的北京学院路地区高校教学共同体为例，当初北京学院路沿线13所高校推动跨校选修、互认学分，旨在实现教育教学资源共享。"20年过去，学生穿梭各校上课的场景犹在，只是随着一些成员高校在郊区设立分校区，学生往返路途遥远，半天课程要耽误将近一天的时间，是否继续选学院路共同体的课程，成为他们心中的疑惑。"二是学分互认高校有限。从以上集中主要模式的实践来看，"我国高校的学分互认还主要集中在同一层次或者相近层次高校之间的学分互认，不同层次的高校间的学分互认相对较少，比如本专科之间的衔接，很多学校还需要通过考试来实现，这在一定程度上减少了学生继续学习的机会"。

2.学分互认的课程类型相对单一。优质的课程是吸引学生跨校选课的关键。《中国科学报》2014年的一份调查显示：对于普通高校间的学分互认，有高达42.6%的受访者表示不满意。"比起大量开设的选修课，我们更想选其他高校的王牌课程，最好是专业课，毕业的时候可以拿该校该专业的双学位。这样所交的学费才更物有所值。"[1]一是目前我国高校间学分互认的课程类型除了共同开设的辅修专业的课程外，其余主要集中在公共选修课程方面。校际学生交流则在某一特定的实践窗口允许学生外出短期学习[2]，专业课程方面的学分互认还受很多限制。但对于学生而言，专业课程的学分互认相对于公共选修课程有更大的吸引力。一些高校缺乏开放、共享教育资源的心态，没有开放课程、学分互认的主动性和积极性，对学生的教育教学管理采取传统的计划方式。二是我国高校缺乏包括自主设置课程在内的办学自主权，本校实行完全学分制，都受到自主开设课程较少的限制，就更难向其他学校学生开放课程了。更重要的是，互认学分的前提是各校的课程质量标准、课程含金量一致，而我国高校对人才培养的重视程度不同，课程质量参差不齐，有的学校还存在给学生送学分的"水课"[3]。三是由于我国高等教育领域对于学生的先前学习成果的认证比较滞后，导致我国高等教育领域的学分互认还没有涉及先前学习评价学分的互认。目前，先前学习评价与认证（prior learning evaluation and certification）在国际范围内的高等教育领域被广泛应用。通过先前学习评价与认证，将成人学习者通

① 陈彬：《学分互认缘何难》，《中国科学报》2014年4月10日。
② 殷双绪：《学分互认的国际比较研究及其启示》，《湖北广播电视大学学报》2015年第3期。
③ 艾萍娇：《推动高校间学分互认难在哪里》，《北京青年报》2021年1月27日。

过非正式学习所获得的各种知识、技能与能力转化为学分，从而使学习者在参加学历继续教育时不必重复学习①。先前学习认定作为一种终身学习的激励制度，应该成为构建我国高校学习成果认证、积累与转换机制不可或缺的重要组成部分。

3.学分制、选课制落实不充分。一是国内很多高校学分制的实施还没有实现完全学分制，不同程度上存在学分设置标准不统一、师资力量与课程资源不足、教学硬件设施落后、学制缺乏弹性、学生选课不规范、课程教学质量保障机制薄弱等问题，这些都阻碍了学分互认的实施。目前，我国很多高校实施的主要是学年学分制。"学年学分制是学年制和学分制的结合，以学年为基础，将学年制的计划性与学分制的灵活性融为一体，一般不允许提前毕业。"②学年学分制一般将课程分为公共基础课、专业必修课和选修课，但是选修课的学分比重很小，通常只占总学分的20%～30%，学生选课的自由度受到限制。二是选课制度不完善。（1）备选科目不足，课程设置不合理。在教学计划中，许多高校没有结合各学科特点，制订出一套较为科学、系统的选修课系列。目前，我国高校必修课程学时多、选修课程学时少成为学分制选修课程设置的一个瓶颈。供学生选择的课程科目数量少，尤其是培养学生创新精神、创新能力，提高学生综合素质和基本能力的选修课程少的问题普遍存在。（2）教学管理滞后。在选修课的开课条件、教师教学内容、考核方式、教学组织与管理等方面都缺乏严格要求，致使选修课教学随意性大，质量不高。对选修课的学时、学分、开课顺序、归属管理、教学内容、选修手续和成绩管理等方面都有许多值得研究和改进之处。要推进高校间的学分互认，就要落实和扩大学校的自主权，推进高校实行完全学分制教学、管理，在完全学分制教学、管理基础上，实现高校间的学分互认。与此同时，要推进高校课程专业认证，以此评价各校的课程质量，为高校间建立学分互认制度提供专业依据、标准。这可以促进高校重视课程质量，突破当前学分互认存在的高校层次壁垒，让更多学校能互认学分，为学生选择学分创造条件，扩大学生学习自主权、选择权。三是从师资队伍方面来看，一些高校教师的知识结构较为单一，缺乏实践经验，知识更新不及时，

---

① 殷双绪：《加拿大汤姆逊大学先前学习评价的经验与启示》，《远距离教育研究》2012年第4期。

② 李兵：《高职院校实施学分制研究》，《教育与职业》2012年第20期。

这给新课程的开设带来阻碍，限制了学生选择课程方面的灵活性和积极性。这在一定程度上削弱了完全学分制的优势，并最终影响了高校学分互认工作的推进[①]。

4.尚未形成完善的学分互认系统。华东师范大学上海终身教育研究院侯定凯教授指出，学分互认难表面上看是制度衔接的问题，但实际上是人才培养规格、课程标准的问题。尤其是在我国任何一个层次的院校标准建设都不太完善的情况下，认定、转换某一课程的学分并没有太多依据。针对特定行业的人才培养，尤其是专业性强的人才培养，应尽量制定国家层面的认证标准，以便于各校确定自身的层次、质量标准。只有这样，高校学分互认才有公认的标准，后续校际如何去跨越层次、标准，才有相互协商的切入点。多年来，国内高校学分互认建立在高校之间合作协议的基础上，虽然各高校在校际选修课开设、跨校学生交流规程等方面做出了探索，形成了一些规章制度，但对于更具体的比如何种课程学分能够得以认可、如何保证课程工作量的对等性、如何保证课程内容的可替代性、如何保证转换学分的质量等方面，国内尚未形成完善的认证机制。特别是在课程体系的可替代性方面，各高校之间差异较大。国际上比较典型的是欧洲学分转换与累积系统，采用学分、课业负荷量、等级三个要素，确保学分在不同机构间转换，并且可累积，在高等教育领域设计一套相对简化、可比较的资格框架体系，用以学分互认时参照执行。在我国，国家开放大学打造的资历框架联盟，其基本工作就是对学分量的体认，提出了适应我国国情的职业教育国家学分银行制度模式、技术路径、工具方法以及应用模式，对我国推进高校学分机制创新具有重要的借鉴启示和现实指导意义。

（二）高校课程体系建设中的问题审视

课程是专业的细胞，课程建设和定位是学校教育的心脏。[②]课程是学校人才培养的载体，课程体系决定着所培养人才的规格和应具备的基本素质，课程规划合理与否，直接关系着人才培养的质量。高等学校之间学分认定和转换以课程为基础，遵循实质等效原则。外校课程的教学目标、教学内容、教学时数、

---

① 孟俊贞、杨建坡、高亚伟：《智慧教育时代高校"1+X"学分互认机制构建与实践》，《河南教育（高等教育）》2023年第11期。

② 王龙菲、于洁、王晓鸣、李强：《开放大学课程地图构建方法研究》，《天津电大学报》2016年第1期。

考核评价等方面，应与本校相关课程要求基本一致，确保学习者学习外校课程所掌握的知识、技能和水平与在本校学习基本相当。长期以来，受主客观条件的限制，课程规划管理中存在的诸多问题成为导致我国大陆本科高校人才培养质量不高、服务经济社会发展能力不强的重要原因。找准课程规划管理中存在的问题，从解决问题入手，根据经济社会发展需求对所培养人才应具备的核心能力进行全面分析，进而设计具有垂直联结、横向统整的课程体系，也是课程地图理念在高校应用发展的基本意蕴。

1.专业设置"学科化"，人才培养目标定位趋同。专业是高校人才培养的基本载体，人才培养目标是高校对于"为谁培养人、培养什么样的人、如何培养人"这一根本问题的顶层设计。当前，我国部分地方本科高校专业设置的"学科化"倾向依旧比较明显，专业设置与市场需求的匹配度比较低，主要表现在本科专业规划没有重点，很少考虑专业培养的人才是否是社会急需的、是否是新的经济结构需要的新型人才。[①]这种专业设置上的"学科化"倾向，过多地强调学科结构体系的系统性和学科知识体系的完整性，一定程度上忽视了本科高校在办学定位方面结合自身办学实际的"特色发展"和"差异化发展"，从而直接导致人才培养目标趋同。趋同化的人才培养目标反映在人才培养规格和基本素养的表述上，则较为笼统地强调适应国家经济与社会发展需要，培养具有高度历史使命感和社会责任感、具有扎实的专业理论知识和较强的专业实践能力、富有创新精神和广阔国际视野、身心健康的高素质人才或高级专门人才；在课程体系的设计、实施、评价、反馈等各个环节上，过多地强调每一门课程的相对独立性、完整性和系统性，有些教学内容在不同类型的课程中重复出现，不同课程之间的内容衔接缺乏逻辑性，致使一些本科高校重复设课、学分膨胀现象严重，这在一定程度上造成了高等教育资源的严重浪费。

2.课程结构"单一化"，学生核心能力培养不突出。课程结构是课程体系的基本骨架，主要体现了课程要素的比例关系及其搭配，其蕴含着一定的课程理念和课程设置的价值取向，直接影响着所培养人才的核心能力。当前，我国一些本科高校的课程结构呈现出"线性单一"和"程式化"的特点，在课程体系的整体设计上与经济社会发展需求的契合度不高、与科学技术发展的适应度不

---

① 冯皓：《高校专业设置、人才培养与市场需求间的错位研究》，《中国大学教学》2009年第2期。

够、与职业标准的衔接不足，既没有体现区域、行业和自身特色，也没有将区域经济社会发展的现实需求、产业结构需求和学生职业生涯发展需求融入课程教与学的全过程。在课程体系的设计理念方面，坚持学科本位的价值取向，过多地强调了学科自身的内在逻辑，而缺乏对课程内容的整合优化以及理论与实践高度融合的系统考虑；在具体课程设置方面，重视学生核心能力培养的导向不明显，"对科学技术发展缺乏深入分析，致使课程内容陈旧；对社会经济需求了解不够，导致课程内容与社会需求脱节；对课程体系内容要素缺乏深入认识，造成课程内容重复；对课程总体结构缺乏系统研究，致使课程门数膨胀，学时超计划；以理论为中心构建课程实施模式，相对忽视应用型人才的培养"。[①]在理论课程与实践课程设置的比例关系上，往往理论课程所占比例过高，实践技能类课程比例太低，这与本科高校培养产学研一体化高水平应用型人才的根本要求存有很大差距；在通识教育课程与专业课程之间的关系处理上，更多地关注了学生对学科专业知识的系统学习，而忽视了通识教育课程在学生未来职业生涯发展中的重要作用。

3. 师资结构性短缺，课程教学有"以师为本"现象。教师是课程建设和实施的主体，师资队伍的结构和水平是影响人才培养质量的关键因素。在我国本科高校，教师队伍总量普遍不足，教师队伍结构性短缺问题尤为突出。长期以来，我国高校的教师评价都以其专业知识学习与研究为主要标准，本科高校的教师来源也主要是高等院校的毕业生，很少也很难从行业、职业第一线聘请有实践经验的教师。"当前高校人事管理制度仍然是学术本位，在教师引进、职称评聘、人才评价甚至业务干部选拔等方面，仍然以学术称量，高技能人才的价值地位没有得到制度认可和保证。""由于没有制度激励和引导，目前本科高校双师型教师比例很低，除高职院校外，普通本科院校几乎很少。"[②]因此，从课程开发实施的主体（教师）来看，课程开设方面"以师为本"的现象普遍存在，在一定程度上出现了"教师能上什么课就开设什么课"的现象，因人设课、重复设课、任课教师承担课程门类过多等问题突出，有的高校甚至没有开足、开齐与学生核心能力培养所匹配的所有课程门类。在课程具体实施过程中，教学

---

① 胡弼成：《大学课程体系现代化》，湖南大学出版社，2007，第38、40页。

② 邹奇、孙鹤娟：《困惑与超越：地方本科高校向应用型转型发展的路径选择》，《东北师范大学学报（哲学社会科学版）》2017年第3期。

实践实训条件与实际生产一线存在差距，行业（企业）在接收实习生方面存在参与率不高的问题；教学方式多以教师讲授为主，很多课程的讲授过多强调知识传承及应试技巧的训练，教学质量评价主体单一、评价内容与应用型方向不符，从而使得学生总是疲于应付所修课程的学习和考试，缺乏实践技能的锻炼和创新精神的培养。

（三）高校课程体系建设的实践路向

从对我国本科高校在课程规划管理中存在问题的审视以及课程地图的理论内涵分析可以看出，课程地图理念与方法契合了本科高校课程体系设计的本质要求，也能够为解决课程规划管理中存在的问题提供全新的视角。本科高校充分利用课程地图理念与方法，围绕经济社会发展对应用型人才的需求，从培养学生的核心能力出发，以学生职业生涯发展需求为导向，建设以学生为中心、能力本位、科学合理、动态发展的课程地图，是其高质量发展中整合优化课程体系的根本要求和必然选择。以汉语言文学专业的课程地图建设为例，本科高校课程地图建设的实践路向包括了理念更新、课程内容统整、课程教与学的时序设置等几个基本方面。

1.树立以学生为中心、满足社会需求的建构理念。本科高校课程地图的构建要坚持以学生的学习和发展为中心的理念，改变"以师为本"和"以教材为中心"的课程教学模式，尊重人才成长规律和学生学习规律，尊重学生的职业生涯选择权和个性发展兴趣，充分调动学生学习的主动性和积极性，更加注重学生生存生活能力和职业实践能力的培养；要坚持把激发学生求职潜能与满足社会需求相结合的理念，密切关注市场对应用型人才的基本需求，瞄准行业发展的最新动态，在课程设置方面要"更多强调理论知识和专业的契合度，强调培养出来的学生要具有较强的实践能力、学习能力以及解决问题的能力"。[①]以某本科高校汉语言文学专业课程地图构建为例，学校基于自身建设教师教育特色鲜明高水平的办学目标定位，坚持以学生的学习和发展为中心，把汉语言文学专业的人才培养目标确定为为基础教育培养卓越的中国语言文学与文化教育师资，为党政机关和企事业单位培养高素质文秘类管理人才，为新闻、出版、文化和学术机构培养高素质业务人才，要求毕业生应获得以下几个方面的知识

---

① 余国江：《课程模块化：地方本科院校课程转型的路径探索》，《中国高教研究》2014年第11期。

和能力：（1）掌握马克思主义的基本原理和关于语言、文学的基本理论；（2）掌握本专业的基础知识以及新闻、历史、哲学、艺术等学科的相关知识；（3）具有文学修养和鉴赏能力以及较强的写作能力；（4）了解我国关于语言文字和文学艺术的方针、政策和法规；（5）了解本学科的前沿成就和发展前景；（6）能阅读古典文献，掌握文献检索、资料查询的基本方法，具有一定的科学研究和实际工作能力；（7）熟悉教育法规，具有初步运用心理学、教育学基本理论和汉语言文学教育基本理论，运用现代教育技术从事教学工作的基本能力；（8）有良好的口语和书面语表达能力及良好的汉字书写能力。借以此为前提开展课程设置、统整课程内容、完善课程评价体系，着力培养"胸中有志、眼中有物、腹中有墨、心中有爱、肩头有责、手中有艺"的高素质人才。

2.坚持系统设计、动态发展的建设导向。本科高校课程地图的建设要坚持系统论的观点，正确处理好学生核心能力培养与课程教学动态系统中各子系统之间的关系，以及各系统要素之间的衔接关系；要坚持动态发展的建构导向，根据社会岗位需求对人才标准的动态变化，灵活设置专业及专业集群，及时调整人才培养目标定位，完善课程体系，实现课程设置与职业标准、行业需求对接，使人才培养目标、课程设置、社会岗位需求之间保持一种动态平衡状态。以某本科高校汉语言文学专业课程地图构建（如图6-1所示）为例，坚持以学生就业去向为导向，从分析社会需求（就业去向）入手，依据学校办学定位和学生成长成才需要，确定本专业人才培养目标定位，以此为前提和基础进行课程规划；在课程规划过程中通过课程设置、课程内容统整，呈现给学生可供选择的课程列表；学生根据自身职业生涯发展规划，制订学业计划并选择适合自己的学习路线，从而实现个人发展与服务社会的有机结合；毕业生适应和满足社会需求的情况，成为进一步分析社会需求、修订人才培养目标定位、完善课程规划设计的重要依据，从而使得课程地图建设形成一个动态发展的闭路循环体系。图例中汉语言文学专业课程地图的建设过程，很好地体现了系统设计、动态发展的建构导向，即坚持以社会需求作为绘制课程地图的"起点"，以培养合格的人才作为绘制课程地图的"终点"，"起点"和"终点"形成一个有效的闭路循环，"起点"是为了实现"终点"这一根本目标，"终点"这一目标的实现可以及时有效地反馈到"起点"，以便于对人才培养目标定位、课程体系做出及时科学的调整和完善。相比较传统模式下汉语言文学专业人才培养方案而言，汉语言文学专业课程地图建设的整个过程是一个开放循环、不断完善的动态过程。在这个动态过程中最核心的工作是在反复研讨论证过程中充分发挥教师的专业自主权，也即让每一位教师明确自己所授课程在整个课程体系中所占的比重大小、在支撑实现人才培养目标过程中所发挥的作用大小，而不仅仅是通晓本门课程自身的学科知识体系的完整性。

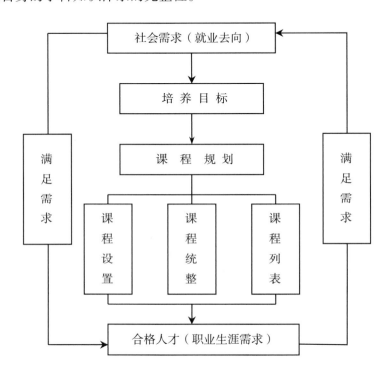

图6-1 汉语言文学专业课程地图建构导向示意图

3.坚持能力导向、统整课程内容的建设原则。本科高校课程地图的建设要坚持能力导向的原则，将学生的核心能力培养贯彻到人才培养目标确定、课程规划以及课程教与学的各个环节。特别是在课程体系设计方面，要坚持以学生未来可能从事的职业或岗位群所应具备的认知能力、活动能力为主线来设置课程，并以此对不同年级、不同类型的课程进行纵向衔接和横向统整，突出知识和能力的应用性和实践性。如某本科高校在构建汉语言文学专业课程地图时，首先对历届毕业生的就业去向进行了跟踪调查，针对一定区域内汉语言文学人才需求进行了调研分析，对未来几年汉语言文学专业发展前景进行了科学预测，在此基础上结合学生自身发展实际，将学生未来可能的就业去向梳理为中小学或培训机构、党政机关或企事业单位、新闻出版或文化学术机构、高校或科研院所、国境外等五个方面（如图6-2所示），并就这五个方面的职业要求及相应的岗位职责以图表形式呈现出来，以便于学生对本专业未来发展有一个整体了解，从而科学规划自身职业生涯发展，做好学业（学程）计划。

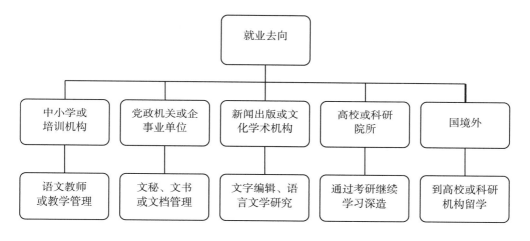

图6-2 汉语言文学专业毕业生就业去向示意图

其次，根据学生未来可能的就业去向分析，凝练出了汉语言文学专业所培养的合格人才应具备的四个方面的核心能力（如图6-3所示），其中职业能力包括交际能力、语言表达能力、办公事务能力、计算机及管理软件操作能力；职业知识包括语文教学、语文教材研究等教师教育基本知识，语言文化、汉语言文字、汉语言文学基础知识，英文资料翻译、科学研究以及组织管理基础知识；职业素质包括健康体魄、良好心理、与人协作、善于沟通、有责任心、懂职场规则，具有服务意识等；资格证书包括教师资格证书、计算机等级二级合格证、普通话水平测试等级证等有关从业资格证书。一方面，教师可以根据学生核心能力的基本要求进行课程规划、完善课程体系，以不断改进教学方法，提高教学水平；另一方面，学生可以依据核心能力培养的目标要求，检视评价自己的学习效果，以不断改进学习方法，提升学习效果。

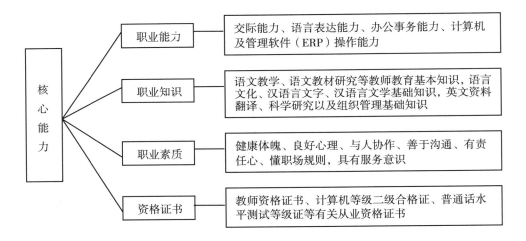

图6-3　汉语言文学专业学生核心能力示意图

　　最后，根据学生核心能力培养要求，明确该专业的主干学科为中国古代文学、中国现当代文学、汉语言文字学、文艺学、比较文学与世界文学，该专业的主要课程为文学概论、现代汉语、古代汉语、中国古代文学、中国现代文学、中国当代文学、外国文学、比较文学、写作学、民间文学、语言学概论、中国古典文献学、美学等，并由此构建由公共基础课程（必修、选修）、专业基础课程（必修）、专业课程（必修、选修）及实践课程模块（必修）构成的合理的汉语言文学专业课程结构体系（如表6-1所示），以支撑学生核心能力培养。汉语言文学专业课程结构及学分/学时比例分布表使学生对所学的课程内容及课时分配有了全面的了解，为学生在校学习提供了学业指导；同时根据学科特点和课程属性，对课程学科门类结构及比例关系进行了统筹规划，为课程时序及教学的总体安排奠定了基础。此外，为了体现"厚基础、宽口径"的人才培养导向，该专业课程体系在公共基础课程部分除了设置思想政治理论与军事训练课程、大学外语课程、体育与健康教育课程、计算机应用课程以及职业生涯规划与就业指导课程之外，还专门设置了通识教育课程模块。通识教育课程模块主要包括文明对话与国际视野、哲学智慧与批判思维、科技进步与创新精神、经济活动与社会管理、艺术品鉴与人文情怀、成长基础与创新创业六个系列的课程，课程规格为1～2学分/门、18～36学时/门，要求学生须在本模块中修读至少2个系列、完成7学分任选课程。在实践课程部分除了学年论文、毕业论文以及教育实习的要求外，各教学单位还必须结合本专业特点，以六学生实践创新训练、学术科技活动、学科竞赛、校园文化活动、社会实践与志愿服务活动等第二课堂为辅助进行设计，开展有助于提高学生综合素质和实践创新能力的各种活动项目，要求学生一般在前三个学年内实践创新训练、学术科技活动、学科竞赛和资格认证等不少于2学分，校园文化活动不少于1.5学分，社会实践与志愿服务活动不少于1学分。

表6-1　汉语言文学专业课程结构及学分/学时比例分布表

课程类别		学分数及比例	学时数及比例
公共基础课程	必修课程	33/19.19%	612/24.44%
	选修课程	3/1.74%	54/2.16%
专业基础课程（均为必修课程）		51/29.65%	920/36.74%
专业课程	必修课程	35/20.35%	630/25.15%
	选修课程	12/6.98%	216/8.63%
实践课程（均为必修课程）		38/22.09%	72/2.88%
合计		172/100%	2504/100%

4.呈现简洁明了、时序科学的课程规划路径。本科高校课程地图建设要充分发挥"地图"的导航、指引作用，为师生呈现简洁明了、时序科学的课程规划路径。课程地图应着眼于学生成长成才和未来职业发展的"私人定制"，让每一个学习者都有机会和权利根据个人需要、兴趣和特长等方面的个体差异，制定符合自身发展期望的专属课程修读路径、职业生涯规划，减少学生学习的盲目性，避免走弯路。[1]因此，在课程地图的建设过程中一定要坚持系统规划、简捷高效、路径明晰、时序科学的原则。如某本科高校汉语言文学专业的课程设置时序图（如图6-4所示），基于学生核心能力的培养，依次设置公共基础课程、专业基础课程、专业课程和实践课程，其中专业课程包括了专业必修课程和专业选修课程，实践课程包括了实践必修课程和实践选修课程，以此满足学生的职业生涯发展需求。课程规划过程中充分考虑到每一个学习者的个性需求，

---

[1] 季诚钧、张亚莉：《高校课程地图的理念、要素与特征：基于台湾经验》，《中国高教研究》2015年第12期。

确保在有限的学习时限内务实、高效地实现培养高素质专门人才的目标。

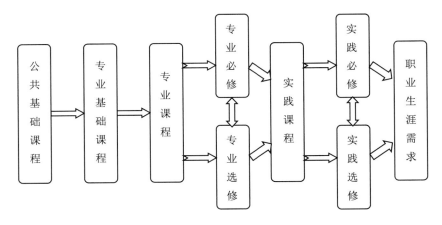

图6-4　汉语言文学专业课程设置时序图

借助于汉语言文学专业课程设置时序图，课程规划者能够根据本专业人才核心能力培养的基本要求，制订科学合理的人才培养计划，设计满足社会要求、符合学生特点的课程体系；教师可以通过课程地图了解具体每门课程在课程体系中的相对位置，更能在该课程教学中凸显其专业性，同时也可以有针对性地全程指导学生学习过程；学生可以借此检视自己的学习效果，不断地修正自己的学习行为；行业专家能够根据社会要求适时向学校提供专业建设的合理化建议，使学习内容更具有针对性；学校管理者也能够根据该专业的课程地图优化资源配置，提升教学管理效率。

随着我国高等教育综合改革的不断深入，本科高校高质量发展必须面对社会需求和市场变化、学科发展和科技进步，以及围绕毕业生能力和素质提高与全面发展来认真考虑人才培养的整个过程和其中的各个环节。课程地图在本科高校转型发展中的应用，对于促使教师对课程的优化整合始终保持一颗"敏感的心"，促使学生有效规划学业以提升核心能力，促使教学管理者适应学生未来可能的职业生涯发展需求变化，基于学生学习成果，在评估研究的基础上持续改进教学质量，具有很重要的现实意义。对教师而言，课程地图是教师优化整合课程体系的省察工具。课程地图的编制和应用契合了本科高校课程体系整合优化的总体要求，课程地图的系统性特征和其所反映的诸多因素动态逻辑关系，促使教师对课程体系的优化整合始终保持审慎的态度。课程地图对课程体系、核心能力以及培养目标之间关系的整体把握，在实际应用中要求教师在课程设计上注重时效性、灵活性和实用性。对学生而言，课程地图是学生规划、检测学业发展的导向示图。课程地图的编制和应用为高校学生学业规划发展提供了鲜明的导向和明晰的路径，为学生学习成果检测提供了标准依据。课程地图在学业水平检测环节所要求呈现的学习历程档案，系统记录学生课程修读记录、课程考核结果、参与学术科技活动和见习实习情况、已获得的资格证书以及个人基本信息，全息体现学生学习全过程。学生学习历程档案既可以作为学校、教师和学生之间的沟通平台，也为社会用人单位判断学生学习状况、工作能力提供了重要依据。学习历程档案以过程性评价代替结果性评价，必然引导学生在学习过程中投入精力，适时开展学习成果自我评估，不断提高学习效果，进而促进教学质量的提高。对高校而言，课程地图是高校持续改进教学质量的重要载体。课程地图为课程开发人员、教师、学生和管理者提供了一个整体把握课程体系的重要载体。课程地图能够用于对课程的分析、设计和调整，从而使这些流程更容易被理解、讨论、维护和修改，从而最终改善和提高课程教与学的整体质量。本科高校坚持以专业课程地图的绘制为契机，重新审视以往课程规划管理特别是课程体系设计中存在的问题，革故鼎新，着力培养服务地方经济社会发展急需的高素质人才，这不仅是高校本体性功能的集中体现，更是本科高校高质量发展中持续改进教育教学质量的现实需要。

/ 第七章 /
基于课程地图的高校学分互认机制创新

马克思主义实践哲学认为，人以实践作为存在的方式，不断创造新的自我和自己的世界。只有社会实践才是人们认识外界的真理性标准。实践高于认识，因为它不仅具有普遍性的品格，而且还具有直接现实性品格。[①]教育作为一种特殊的研究领域，教与学的主客体构成了教育情境、教育事实的不断变更，这种变更的教育实践使得试图构建普适性规则的研究范式对于理解教育现象或解决教育问题并不是最有用的。基于历史图景和时代特征的比较教育研究，在学理层面不仅是一种观念性存在，更是一种实践性存在。比较教育研究必将深入地走进具体的"教育生活世界"，破除"普遍主义"知识论范式，彰显"知识体验"的实践能力和实践智慧，促进比较教育研究和比较教育学科自身的繁荣发展。高等学校之间学分认定和转换以课程为基础，遵循实质等效原则。对方高校课程的教学目标、教学内容、教学时数、考核评价等方面，应与本校相关课程要求基本一致，确保学习者学习外校课程所掌握的知识、技能和水平与在本校学习基本相当。课程地图理论强调课程模块、严格统一的课程体系、课程教与学的系统性和顺序性以及严格的学业测评标准。课程地图的应用为高校间学分互认提供了前提基础的理论逻辑和内在机理。就高校学分互认机制创新的研究而言，在对课程地图进行理论阐释、价值分析和高校学分互认机制国际比较研究的基础上，彰显"实践智慧"应该成为我们的行动方向，基于课程地图理念与高校学分互认机制创新内涵的适切性，从编制课程地图入手，在"确保专业核心能力"的前提下构建要求基本一致的课程体系，构成我国高校间实现学

---

① 朱晓刚:《大学课程哲学——基于马克思主义实践哲学视域的探讨》，中国海洋大学出版社，2012，第1页。

分互认机制创新的逻辑起点。

一、课程地图理论与学分互认机制创新内涵的适切性

实践智慧是一种在实践领域就某一事情采取行动的真实的、伴随着理性的能力状态。教育实践智慧是教育活动中师生对当下教育情景的感知、辨别与顿悟以及对教育道德品性的彰显。实践智慧作为对教学整体的直觉认识是内隐的，但它贯穿于整个教育教学活动过程之中。党的十九大报告指出："经过长期努力，中国特色社会主义进入了新时代，这是我国发展新的历史方位。"立足新时代对教育发展提出的新要求、对教育理论创新开拓的新视野，从实践智慧的视域体认课程地图理论的时代意涵，是我们展望未来课程地图应用发展实践的前提和基础，也彰显出课程地图理念与高校学分互认机制创新内涵在以学生为中心、学习成果导向、强调学习者能力本位等方面的适切性。

（一）以学生为中心教育理念的新意涵

"以学生为中心"的教育理念是"为什么人的问题"在教育领域的具体体现，在理论上是对"科学本位论"和"社会本位论"教育观的批判与抗争，在实践上是对传统意义上"以教师为中心""以教材为中心"教育理念的超越。在学校教育中，课程是教育教学活动的基本依据，是实现学校教育目标的基本保证，是学校一切教学活动的中介。作为学校课程体系设计方法的课程地图理念，其在具体应用实践中集中体现着"以学生为中心"的教育理念，因而深化对新时代背景下"以学生为中心"教育理念的再认识，关乎我们对课程地图当代意涵的认识和理解，也决定着课程地图拓展应用的实践路向。立足于新时代的历史方位，思考高校"以学生为中心"教育理念的意涵，对于我们系统回答"高校培养什么样的人、如何培养人以及为谁培养人"这个根本问题，实现高等教育内涵式发展，努力办好人民满意的高等教育，具有现实而又深远的重要意义。

1.要更加彰显"以学生为中心"教育理念的实践智慧。美国实用主义教育家杜威的"以儿童为中心"是"以学生为中心"教育理念的起源。1952年，在哈佛大学教育学院举办的"课堂教学如何影响人的行为"学术研讨会上，美国心理学家卡尔·罗杰斯（Carl R. Rogers）首次提出"以学生为中心"的理念，

并用其揭示一切教育和教学。①罗杰斯认为，凡是可以教给别人的东西，相对地都是无用的，能够影响一个人的行为的知识，只能是他自己发现并化为已有的知识。1983年4月，美国教育质量委员会发表了《国家处于危险中：教育改革势在必行》的报告，深刻揭示了美国教育的严重问题和面临的挑战，直接推动"以学生为中心"教学的发展和广泛实践。②1998年10月，联合国教科文组织在《21世纪的高等教育：展望与行动》中提出："在当今日新月异的世界，高等教育显然需要'以学生为中心'的新视角和新模式。"③自此，"以学生为中心"的教育理念逐渐成为世界越来越多的高等教育工作者的共识。在近二十年的实践探索中，我们的确更多的是用"以学生为中心"的理念作为分析教育现象或教育问题的新视角，已形成对"以教师为中心""以教材为中心"教育理念的批判，也曾因片面强调学生的主体地位而出现过教育目标避高趋低、教育内容删繁就简、教学过程散乱无序、教育评价片面倚重的现象。即使在高等教育研究领域也存在聚焦不够、研究不深的现象，据有关统计资料显示："在美国，高等教育研究项目中80%以上的关涉学生的学习，而在我国这一比例还不到20%。"④在"决胜全面建成小康社会，进而全面建成社会主义现代化强国"的新时代，反思高校"以学生为中心"教育理念的实践历程，需要我们更加注重彰显"以学生为中心"教育理念的实践智慧，以时不我待、只争朝夕的精神，创造"落实立德树人根本任务，发展素质教育，推进教育公平，培养德智体美劳全面发展的社会主义建设者和接班人"的新的生动实践。这种实践智慧内隐于高校落实立德树人根本任务的全过程，表征着高校对"满足人民过上美好生活的新期待"的整体认知，表现在对高等教育的本质——"高深知识的教与学"的理解和把握，体现为新时代"大学人"对教育合理性以及自我完善的不懈追求。这种实践智慧体现在高校课程地图的应用实践中，就是要围绕落实立德树人根本任务，把握"高深知识的教与学"的逻辑起点，构建"以学习者为中心"

---

① 洪丕熙：《"以学生为中心"——罗杰斯的教学原则和它的影响》，《外国教育资料》1984年第2期。

② 周光礼、黄荣霞：《教学改革如何制度化——"以学生为中心"的教育改革与创新人才培养特区在中国的兴起》，《高等工程教育研究》2013年第5期。

③ 赵中建：《21世纪世界高等教育的展望及其行动框架——世界高等教育大会概述》，《上海高教研究》1998年第2期。

④ 刘献君：《论"以学生为中心"》，《高等教育研究》2012年第8期。

的课程体系及实践机制。

2.要更加彰显"以学生为中心"教育理念的生活意义。人的生活是一种自身具有目的性的存在方式。从人的生活意义上理解，每个人的生活或者生活的细节都是因为人类整体生活背景有意义而变得有意义的，而且"人的生活与其他生物的生存真正具有决定性的区别之处就在于人的生活是创造性的，只有创造性才能使人的生活具有不可还原的意义，才能使生活超越生存"。①回顾"以学生为中心"教育理念的理论渊源，人本主义更强调爱、自我表现、自主性、责任心等心理品质和人格特征的培育；建构主义则强调学习是一个"自主构建""相互作用"和"不断生长"的过程，注重学生对知识的主动探索、主动发现和对所学知识意义的主动建构。"泰山不让土壤，故能成其大；河海不择细流，故能就其深"。在"全国各族人民团结奋斗、不断创造美好生活、逐步实现全体人民共同富裕"的新时代，反思高校"以学生为中心"的教育理念，需要我们更加注重回归人之为人的生活意义，不仅要强调学生作为"独立生命主体"的"自我教育、自我管理、自我服务、自我监督"，为学生系统思考"人生应该在哪用力、对谁用情、如何用心、做什么样的人"的根本问题创造条件；更要从创新"人类整体生活背景"的视角"营造好气候，创造好生态"，注重育人环境对学生学习和发展所起的润物无声、潜移默化作用，使学生在润泽情怀、呵护心灵和以学养人、治心养性的环境中全面发展、创新发展，努力"成长为自己的样子"。这样的"育人环境"既包括能够让学生仰望星空、追求梦想的立德树人环境和静心学习、舒心生活、用心创造的人文关怀环境，也包括积极健康、追求卓越的校风学风传承环境和"依山傍水、桃李成蹊"的美丽和谐校园生态环境。具体到高校课程地图层面，就是从有利于学生"成人"的视角，准确把握教育的根本问题是人的发展问题，积极构建重视学生个体的自我实现以及动态发展、系统平衡的课程体系，并为课程体系的有效实施创造条件，服务学生学习、成长和发展的全过程。

3.要更加彰显"以学生为中心"教育理念的文化品格。"教育问题尽管有它们客观的内容，但在本质上它们是一类主观性的问题，是富有个性、社会历史性和价值性的问题，亦即具有文化特征的问题。"②从教育的文化特性来看，"以

---

① 赵汀阳:《论可能生活(第2版)》,中国人民大学出版社,2010,第96页。

② 石中英:《教育学的文化品格》,山西教育出版社,2007,第107页。

学生为中心"教育理念"发轫于古希腊的理性人本主义传统，经由欧洲文艺复兴时期世俗人本主义和费尔巴哈人本主义的补充，发展成为现代西方非理性人本主义的教育观念"，[①]其产生有着深刻的历史原因和社会根源，铭刻着鲜明的时代和阶级烙印，在发展历程中渗透着所谓"自由、民主、平等、博爱"的社会价值取向。在"全体中华儿女勠力同心、奋力实现中华民族伟大复兴中国梦"的新时代，反思高校"以学生为中心"的教育理念，需要我们警惕教育理想的民族缺失和教育思想的本土偏离，因为"没有任何一种以外域的历史与现实为基本背景的思想，可以圆顺地揭示我们本土的现象，有效解决我们本土的问题"。"文化滋养心灵，文化涵育德行，文化引领风尚。"在"我国日益走近世界舞台中央、不断为人类作出更大贡献"的新时代，高校践行"以学生为中心"的教育理念，需要我们更加注重彰显"以学生为中心"教育理念的文化品格，扎根于我们"生活于斯、感悟于斯的这块土地"，坚守中华文化立场，准确把握我国高等教育领域高水平国际一流的教育需求与高等教育发展不平衡不充分、创新不足的供给矛盾，以培养担当民族复兴大任的时代新人为着眼点，从孕育五千年文明的中华优秀传统文化中汲取智慧和营养，面对以全球为规模的物流、人流、信息流以及观念和制度的宏观流变，在理论和实践上进行面向现代化、面向世界、面向未来的特色创新，为"构建人类命运共同体"提供中国方案、贡献中国智慧。这种"文化品格"体现在高校课程地图层面，就是要传承和弘扬中华优秀传统，汲取"以人为本""和而不同""交流交融"等哲学思维的精华，构建具有中国特色的课程地图理论，创造具有中国风格的课程地图应用实践。

4.要更加深刻理解"以学生为中心"教育理念的核心。学生的学习、成长与发展是高等教育质量的核心要素，是评价高等教育质量的根本。"以学生为中心"强调学校尊重学生的个体差异、满足学生的现实需求，其核心是以学生的学习和发展为中心，更加注重学生的学习效果。学习是一种精神活动，是人的成长和发展的一种内在需求，是人类赖以生存的一种方式，着眼于学生的学习就是满足学生学习的需要、遵循学生的学习规律。教育的根本问题是人的发展问题，教育通过对人的成长的引导促进人的发展，着眼于人的发展就是遵循人

---

① 陈新忠、李忠云、胡瑞：《"以学生为中心"的本科教育实践误区及引导原则》，《中国高教研究》2012年第11期。

的发展规律，把握人的发展的阶段性特征，进而促进人的健康全面发展。因此，高等教育的质量首先是指学生的学习发展质量，即学生在整个学习历程中所学所知及其理念态度。同时，教育自身的发展规律具有非决定性、非线性的特点，"以学生为中心"的教育理念要求在课程的教与学中更加重视学生的学习过程、资源利用程度，更加注重学生的学习效果，并通过学习效果的反馈促使教师不断改进教学方式方法，不断提高教学效果。具体到课程地图层面，正如台湾学者王嘉陵教授所认为的，"课程地图表征着一种秩序，它不仅彰显了学校课程体系的概貌及课程体系各要素之间的关系，也概括了学生未来的潜在性，它的中心思想是学生的学习联结了职业技能的规准"。以工程教育专业认证为例，2016年，我国正式加入国际工程教育专业认证互认协议《华盛顿协议》，这一方面说明我国的工程教育水准和工程教育认证体系得到了国际认可；另一方面也促进我国按照国际标准培养工程师，提高工程技术人才的培养质量。国际工程教育专业认证的核心标准是学生毕业能力达成以及达成的程度，所有教学环节的考核都以毕业能力达成度为导向。美国工程与技术认证委员会（ABET）作为《华盛顿协议》的发起组织之一，其认证标准、规范和程序在全球认证机构中具有引领和示范作用。从1997年开始，ABET认证的理念和思路发生重大变化：从注重教育投入转向注重教育产出，即强调学生学到了什么，毕业时具备了怎样的知识、能力和素质。认证标准的重心由院校转向了学生，从以往对院校各种资源、教学过程、课程设置和手段等的考察，转向对学生学习成果的考核；重心从"教"转向了"学"，从教师转向了学生；形成了"以学生为中心，以产出为导向，持续改进"的新认证理念和标准。①ABET要求专业设定明确的专业培养目标和学生毕业要求，确保毕业生具备用人单位要求的技术能力和职业能力。将专业培养目标分解成具体的、可度量的学生毕业能力，具体描述学生毕业时应具备的知识、能力和素质，通过使学生获得具体的毕业能力确保专业培养目标的实现。其中设定明确的专业培养目标和学生毕业要求是专业教育质量保证的第一步，使教师和管理人员对于学生学习目标和预期成果有一个共同的认识，确保课程设置、培养方案也与这个目标保持一致。认证委员会以学生为中心，监测学生的学业进步，评估学生的学习成果，确保学生最终能够获得预期的能

---

① 张丹：《大数据时代：高校质量怎么"保"》，《中国教育报》2018年1月9日第6版。

力要求，从而实现专业培养目标。认证委员会的认证围绕两个基本点进行：学生毕业能力达成度和如何持续改进。然而，高等教育以前传统的质量监控措施大都围绕"教"这个主题，如督导专家听课、专家检查期末考试试卷、学生评教等。督导专家进课堂听课，主要看教师备课是否充分、讲课是否有条理、课堂气氛是否活跃、教师教态是否良好、声音是否洪亮等等。专家检查期末试卷，大多看出题难度、知识点覆盖面和区分度，检查教师批改试卷的情况，是否有漏判、误判。学生评教，主要给教师的"教"打分，也会调查学生主观上感觉自己学到了什么，学得怎么样。在新的"以学生为中心"的教育理念和认证标准的指引下，应如何转变学校传统的质量监控理念和体系，学校又将面临新的挑战。

基于"以学生为中心"教育理念的新意涵，课程地图的理论内涵必然体现以学生为中心、以学生毕业能力达成度为导向，构建尊重学生的个体差异、满足学生现实需求的课程体系。其在价值观层面的深层核心假设由基于工业化对效率的要求而批量生产各个层次的人才与专业人员，转变为教师通过精心的教学设计，想方设法调动学生的学习兴趣，使学生主动学习、热爱学习，自主构建知识，获得人生内在价值；其所遵循的科学理论基础由行为主义、信息加工理论转变为基于认知心理学的建构主义理论；在教学方法、教学目标、教学结构方面，改变以传授、接受、背诵、练习为主的学习方式，倡导问题教学、项目教学、合作学习、探索发现等以及传统课堂中的以学生为中心的成分，注重通过创造高质量的教学环境引导学生自主建构知识，强调时间迁就学习、学习环境多样化、推进课时改革、跨院系选修课程等；在师生关系方面更多强调教师是学习环境的设计者，学生是主动学习者。

（二）学习成果导向教育理念的新范式

1.学习成果导向教育理念的核心思想

"成果导向教育"（Outcome‐Based Education）理念由美国学者斯派蒂（Spady W. G.）于1981年率先提出，主要强调四个基本问题：（1）我们想让学生取得的学习成果是什么？（2）我们为什么要让学生取得这些学习成果？（3）我们如何有效地帮助学生取得这些学习成果？（4）我们如何评价学生已经取得了这些学习成果？[1]成果导向教育的实施原则是：课程设计与教学要清楚地聚焦在学生完成学习过程后能达到的最终学习成果上，并让学生把他们的学习目标聚焦到这些学习成果上；要充分考虑每个学生的个体差异，要在时间和资源上保障每一个学生都有达成学习成果的机会；教师应提高对学生学习的期待，制定具有挑战性的执行标准，以鼓励学生深度学习，促进更成功的学习；以学生最终学习成果为起点，反向进行课程设计，开展教学活动。[2]

表7-1　成果导向教育与传统教育的对比列表

项目	成果导向教育	传统教育
学习导向	成果导向,学生的学习目标、课程设置、教材选用、教学过程、教学评价以及毕业标准等均以成果为导向。	进程导向,强调学生根据规定程序、课表、时间和进度学习。
成功机会	扩大成功机会,为确保所有学生学习成功,学校应为每一名学生提供适当的学习机会。	限制成功机会,学习受限于规定程序与课表,因而限制了其发展与取得成功的机会。
毕业标准	以绩效为毕业标准,学生毕业时必须证明能做什么。	以学分为毕业标准,学生取得规定学分即可毕业。
成就表现	以最终成果表示学生的顶峰表现,阶段性成果只用作下一阶段学习的参考。	以阶段学习的累积平均结果衡量学生最终成就表现,某一阶段的欠佳表现会影响最终成就。
教学策略	强调整合,协同教学,授课教师应长期协同,强化沟通合作。强化合作学习,鼓励团队合作,形成学习共同体。	偏重分科,单打独斗,教师授课边界清晰,很少沟通与合作。强化竞争学习,鼓励互相竞争。
教学模式	能力导向教学模式,强调学生学到什么和能做什么,重视产出与能力,鼓励批判性思考、推理、评论、反馈和行动。	知识导向教学模式,强调教师教什么,重视输入,重视知识的获得与整理。

---

① 李志义、朱泓、刘志军、夏远景：《用成果导向教育理念引导高等工程教育教学改革》，《高等工程教育研究》2014年第2期。

② Basim A-J, Hazim A-A, "Curriculum assessment as a direct tool in ABET outcomes assessment in a chemical engineering programme," *Eueopean Journal of Engineering Education* 35, no.5（2010）：489-505.

续表7-1

项目	成果导向教育	传统教育
教学中心	以学生为中心,教师结合具体情境并应用团队合作和协同方式,来协助学生学习。	以教师为中心,教师教什么,学生学什么,学生按教师要求的方式学习。
评价理论	强调包容性成功,创造各种成功机会,逐步引导学生达成顶峰成果。	强调选择与分等,程度比较差的学生因缺乏相应的学习机会而越来越差。
评价方法	评价与学习成果相呼应,能力导向,多元评价。	评价与规定程序相呼应,知识导向,常用课堂测试。
参照标准	自我标准参照,重点在学生的最高绩效标准及其内涵的相互比较。	共同标准参照,评价可用于学生之间的比较。

从表7-1可以看出,相对于传统教育而言,成果导向教育理念在学习导向上,强调学生的学习目标、课程设置、教材选用、教学过程、教学评价以及毕业标准等均以成果为导向;在学生毕业标准上,强调以绩效为毕业标准,学生毕业时必须证明能做什么;在教学策略上,强调整合,协同教学,强化合作学习,鼓励团队合作,形成学习共同体;在教学模式上,倡导能力导向教学模式,强调学生学到什么和能做什么,重视产出与能力,鼓励批判性思考、推理、评论、反馈和行动;在教学评价方法上,强调评价与学习成果相呼应,提倡能力导向,多元评价。

通过以上分析比较,我们可以理解,成果导向教育理念在实践中的核心思想是强调学校、教师的教学设计与活动围绕学生的学习成果(核心能力)开展,学校课程设置、课程内容、教学活动都围绕培养学生的学习成果进行,重视培养学生适应未来、适应社会的综合能力,把焦点聚在学生应"具备哪些能力",而不是学校、教师"教了哪些知识",课程设置回归到培养学生能"带走"的实际能力,而不是具体的课程要求和学生每一门课程取得的分数。[①]成果导向教育理念被认为是"追求教育卓越的一个正确的方向和值得借鉴的教育改革理念",影响了美国、加拿大、日本等国家以及我国台湾地区的课程改革,特别是在大学课程体系改革中得到了广泛的应用。

---

① 郭士清、庄宇、颜兵兵:《基于成果导向与课程地图理念的高校课程规划探究》,《高教论坛》2016年第1期。

2.学习成果的分类及其在高校的运用

学习成果导向教育理念在实践中的一个关键问题是关于学习成果的分类。我们定义和运用学习成果概念时，必须思考清楚两个关键问题：一是我们所定义的学习成果是否体现了全面性和主动性学习的建构主义目的；二是我们所观测到的学习成果是否真实反映了决策者期望的学习多样性和丰富性要求。当前，布卢姆的教育目标分类法被认为是影响学习成果定义和应用的最重要的理论之一。1956年，由美国著名的心理学家、教育家布卢姆等人编写的影响深远的作品《教育目标分类学（第一分册）：认知领域》[1]问世。在这部作品中，布卢姆等人将认知领域划分为知识（knowledge）、领会（comprehension）、应用（application）、分析（analysis）、综合（synthesis）、评价（evaluation）六种层次，并从相关方面对每一种层次做了比较详细的解释；2001年，梅耶等著名的教育心理学家、安德森等课程与教学专家、克拉斯沃尔等测量评价专家完成了对布卢姆教育目标分类理论的修订，最终结果为《学习、教学和评价的分类学：布卢姆教育目标分类学（修订版）》[2]。该修订版要求对教学目标、教学活动和教学评价按24个目标单元进行分类。在认知领域，修订版采用动词的形式代替原有的名词形式，例如，"知识"改为"记忆"；另外，把"综合"改为"创造"并置于"评价"之上。第二个版本（Bloom等人，1964）构建了学习情感领域的层次结构，从基本的［接收（receiving）、响应（responding）］开始到更复杂的水平［价值（valuing）、组织（organisation）、内化价值（intermalises values）］，进一步发展引入了描述动作技能领域（技能）的层次，从模仿（imitation）开始到操纵（manipulation）、精确（precision）、接合（articulation）和归化（naturalisation）。分类的三个层次结构如图7-1所示。

①［美］B. S. 布卢姆：《教育目标分类学（第一分册）：认知领域》，华东师范大学出版社，1986。

② Anderson L W，Krathwohl D R，*A taxonomy for learning，teaching，cnd assessing—a revison of Bloom's taxonomy of educational objectives*（New York：Longman，2001）.

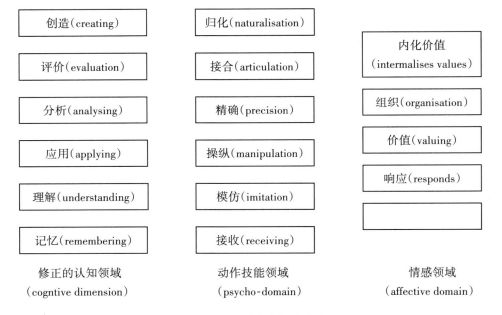

图 7-1 修正的布卢姆分类法

此外，洛林·安德森（Lorin Anderson）和大卫·克拉索尔（David Krath-wohl）创建了包括认知过程维度和知识维度组合的一个矩阵，具体如表 7-2 所示。

表 7-2 布卢姆修正目标分类法：认知过程维度矩阵

认知过程维度　　　　知识维度	记忆	理解	应用	分析	评估	创造
事实性知识						
概念性知识						
程序性知识						
元认知知识						

布卢姆分类学已经直接或间接影响了许多国家有关政策的制定。根据欧洲工会发展办公室（CEDEFOP）2009 年提供的例证，分类法的修订版已经直接影响了许多国家的资格标准以及课程标准的设计方法。例如，澳大利亚和英国的

资格标准和课程改革、学习成果的分类和等级化，更倾向于采用这一分类方法。

对于学习成果的概念，我们还可以从其应用的对象与目的类型去把握。2007年，欧盟大学协会（European Universities Association，简称EUA）在其发布的《博洛尼亚手册》中按照学习成果在大学中的运用进行分类（如表7-3），针对不同的应用范围，学习成果所呈现的特性有所差异。

表7-3　欧盟大学协会关于学习成果在大学中的应用分类

应用范围	特性
模块（Modules） 描述学习者在单元或模块学习结束后应知道、理解和能完成事项的表述,是学习成果在单元或模块层面的体现	与学习者的学习成就相关 与教师所设定的"教学目标"有所区别 与有效实现学习成果的教学策略直接相关 与评估策略和恰当的评价标准直接相关 是在广泛参考内外部参考点和影响因素的背景下确立的
评估和分级标准（Assessment and Grading Criteria） 在模块层面,可使用学习成果作为标准来衡量学习者的学习成就和个体的相对表现	评估标准描述的是学习者为证明自身已取得的学习成果而应完成的事项,通常包括通过和不通过两个门槛值 分级标准描述的是学习者学习成果的准确质量,高于或低于通过水平的程度,用于区分学习者个体在学习成果上的相对差异
单个资格描述符（Individual Qualification Descriptors） 用于描述和表达高等教育机构批准或认证的单个资格（学科相关资格）的学习结果	由学者独立或集体为机构或专门的资格制定 包含对于学科特定的技能、能力与理解的陈述 包含用人单位所要求的一般可迁移的或横向的技能 是各个独立模块的学习成果的综合 遵照相应的国家资格框架或国际"外部参考点"和资格框架
国家资格描述符（National Qualification Descriptors） 用于各类资格的一般描述	表述了国家认可的各种类型资格的学习成果（一般的非学科领域的） 由国家权威机构征求利益相关者意见制定 包含对于典型的资格持有者广泛能力的陈述 对应于国家资格每一级的描述符 一般资格描述包含几种国家学级描述符,表明级间进展或者只是一个学级的典型描述 通常描述学生获得资格后达到的水平 作为高等教育机构制定资格的外部参考点

续表7-3

应用范围	特性
国家学科基本要求（National Subject Sectoral/Benchmark Statements） 用于说明学科标准的学习成果	学科标准是对一系列学科领域的学位标准的期望 被英国质量保证局（QAA）广泛地应用与发展 作为课程设计的外部参考点，具有内部和外部的质量保证功能 Tuning项目致力于探索博洛尼亚进程第一、二级学位的学科与一般能力指标
国家水平描述符（National Level Descriptor） 用于说明学习难度的学习成果	建立对各水平、各级别的共同理解，便于对各水平的资格、学习进行比较 一个资格通常都会包括若干级别，以方便学习者逐步提升国家水平描述符的数量和复杂程度，需要在国家层面决定 通常会从知识与理解、认知技能、实际应用技能、学习自主性等方面来界定国家水平描述符代表了一个发展的连续体，可作为课程体系设计者和学习者的指引 每个级别可以分别从最高水平（最好学生可能达到的水平）、中间水平、最低水平进行说明 可以作为单元或模块开发以及个体资格开发的外部参考点，在资格框架中起中心作用
阶段描述符（Cycle Descriptor） 都柏林描述符运用学习成果描述了博洛尼亚总体资格框架中的三个阶段	已被46个博洛尼亚进程参与国采纳，用来表述欧洲高等教育区的总体资格框架 是对完成每一博洛尼亚学习阶段后的预期能力与成果的经典描述 是元层次的国际描述符（指导工具），作为制定新风格的国家资格框架、国家级描述符的外部参考点，类似于欧洲终身学习资格框架

　　欧洲工会发展办公室在其发表的报告《欧盟资格框架系列Note4：使用学习成果》中也按学习成果的目的进行了分类（如表7-4所示）。

表7-4 欧洲工会发展办公室关于学习成果的目的概述

涉及领域	使用学习成果的目的
职业标准	定义某一职业的工作任务和期望。既可作为界定工作实践、开展持续培训、人员招聘、绩效考核体系的基础,也可作为开展社会对话的基础(根据国际劳工组织的定义,社会对话是指就有关经济和社会政策中相关利益的议题,发生在政府、雇主和工人代表之间所有类型的谈判、磋商或仅仅是信息交流)。职业标准也可以用于确定VET资格。
(校本)课程	定义对每个学习活动的期望。作为教学过程、选择方法的教师指导。告知学习者在某一学习活动结束后应知道和能完成的事项。
评估标准/规范	确定评估内容,确保(某一资格、学习活动或模块)学习成具得以实现。确保评价学习者表现所用标准的一致性。
资格	定义对资格持有人的总体期望。雇主在招聘时可通过基于学习成果的资格了解应聘者;学习者可通过基于学习成果的资格描述决定学习路径,相应地也可作为员工发展指南;管理资格体系(如根据学习结果识别资格尚未覆盖的领域)。
资格框架	定义在一个国家中学习的等级水平,并在该框架内按照这些等级水平对不同资格类型和形式进行分类。

学习成果分类及其在大学中的应用,为我们实践课程地图理念的启示在于:学科标准和学科相关资格关于学习成果分类的表述可作为课程体系设计的外部参考点,且具有内部和外部的质量保证功能;学习成果的分类应用与职业标准、课程标准、教学评估标准(规范)有关,从知识与理解、认知技能、实际应用技能、学习自主性等方面来界定学习成果,以便于形成一个发展的连续体,进而作为课程体系设计者和学习者的指引;学习者可通过基于学习成果的资格描述规划学习路径;针对不同学习者的课程教学效果评价可以依据对学习成果的分层分类描述展开,并以此形成持续改进教学方法、提升教学质量的教育策略。

(三)能力本位教育理念的新动向

1.能力本位教育理念的基本内涵[①]

能力是指在某一专业(profession)或职业(occupation)中成功执行某一工

---

① 何云峰、郭晓丽:《能力本位教育:地方农业院校的探索与实践》,中国农业出版社,2016,第48-52页。

作或角色的职责（duties）或任务（tasks）所需要的知识、技能、态度和价值观等综合属性的集合体，它既包含顺利完成学习和其他活动任务的个性心理特征，又包括动手解决实际问题的本领（如实验能力、设计能力、计算能力、表达能力等）。能力本位教育最初主要应用于师范教育和职业教育等职业性、技术性特征显著的教育领域。在能力本位师范教育中，最有代表性的定义是中国台湾学者黄光雄提出的："能力本位师范教育是一种师资的培养方式，强调学生（师范生）在完成一段师范培养过程中，应获得哪些特定能力（competence），此能力包括知识、技能、态度、价值等。"在职业教育领域，常用能力本位教育或训练（competence-based education，简称 CBE 或 competence-based training，简称 CBT）等表达。

从理念层面来看，能力本位教育可以大致归纳为两种不同的学派：一是以美国为代表的行动主义导向。20世纪60—70年代，美国的能力本位教育特征具体表现为以下几方面：（1）对特定职业或具体职务所需要的能力做详细分析，并对构成这些能力的主要方面做具体描述；（2）根据这些描述，将教学或训练内容划分为各个不同的单位，能力的培养主要通过实施不同的单位教学来实现；（3）对能力掌握的测试或检验不是通过检查学生是否掌握了书本知识或通过课堂考试的方法，而是根据受教育者或接受训练的对象实际的操作情况，特别是完成规定的具体工作任务的结果进行评估。这是一种传统的能力本位教育理念，往往又被称为行动主义导向的教育。20世纪80年代，在美国还出现了以完成工作任务时所需要的最基本的技能或要素为核心的能力导向，这些最基本的能力往往又被称为"软技能"。与以往将完成工作任务所需要的能力划分为各种要素或单位，然后根据这些要素或单位编制相应的教育内容或实施训练不同，这种方法仅确定能够带来工作效果的能力或技能，然后根据这些能力提供高水平的教育或训练。二是以德国为代表的综合主义导向。20世纪90年代开始，在德国和荷兰等欧洲大陆部分国家出现了综合能力导向的学说。这种学说是建立在社会建构主义导向之上的能力教育。它在单纯的刺激—反应学习或教育和训练过程之外，还强调培养个人思考能力、社会交际能力、适应复杂环境的能力，特别是知识的创造能力的重要性。这种学说具体包括两个方面：（1）知识和个人理解力、价值观和技能的结合；（2）与教育和训练的过程有关，与仅仅重视学生训练结果的行动主义导向不同，它更强调学生自发和主动地学习以及参与训练活动，特别是关注开发学生在从事实际工作中所需要的各种能力，通过学习或训练过程开展的形成性评估，对学生的能力发展给予支援。这一时期，传统的行动主义导向开始逐渐向强调综合能力的建构主义导向变化，这些变化具体表现在以下几方面：（1）在培养学生主动学习和进取精神的基础上开展教育或训练活动，更加强调培养学生获得发现问题和解决问题等认知能力；（2）与传统的主要以个人为单位完成某种工作相比较，更注重培养学生的团队精神以及参与集体共同工作的意识和能力；（3）对培养学生掌握可持续性学习、主动学习以及终身学习能力也提出了一定的要求。近年来，能力本位教育的概念不仅要求学生获得能够从事某种具体工作的能力，同时也注重培养学生掌握能够应对复杂多变的环境，在不同工作环境中完成工作或任务的一般基本能力。

从课程层面来看，在不同时代和不同国家，能力本位教育的课程开发模式同样不尽相同。以英国高校为例，行动主义导向课程开发的主要特点是：（1）根据不同职业或工种确定完成具体职业或任务所需要的能力，然后根据这些能力制定评估教育或训练活动成果的指标。即在编制或提供详细的学习或训练内容之前，设定期望学习者达到的学习或训练目标以及测定达到目标程度的判断标准。（2）与传统的按照知识体系或学科内容编制课程方式不同，行动主义导向的课程开发根据学生在特定工作中所需的能力和职业要求，多以模块的形式提供教学内容。（3）在学习过程方面，学生在教育机构中获取知识固然非常重要，但是更加重视学生通过企业或工作现场的实习，特别是自身参加各种相关实践活动掌握和提高有关能力。（4）在评估教育或训练成果方面，不是采取传统的课堂试卷测验等方式，而是主要根据实际操作或相关可以证明学习成果的证据，测定学生是否达到预先设定的学习和训练目标。

综上所述，能力本位教育不应局限于职业教育领域所特肯的职业技能的培养，而应扩展到整个教育领域，以学生在现实生活中、专业领域中所需要的知识、技能、态度、价值观等一系列综合属性的培养为核心目标。它是一种全面发展的教育，关注的是学生通过能力的开发和培养而实现的知识、技能、情感、态度、价值观等整体性综合素质的全面发展，而并非片面的、纯工具性的技能的教育与训练。能力本位教育是作为与重视"学科知识"传受的传统教育的相对概念来使用的，其目的不是培养学者或研究者，而是根据现代社会发展所需人才"胜任职业和可持续发展"所必备的综合素质与能力而进行的教育实践探索。能力本位教育作为一种现代教育理念，其在课程设计、学习过程、教学规律以及教材结构等方面都有自己的要求和特点。在教学实践中，只有按照其自身的规律组织和实施教学，才能够培养出满足现代社会需求的综合型高级专门人才。

2.能力本位教育理念在我国的实践动向

一是师范教育领域的能力本位教学改革。21世纪以来，我国学者就师范院校基于能力本位的教学改革开展了系统研究。黄正平认为，我国师范院校在培养学生教育教学能力方面仍旧存在着一些不容忽视的问题[①]：（1）课程结构不合理，表现为教育类课程门数少、教育理论课程在总学时中所占比例少。师范院校普遍开设的教育理论课程仅有"教育学""心理学"和"学科教学论"，而且教育专业课仅占总学时数的7%左右。这种不合理的课程结构，导致师范生的教育理论功底薄弱，制约了他们教育教学能力的形成与发展。（2）对教育教学能力的培养缺乏科学的整体设计。师范院校对学生教育教学能力的培养基本采用的是同一种以学科教学论课程、"三字一话"训练和教育实习为依托的单一狭窄的培养模式，随着时代的发展，这种模式已不能适应时代对师范生教育教学能力的需要。（3）教育教学能力的培养缺乏良好的示范性。（4）培养教育教学能力的实践环节相对薄弱，具体表现为实践时间不足、实践形式单调和实践内容过窄，大多局限于课堂教学讲授基本功的范围内，对于教育教学能力的培养缺乏明确的目标及严格的规范。上述诸多问题最终导致目前师范生的教育教学能力发展不全面，而且缺乏继续发展的后劲。因此，确立能力本位的基本理念，注重师范生教育教学能力培养，深化师范教育改革势在必行。能力本位师范教育的步骤是：（1）厘清职业教师教育的培养目标，即加强师范生的教师的专业实践能力、强调教育教学的基本技能。（2）切实进行课程结构调整，增加基础性、综合性、实践性、研究性课程的比重，充分体现实践取向。具体来说，就是依据职业需要和学生发展需要开设课程，注重课程内容与实际的联系，强化学生实践能力的培养，最终让学生学会终身学习，具有扎实的理论基础和丰富的实践性知识。（3）切实落实教育实践环节。关于实践环节，有研究者提出：应当加强实习基地的建设，发展师范院校与中小学的合作伙伴关系；延长教育

---

① 黄正平：《能力本位：新世纪师范教育的基本理念》，《上海师范大学学报（社会科学版）》2001年第2期。

实习时间，并分散到各个学期中进行；合理安排教育实习内容，把"观察—体验—教育见习—教育总结"等几个连续而有特点的教育实习阶段相互连贯，从而加强教育实践环节的教学、提高教育实习的实效性。[①]

在师范教育中，实施能力本位教育还可以在教育人事制度中破除教师职业的"终身制"和"身份制"，适当引入竞争机制、完善教师聘任制，通过开通"下岗""分流"的渠道，建立与市场经济要求相一致的"能进能出""能上能下"的用人机制。这一制度的引入，使师范毕业生的质量直接接受用户评判和市场的检验。这就意味着社会将对师范生的能力素质和师范院校的教育水平提出更高的要求。面对新形势，师范院校必须奋发有为，积极应对，深化改革；必须把培养学生的教育教学能力作为重点，提高师范生的整体素质，增强市场竞争力，以自身的特色和优质的教育赢得更大的发展空间。除此之外，还应当加强学生自主学习能力的培养，注重过程性评价。教师不再是简单的知识传授者，而应走进学生学习的现场，为学生的学习提供课程资源，向学生提供咨询并进行管理，对学生学习过程中出现的偏差予以及时矫正。学生则充分展现着自主学习的能力，对自己的学习负责，按照职业标准要求来开展学习活动。学习时间的安排、学习方式的选择、学习资源的获取、学习结果的评价等环节，都真正体现了自己的主体地位。在评价环节，考核内容应当突出对实践能力的追求，注重分析问题和解决问题的能力；考核方式应当多样化（如开卷、闭卷、口试、操作、论文等），甚至可以根据具体情况对多种考核方式进行组合，以取长补短；应当重视过程中的评价，并加大其在学生总成绩中所占的比重，改变当前"一考定成败"的局面。通过评价方式的变革，把学生的学习重心从期末的死记硬背转移到平时的学习过程中来，使学生的综合素质与能力得到发展。

二是职业技术教育领域的教学改革。我国职业教育存在的诸多弊端主要表现在：在教学过程中，教育者更注重学科性的基础知识而轻视知识在经济和社会生活中的实际应用，注重各个课程自身的理论体系完整而轻视教育目标要求的各个课程之间的整合和渗透。在学生的能力培养上，注重对学生专业能力、整体一致性的培养，忽视学生综合能力和个性的培养。在教师和学生的关系上，只注重教师的主导作用而忽视学生的主观能动性。为了革除这些弊端，职业技

[①] 姜蕴：《美国能力本位教师教育运动研究》，博士学位论文，福建师范大学，2015。

术教育领域也开始引入能力本位教育理念。研究者们普遍认为，能力本位职业教育的实施包括市场调查分析、能力图表的确定、学习包的研发、教学的设计与实施、教学管理与评价五个步骤，其特点在于以能力为教学基础、强调学生的自我学习和自我评价、教学上灵活多样、管理上科学严格。具体来说，以能力本位为指导思想促进我国职业教育教学改革，要合理运用职业分析，通过对职业群、相关专业的分析，了解社会对人才的职业能力和个人素质的新需求；在分析结果的基础上吸取模块化的课程设计思想，将原有的长周期课程从形式上转化为相对独立的、几周内即可完成的小型课程；在教学过程中实现学生和教师角色的转变，教师转导师、群体施教转个体施教、备课转课程开发、课堂教学为主转实习场所为主、测试考试转评估，学生也由被动的接受者变为主动的学习者；最后进行能力本位评价，以最初职业分析得到的能力标准为参照去判断学习者是否具备相应的能力。

高等职业教育能力培养针对的是特定职业岗位或岗位群所必需的"综合的职业能力"，具体包括关键能力、专业技术能力和创新能力三大类。其中，关键能力，在国际上也称为核心能力或普通能力，是指劳动者从事任何一种职业都必不可少的基本能力，是指可迁移的技能、促进性的技能；专业技术能力也称为专业技能，是指受教育者除了具备关键能力为从事多种职业奠定基础外，还必须具有从事职业工作的能力，它是由专业培养目标根据性质、岗位特点而确定的；创新能力，也可称为拓展能力，是指在技术应用领域中的创新精神和开拓能力，具体说，就是人在提出新思想、研制新产品、开拓新市场、制定新战略、开发新技术、推出新产品等创新活动中所体现出的创新素质水平。

三是高等教育领域的教学改革。能力本位教育理念在师范教育、职业教育领域的成功实施逐渐引起更多教育学者的关注，高等教育领域也开始尝试在能力本位思想指导下进行教学改革。丛威尝试使用问卷调查、专家访谈和教学实验等方法对山东省高等体育教育专业体操专修课的教学现状进行调研，分析了现行教学模式存在的能力培养内容的局限性、能力培养方式的表面性和能力评价指标的非同构性等三个问题，总结出山东省体操专业人才能力结构的七项构成因素，并确立了体育教育专业体操专修课能力培养的教学目标体系，构建了体操专修课能力本位教学模式的基本框架模型。研究最终指出，发端于职教领域的能力本位教学模式，经过改造适合高等体育教育专业体操专修课的教学改革。①张忠福以华南师范大学增城学院为例，对地方高校能力本位课程体系改革进行了探索，认为应当在培养目标、课程体系设置等方面体现"以能力为中心"，同时也要在课程设置中体现学院的办学特色和学科专业特色，强化实践教学，构建科学的实践教学体系，提高综合能力，构建素质拓展课程体系。②当然，也有研究者指出，在借鉴过程中，还应当注意以下三点：（1）在借鉴能力本位教学模式、吸纳其模块式教学的同时，适当保持学科知识的系统性，防止知识体系的严重割裂；（2）对于过于重视工作技能而忽视品德培养、对实习基地需求量大但学生人数众多无法满足、对个性化培养模式的难度大等方面问题，应当充分考虑自己的国情和校情，而非一味借鉴；（3）要注意评价者的问题，因为评价者本身的水平和素质会对评价的结果产生非常重要的影响。③

（四）课程地图理论意涵的时代体认

基于对"以学生为中心"教育理念新意涵、成果导向教育理念新范式、能力本位教育理念新动向的认识和分析，课程地图满足未来课程体系设计发展趋势或者课程体系调整优化需要的契合点主要体现在以下几个方面：

1.课程地图体现了"以学习者为中心"的教育理念。课程地图是包括教师、学生、课程开发人员、课程管理者和社会公众在内的所有利益相关者沟通和交流的载体，从宏观层次课程地图指导思想的确立到微观层次课程体系的实施评价，都是课程相关主体实现其利益诉求最大化的过程，这一过程集中体现了以人为本的教育理念。就课程地图的建构主体而言，教育行政主管部门人员、学科专家和教师在课程规划过程中必须树立"通识教育""全人教育"的理念，充分尊重学生发展需要，充分发挥自己的专业自主权，围绕学生核心能力的培养，努力为学生全面发展和职业生涯规划创造条件。教师可以通过参与编制课程地图，明确每一门课程在整个课程体系中的作用和地位、学习目标和要求以及与其他课程之间的培养关系等相关信息，从而使得编制课程地图成为教师加强交流合作、共享教学资源、促进专业发展的新途径。就课程地图的"用户"主体

① 丛威：《山东省高等体育教育专业体操专修课"能力本位"教学模式构建研究》，硕士学位论文，北京体育大学，2004。

② 张忠福：《地方高校能力本位课程体系改革的探索与实践——以华南师范大学增城学院为例》，《河南科技学院学报》2011年第10期。

③ 任国防：《高师公共心理学教师改革探索与实践》，《教育探索》2012年第7期。

（学生）而言，课程地图为学生学习过程提供一个"鸟瞰"的认识框架，让学生明确学习每门课程的意义和作用，明确学习的目的性和计划性，减少学习过程中的课程"碎片化"，尽可能实现学习成果与学业目标的"一致性"，从而促使学生成为一个有目的的学习者。对于课程地图评价主体来说，是否培养了满足用人单位、社会行业需求的合格的人才是其衡量课程体系效用的重要尺度。课程地图理念基于人才培养目标与课程教学业绩基本一致、毕业生个性特征与社会行业需求充分吻合的原则，在实现学生个性充分发展的基础上，着力培养经济社会发展所需要的人才核心能力，实现学生"毕业即可就业"的培养使用目标。

2.课程地图彰显了回归生活的课程生态观。回归生活的课程生态观强调学校课程要重返生活世界，找回失落的主体意识，使人、自然和社会在课程体系中实现有机统一。课程地图理念的基本出发点是学生的需要，每个学生可以通过课程的学习，掌握未来生活所需核心技能，为学生将来更好地适应社会需求奠定扎实基础，为学会学习、学会生存、回归社会生活做好准备。通过课程地图让学生了解学校课程规划与自己未来职业生涯选择之间的关联度，以便学生进行科学合理的自我生涯规划。从课程地图确立的价值取向来看，课程地图的设计遵循了系统整体的观念、民主平等的原则和尊重差异的思想，在着眼学生成长成才的基础上，统筹规划，协调各方利益需求，实现学生需要、社会需求与课程之间的无缝对接；从课程地图设计的指导思想来看，课程地图旨在谋求自然科学课程和人文社会学科的整合，注重个体一致性和差异性的统一，致力于培养"完人"；从课程地图的实施路径来看，课程地图是人文精神和科学精神相结合的产物，遵循了"缔造观"的课程实施取向，课程教学活动中注重师生的对话与沟通交流，使学生在体验性、探索性的框架下进行自主性、创新性学习，并在这一过程中建立民主、平等、对话的新型人际关系。

3.课程地图展现了课程整合的价值追求。新时代的课程整合，已经超越了整合作为课程组织方式的狭隘视域，展现出对整合的系统思考与设计。课程地图作为围绕核心能力培养实现课程整合的新视角，其课程整合的价值追求显然已渗透于课程方案、科目计划和课堂事件三个层面，并由此建构起整合的三种形态：课程方案层面的整合、科目层面的整合和课堂层面的整合。课程整合的实践探索可以从上述三个层面的任一层面展开，但无论哪一层面的整合，都不能忽视与其他层面整合所存在的内在联系。三个层面的整合是相互关联和相互依存的，离开其他层面，每一层面都无法孤立地发挥其应有的作用。当前，课程整合的传统局面亟待超越，新的整合诉求日趋明显，具体体现为课程整合在价值取向、组织原则和实施逻辑等方面的革新：一是超越内容统整，追求人格统整。尽管传统的课程整合克服了分科课程割裂知识联系的弊端，但以学科内容为取向的课程整合依然是形式的和外在的，并未触及培养人的核心问题。新时代的课程整合要求发挥其在知识、能力和态度等方面的整体育人功能，为此需要打破知识、经验和社会"箱格化"的分离状态，通过学生跨学科探究和批判性思维汇聚学科知识、大千世界和个体经验，谋求学科知识的主体意义和社会价值，避免知识成为宰治和异化学生心灵的力量。二是坚持横向联结，注重纵向贯通。传统课程整合注重课程内容的横向联结，强调学科之间、跨学科之间以及学科与儿童生活之间的水平统整。在坚持课程水平统整的同时，各教育阶段的课程整合探索有必要进行核心素养与课程目标的分析，考虑本教育阶段的整合课程如何向下扎根和向上衔接，以实现各学段课程整合的垂直连贯。三是实现跨学科学习，强化跨领域实施。课程整合的重心不再纠缠于学科和跨学科的区别，课程整合不只限于跨学科，学科教学也可以采取跨学科学习的方式实施。跨学科学习是一种融综合性与探究性为一体的深度学习方式，它以解决真实问题为核心，是新时代课程整合的重要实施途径。课程整合在实现跨学科学习的同时还期望凸显跨越个人领域、社会领域和职业领域的特征，将知识学习与多样化的情境相连，生成学生的跨领域情境体验，从而促进学生对知识的深度理解和广泛迁移。课程整合通过跨领域实施，有助于达成情境体验与知识深度理解之间的平衡与整合，推动知识、技能和态度重构为学生个体素养。四是跨越知识整合，凸显行动取向。课程整合需要跨越知识整合的范围，凸显其行动取向。这意味着，课程整合中需要强化学习者与社会环境的互动，促使学习者作为经验共同体中的一员参与社会行动，解决现实问题，不仅建构与他人的联系，而且发展对社会空间、权力结构、地方政治的批判意识，通过行动改善自己的日常生活、服务社区人群或关注国家事务，体现应有的个体责任和社会担当。

4.课程地图遵循了动态可视化课程要义。课程地图既然是一种地图，就有着与普通地图的相通点，都是为人们的行程规划、路线安排提供一种可视化的帮助。劳拉·德尔加蒂认为，如果将教育视为一个旅程，教师应该有一些可以利用的资源来为学生提供指南和指明方向，课程地图就是这样一种工具。[①]但是课程地图又有别于一般的地图，它的终极诉求在于学生的成长成才，因此，课程地图在设计过程当中体现了动态化持续改进的特点。从课程地图所规划的人才培养目标，到具体课程学习内容的选择及课程学习效果的跟踪评价反馈，都是从学生的实际出发，考虑到诸多学习构成要素的需求，依据时代的变化、社会的要求及信息技术的实践变革，从而为学习者设计的一种达到终极目标的动态发展的可视化的路径。高校通过编制课程地图能够剪裁重复过多的课程、补充缺少的课程、明确课程目标、优化课程结构、整合通识教育课程与专业教育课程、强化不同课程之间的内容衔接等，持续、动态地完善课程体系，进而检验课程目标与学习成果是否一致。好的课程地图绝不是封闭、僵化和一成不变的，而是开放的、动态的和发展的。[②]因此，课程地图可以在最优化的条件下，让每一个学习者都有机会和权利根据个人需要、兴趣和特长等方面的个体差异制定符合自身发展期望的专属修课路径、职业生涯规划，以减少学生学习的盲目性，避免走弯路，多、快、好、省完成学习的"旅程"，体现了课程开发者所倡导的动态可视化的课程要义。

二、基于学习成果导向的高校课程体系构建

从课程地图理念与高校学分互认机制创新内涵的适切性来看，高校学分互认机制在操作层面的创新的关键是课程体系及其衔接与转换，而以课程地图理念设计基于学习成果导向的整体课程体系是实现课程衔接与转换的重要基础。美国学者戴尔蒙德认为，成功的课程体系改革取决于六个关键因素：第一，要制定出高质量的培养目标；第二，要考虑这些可操作的目标是否可以用学生学业成绩卓有成效地描述和说明；第三，这些培养目标是否真正落实到具体课程教学中；第四，在不同层次的教学和各个培养环节中，教学要求和评价方法是否匹配；第五，教学目标与所选择的教学方法是否匹配；第六，学校有关教学

---

① L Delgaty, "Curriculum Mapping: Are You Thinking What I'm Thinking? A Visual Comparison of Standardized, Prescriptive Programmes," *ARECLS* 6(2009):35-58.

② 巩建闽、萧蓓蕾:《台湾高校课程地图对大陆课程地图发展的启示》,《中国高教研究》2014年第5期。

部门和任课教师在整个改革中的参与热情和责任感。[①]遵循这一基本判断，基于对课程地图理论内涵的时代体认，根据"以学生为中心"教育理念的新内涵、学习成果导向的新范式、能力本位教育理念新动向，借鉴美国 ABET 课程体系设计 EC2000 双循环模式、台湾逢甲大学成果导向持续改进的双回圈课程规划与管理模式、台湾中原大学能力地图（C-MAP）模式，本书尝试在我国学者郭士清等人关于成果导向课程规划原理研究的基础上，构建一个基于课程地图理论内涵的课程体系设计框架。该分析框架针对我国高校本科专业课程体系设计存在的考虑需求（学生需求和国家、社会对人才的需求）不够、统筹课程与培养目标之间的匹配度不够等问题，从需求分析入手确定培养目标，由培养目标体系决定学生的能力指标体系（即毕业要求），再由能力指标体系决定相关课程设置，进而构成基于学习成果导向的课程体系，提出持续改进课程教学质量的具体要求，最终形成各具特色的课程地图（如图 7-2 所示），为构建高校本科教学质量内部监控闭路循环体系提供了一个重要抓手。

（一）明确人才培养目标体系

人才培养的目标定位的核心是培养什么样的人的问题，也是开展课程体系设计的前提和基础。人才培养目标（education goals）反映的是不同性质的教育和不同阶段的教育价值，是不同学校根据教育目的和自身办学定位、历史传统、资源优势等因素，对教育对象提出的特定要求。为了使课程体系设计与课程教学工作切实可行，学校需将人才培养目标进一步具体化、明确化，将其转化为课程目标。课程目标（curricular objectives）是具体体现在课程设计与教学活动中的教育价值。由此可见，确定培养目标既是学校人才培养的起点，也是终点。培养目标为学校教学活动提供了明确的导向，为课程内容与方法的优化选择提供了依据。其功能主要体现在以下四个方面：一是判断"什么知识最有价值"和"什么方法最有价值"的重要参照，是课程设计中选择课程内容与教学方法的基本依据。二是课程与教学组织的重要依据。由于培养目标反映了特定的教育价值观，所以将课程设计为怎样的类型，以及将教学活动设计为怎样的形式，从某种意义上讲，均取决于课程目标。三是为课程实施提供了依据。课程实施是创造性地实现培养目标的过程，是"应然"的教育哲学观转化为"实然"的

---

① R M Diamond, *Desiging and Assessing Courses and Curricula：A Practical Guide Revised Edition* (San Francisco：Jossey-Bass Publishers，1998)，p.127.

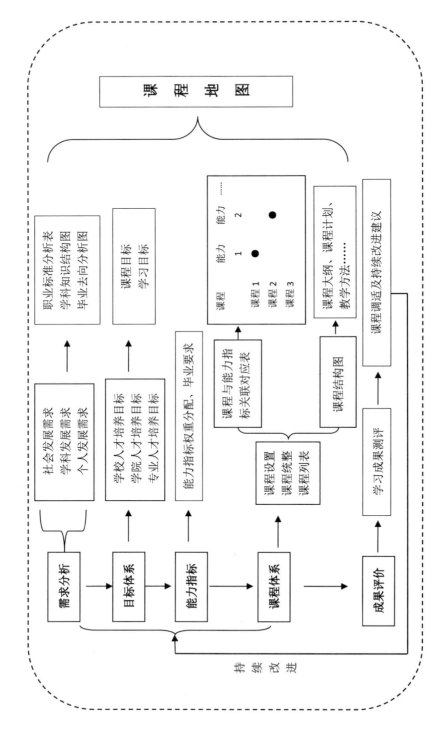

图7-2 基于成果导向的课程地图设计框架

教育价值的教育活动，因此培养目标必然成为课程实施的重要依据。四是为课程评价提供依据。课程评价是对教育教学活动的实效评价，是判断教育价值与调整课程设计策略的重要依据，培养目标在某种程度上为课程评价规定了标准。因此，人才培养目标体系在纵向上包括了学校本科人才培养目标定位、学院（系）专业人才培养目标定位以及具体细化的课程目标和学习目标。

人才培养目标体系的确定是一项具有创造性的工作，而非教育目的向培养目标的简单推衍。自泰勒在《课程与教学的基本原理》中将学习者的需要、当代社会生活的需要、学科发展的需要并列为培养目标设计的三个基本依据之后，将这三个方面作为课程设计的目标维度逐渐得到普遍的认同。不同的教育价值观对于这三个方面的不同侧重，分别形成了以学习者的需要为优先目标的课程设计、以社会发展的需要为优先目标的课程设计、以学科发展的需要为优先目标的课程设计，而这些都是针对具体某门课程的编制设计而言。从本书第四章关于课程地图多重价值的内涵分析可以看出，社会需求价值、学科知识价值、个人发展价值、文化传承价值共同构成了课程地图的价值取向结构，其中社会需求价值是前提性的、学科知识价值是条件性的、个人发展价值是目的性的、文化传承价值是内隐性的，不同时期、不同利益主体则会强调课程地图价值取向的不同侧重点和维度。由于影响课程价值取向的因素是多元的和不断变化的，其影响的作用是综合性的，影响程度是非均衡性的，从而使得课程地图的价值结构也呈现出多元化、动态化的特征。由于文化传承价值取向内隐于课程体系设计的全过程，故从需求分析入手明确人才培养目标体系可以从以下三个方面展开：

1.社会发展需要分析。学习者不仅生活于学校中，而且生活于社会中，学习者个体的发展总是与社会的发展紧紧地交织在一起。社会发展的需要包括空间与时间两个维度的需求。就空间维度而言，社会发展的需要是指学习者生活的社会空间，从一个社区到一个民族、一个国家乃至整个人类的发展的需要；就时间维度而言，不仅是指社会发展的当下需要，而且包括社会生活的发展趋势和未来的需要。学校教育在实现传承、保存、创新文化的文化功能，传播与维护具有政治意义的主导意识形态的政治功能，培养适应和促进当代经济发展人才的经济功能等过程中，将地方范畴与国家范畴甚至国际范畴的社会发展需要统一起来，将社会发展的现实需要与未来的社会发展的远景需要统一起来，是将社会发展需要作为培养目标设计的依据时所应思考的重要问题。人才培养目标定位的社会发展需求分析一般从以下几个方面展开：一是基于"构建人类命运共同体"理念关于"地球村"村民基本素质和能力的认识和理解。二是国家对高校人才培养目标的基本要求，如我国《国家中长期教育发展规划纲要》提出，"牢固确立人才培养在高校工作中的中心地位，着力培养信念执着、品德优良、知识丰富、本领过硬的高素质专门人才和拔尖创新人才"。三是高校自身发展定位，如办学定位为"建设具有世界一流水平的社会主义综合性大学"的高校，其人才培养目标定位为"着眼国家民族未来，培养具有人文情怀、科学精神、国际视野、专业素质的领袖人才"；而办学定位为"建设综合性、有特色、研究型世界知名高水平大学"的高校，其人才培养目标为"培养具有良好的人文与科学素养、宽厚的专业基础、开阔的国际视野、勇于实践的创新型高级专门人才"。四是社会职业标准及岗位要求，如根据经济社会发展需求，某一职业或岗位标准一般要求从业者除具备责任关怀、沟通整合、学习创新等核心能力和素质外，还要具备符合职业标准的专门素质和能力。

2.学科发展需要分析。学科是人类对通过经验而获得的一切知识的归纳和总结从而形成的知识的逻辑体系，是知识的主要支柱。通过学校课程学习学科知识，是学习者由自然人发展为文化人的主要途径，是学科知识得以传承和创新的主要途径，同时还是推动社会文明和进步的主要途径。课程论专家泰勒曾经指出学科知识的价值体现于两个方面：一方面是指向学科本身的创造与发现；另一方面是指向学科知识的运用，满足个人和社会发展的需求，这是学科的工具价值。但泰勒过分地强调了学科的工具价值而忽视了学科本身发展的需要作为培养目标依据的意义。根据当下的文化价值观，将学科发展确定为培养目标的来源，需要合理地认识以下几个方面的问题：一是，知识的价值是什么？知识的存在是为了理解世界还是控制世界？人类创造知识是为了提升生活的意义还是为了满足自身的功利需求？二是，什么知识最有价值？当斯宾塞于19世纪提出这一问题时，答案是"科学知识最有价值"。这是科学主义世界观与功利主义课程观的具体体现。然而，一个多世纪的事实证明，科学主义是酿成现代性危机的主要根源，人文知识的价值日益受到人们的关注。人们认识到，最有价值的知识是使生活意义得以提升、个人获得自由解放、社会不断臻于民主公正的知识，这种知识是科学精神与人文精神的统一。因此，作为培养目标设计来源的知识是应当融合了科学精神与人文精神的知识。三是，谁的知识最有价值？在科学主义大行其道的时代，科学知识被认为是价值中立的、是客观真理的化身，而时至今日，人们意识到任何知识都是价值负载的，都反映着某种意识形态，即使是自然科学知识也是某一历史时期某一科学共同体信念的反映，它执行着意识形态的功能。所以当将学科知识作为培养目标设计的来源时，有必要审视这种知识是否能够维护社会公平、是否能够推进社会民主。

3.个人发展需要分析。学习者个人的发展需要主要体现在两个方面：一是学习者作为"人"的身心全面发展的需要。促进学习者身心的全面发展是课程的一个基本职能。对学习者的兴趣和需求、认知发展和情感形成、社会过程和个性养成等各方面的研究对于培养目标的设计都具有重要的价值。学习者随着自身的发展，其需求是不断变化、不断生成、不断提升的，因此，这种身心发展的需要既具有时间性的差异，又具有个体性的差异。可见，确定学习者需要的培养目标既应尊重学习者身心发展的具体阶段的特殊性，又应尊重学习者个体间的差异性。二是学习者个人作为国家或社会未来建设者的需要。课程一方面担负着把人类认识世界和发现世界的经验的结晶传递给一代又一代年轻人的责任，另一方面又发挥着培养国家与社会未来的建设者的职能。就这一点而言，学习者的需要与社会发展的需要是紧密地联系在一起的，是实现个人价值和社会价值相统一的集中体现。高校关于学习者个人发展需要的分析一般采取问卷调查或访谈的方式，既可以在历届毕业生中进行问卷调查或访谈，也可以在在校学生中开展问卷调查或集中访谈。

（二）确定学生核心能力指标体系

核心能力衍生于培养目标，是学生在毕业时应达到（具有）的职业与专业成就的能力与知识，即面对未来社会环境与就业应具有的关键、必要的知识、技术、态度、价值观和人格。核心能力分为一般能力（generic competencies）与学科专业能力（special competencies）。一般能力是指完成各项工作必须具备的一些基本能力，例如：分析与综合理解、学习与解决问题、知识应用、随机应变、信息管理、自主工作、团队合作、组织计划、口头与书面沟通等能力。学科专业能力是从事专业工作应具有的专业知识与能力。学习成果导向的教学对学生学习成果有明确的要求，学习成果既是教学的起点也是学生能力达成的终点。在终点衡量学生培养目标的实现程度时，需要学生将学习过程中内化于心的知识、素质和能力外显为其核心能力。依据人才培养目标体系确定学生核心能力指标体系可以从三个基本方面展开：

1.解读学生核心能力的基本内涵。高校学生核心能力的描述一般从协作力、学习力、责任力、执行力、专业力、发展力等方面展开，大多表述较为概括、笼统。如某师范大学将学校本科人才培养的核心能力定位为着力培养学生的人文情怀、国际视野、系统思维、批判性创新思维和信息化应用能力，又如某职业技术大学将本科人才培养的核心能力定位为沟通整合、学习创新、责任关怀、问题解决、专业技能和职业素养等六个基本方面。构建学生核心能力指标体系的首要任务是解读学生核心能力的基本内涵，找准课程体系设计与课程教学的切入点。协作能力的内涵一般包括具备有效沟通、团队协作、跨界整合的能力等，其切入点应为"倾听"；学习创新能力的内涵一般包括具备学会学习、信息处理、创新创作的能力，其切入点应为"作业"；责任关怀能力的内涵一般包括具备责任承担、社会关怀、人文涵养的能力，其切入点应为"爱心"；问题解决能力的内涵一般包括具备发现问题、分析问题、解决问题的能力，其切入点应为"思考"；专业技能的内涵一般包括具备掌握技术、运用技能、岗位管理的能力，其切入点应为"应用"；职业素养的内涵一般包括具备遵守规范、忠诚职业、适应变迁的能力，其切入点应为"敬业"。

2.分配学生核心能力指标的权重。根据学生核心能力基本内涵的解读，按照每一项核心能力在专业能力培养和素质通识教育中的重要程度，采取统计平均法，填写专业核心能力及能力指标内涵侧重分析表，为核心能力及能力指标权重分配提供原则性参考。在此基础上，召开核心能力权重分配会议，采取问卷调查和头脑风暴法，组织教师对核心能力的内涵进行认真研究评议，结合学校办学定位、办学特色、人才培养目标定位以及办学传统、资源优势等因素对学生核心能力及能力指标的权重进行分析，以形成专业人才培养目标与核心能力对应表（如表7-5所示）。在这一环节，通过反复认真的研究评议，既充分发挥了教师的专业主权，又使每一位教师明确自己所授课程在整个课程体系中所占比重，以及自己对实现人才培养目标的贡献度。再次，根据课程教学目标与专业能力指标的对应关系，运用课程权重计算方法计算出课程预设单项能力指标权重，课程负责人根据专业培养目标及课程性质对课程权重进行微调，以形成专业课程与专业核心能力权重对应表（如表7-6所示）。依据专业人才培养目标，根据课程能力指标权重统计表及专业能力权重分配表所反映出的数据，对课程能力指标权重进行分析。分析单项能力指标的权重，获得预设单项能力指标与实际能力指标的差异，寻找卓越之处、落差之处、重叠之处、改进部分及发展部分。

表7-5 专业人才培养目标与核心能力对应表

人才培养目标 对应的专业核心能力	人才培养目标分解（1）	人才培养目标分解（2）	……（自行添加）
专业核心能力1			
专业核心能力2			
专业核心能力3			
……（自行添加）			

表7-6 专业课程与专业核心能力权重对应表

专业核心能力权重 专业课程列表	专业核心能力1	专业核心能力2	……（自行添加）
课程1	30%		70%
课程2			
课程3			
……（自行添加）			

3.细化学生核心能力的毕业标准。学生核心能力指标权重在课程体系设计的具体过程中还要细化为学生毕业的具体标准，以作为课程设置和学生学习成果测评的依据。在这一环节，除了重点细化课程学习标准之外，还根据能力指标和相关要求提出一些专门的毕业标准。如我国规定了大学生体质测试指标，并明确要求学生凡达不到国家规定等级的，不得获得毕业资格。为此，学校在课程教学过程中要以体能训练或以俱乐部形式开展体育训练互动，以辅助学生达到相关标准。在我国，师范大学师范类专业的毕业生普通话水平要达到国家

规定的达标及证书考试要求，凡达不到规定等次或不能取得合格毕业证书的，不能获得毕业资格；师范类专业毕业还必须获得相应的教师资格证书，方可在基础教育一线从事教学工作。

（三）构建基于学习成果的课程体系

学生核心能力指标能否在课程规划、单元课程设计、教学设计、教学活动中落实，是教育教学活动是否达到预期成效的关键。美国学者康拉德概括出了围绕能力培养进行课程体系设计的三个关键要素：一是明确阐述具有可操作性和可评价性的能力培养目标及要求；二是对于目标中的每一项能力，确定能够帮助学生达到要求的相应课程和教学环境，以此构建课程体系；三是给出评价这些能力达到某种程度的标准和评价过程。[1]高校在进行课程体系设计和规划课程时，应以学生核心能力及能力指标为核心，按"自顶向下"原则来规划课程，按照校、院、系、教师的次序由上到下规划课程体系及课程内容，校级课程规划着重培养学生的"软能力"，规划通识课程、素质课程，院级规划专业平台课，系级规划专业核心课程，教师规划单元课程内容。在这一环节中，学校、学院、系以及专业教师等不同层面工作的统筹协调，一般应由学校设立的课程委员会或课程审查委员会来完成，该委员会的主要职责是在学校统一领导下，负责课程资源建设、规划、指导、咨询、评审等工作，特别是审定学校课程体系，建立以学生为中心、以学习成果为导向的课程准入机制。

1.规划课程体系结构。为落实人才培养目标，学校应从课程结构的整体视角规划出可以系统引导学生修课方向的课程体系。一般而言，高校课程规划可从培养学生广泛基础知识的"广度课程群"以及建立学生专业能力的"专业课程群"两个维度进行课程体系结构规划。广度课程群包括：文理通识课程群、学科通识课程群；专业课程群包括：专业基础课程群、专业核心课程群、专长领域课程群。其中专业基础课程群是指适应某职业领域或行业工作所必备的基本知识和基本技能的课程集合，旨在为学生学习专业核心课程夯实基础；专业核心课程群是对本专业培养目标起关键作用，直接影响甚至决定学生的基础理论水平、专业发展能力和综合素质的重要课程的集合。专业核心课程群中课程的规划应考虑学生的广泛就业、转换职业、多元发展需求。专长领域课程群是

---

① Clifton F Conrad, *The Undergraduate Curriculum：A Guide to Innovation and Refom*（Colorado：Westview Press，1978），p.37.

针对学生毕业后的职业去向所开设的课程集合，以满足学生个人职业规划的需求。

2.形成课程设置结构图。在完成课程体系结构规划的基础上，一般由学校教学工作委员会组织开展具体课程设置工作，课程设置要遵循"纵向课程体系连贯、横向课程内容统一"的原则，强化核心能力、能力考标与课程的关联，认真分析所设置课程对学生能力培养的作用，建立课程与能力关联矩阵表（如表7-7所示）。通过矩阵表可以清晰看出设置课程与能力培养间的"多不多，少不少"关系，处理好一种能力将由几门课程来培养的问题，必要时应以核心能力、能力指标培养为基础整合课程。在具体操作过程中，基于成果导向的课程设置模式往往遵循"从出口往回找"的思路，注重学生"出口"能力培养，以形成学习的知识模块及学习路径图，清晰体现学生的发展方向。如图7-3所示，某大学在汉语言文学专业的课程设置过程中，"出口"为中学语文教师的，专业方向课程强烈要求设置语文教材研究、语文教学研究方法等；"出口"为企业文秘的，专业方向课程强烈要求设置艺术市场管理概论、文学概论、修辞学等；"出口"为考研的，专业方向课程强烈要求设置哲学导论、文字学、音韵学；"出口"为出国学习的，专业方向课程则强烈要求设置语言文化、汉英语言比较等。

表7-7　核心能力与课程对应关系

课程	能力1	能力2	能力3	能力4	……
课程1	●				
课程2		●		●	
……					

3.明确课程类别及学分要求。学生核心能力指标是确定教学内容的依据，教学内容是实现核心能力的支撑。完成课程设置后，要明确每门课程的具体类别及学分修读要求（如表7-8所示）。其中通识课程的具体类别包括了通识基础课程、通识核心课程、通识拓展课程，专业课程的具体类别包括了专业基础课程、专业核心课程和专业方向课程。课程的修读属性包括了必修课程与选修课程。课程类别及学分修读要求为学生制订个人学业修读计划、自助选择修读课

程、明晰职业生涯发展规划提供了自主选择空间。

表7-8 课程类别及学分要求表

课程类别	具体分类	修读属性	学分数	占总学分百分比
通识课程	通识基础课程	必修		
	通识核心课程	限制性必修		
	通识拓展课程	跨学科选修		
专业课程	专业基础课程	必修		
		选修		
	专业核心课程	必修		
	专业方向课程	必修		
		选修		
实践教学	实践教学	必修		
总学分				

　　当然，每门课程的修读学分要求要通过编写教学大纲完成，首先应明确本门课程对哪几条核心能力指标有贡献，然后在兼顾知识完整性前提下逐条确定与之相对应的教学内容，最终确定教学时数，进而明确修读学分要求。课程类别的划分及修读学分要求应围绕人才培养目标，适应深化学分制改革需要，打破课程之间的壁垒，构建由必修课、限选课和任选课相结合，有利于学科交叉与融合的课程体系；减少必修学分，大幅度提高选修课的数量以及选修课学分占总学分的比例，适应经济、科技、社会发展以及人才培养需要；科学设置课程学分，以便为学生提供符合时代需要的课程体系和课程设置。这些理念和做法都要集中体现"以学生的学习和发展为中心"的核心要义。

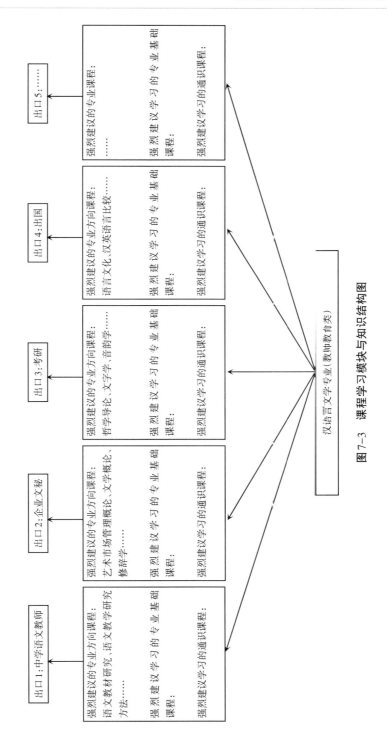

图7-3　课程学习模块与知识结构图

（四）课程教学评价及课程体系整合优化

基于成果导向课程体系的课程教学评价应聚焦在学生学习成果上，而不是在教学内容、教学时间、学习方式上。评价一般"采用多元和梯次的评价标准，评价强调达成学习成果的内涵和个人的学习进步，不强调学生之间的比较。根据每个学生能达到教育要求的程度，赋予从不熟练到优秀不同的评定等级，进行针对性评价，通过对学生学习状态的明确掌握，为学校和教师改进教学提供参考"。[①]构建一个具有较高可信度和可操作性的基于学习成果导向的课程评价体系，以确保学生能力培养落到实处，这是高校本科教学改革的重点。依据课程教与学的评价结果对课程体系进行整合优化的基本思路是（如图7-4所示）：（1）从检视课程内容与教学方法入手，按照"纵向联结、横向统整"的要求，就课程目标与学生核心能力、课程结构与教学内容、教学内容与课程学习成果、课程内涵与能力指标体系之间的适应度和匹配度进行分析，核心是合理界定每一门课程在整个课程体系中的地位和作用，从而明确每一门课程对实现学生核心能力培养的贡献度和支撑度。（2）依据课程内容与方法的检视结果，一般从校级核心能力、专业核心能力、通识教育核心能力三个层面重新审视核心能力权重分类重点，分析调整核心能力权重。（3）依据核心能力权重调整形成课程结构建议方案，重点明确课程体系的卓越之处、落差之处、重叠之处以及需要改进的部分、需要发展的部分。（4）依据课程调整建议方案，从课程目标修订、课程内容统整、开课顺序调整、发展新课程、完善课程结构等方面对课程体系进行整合优化。[②]

课程教学评价的起点应该是对有关方面评价要求的"回应"，[③]考试是课程教学评价的重要手段之一。然而，长期以来我国高校形成的考试制度却并不利于学生的核心能力培养，主要表现为：（1）考试形式单一。闭卷考试多，开卷考试少；笔试方式多，口试与答辩考试少；理论考试多，操作技能与实践能力考查少。（2）考试内容局限。侧重于知识记忆，综合性、分析论述等主观性考题较少，缺少内容及形式设计上的创新。（3）评价方法缺乏科学性。考试成绩

---

① 李志义、朱泓、刘志军、夏远景：《用成果导向教育理念引导高等工程教育教学改革》，《高等工程教育研究》2014年第2期。

② 金忠伟、朱丽华：《成果导向课程结构调整路径研究》，《职教论坛》2016年第12期。

③ 高有华：《大学课程基本问题研究》，江苏大学出版社，2010，第249页。

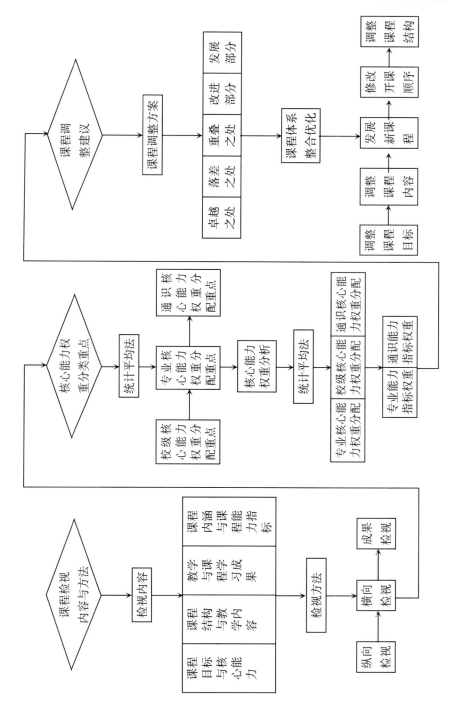

图7-4 基于学习成果课程体系设计框架下课程体系整合优化历程图

只以分数为依据，导致学生只重分数不重能力。[1]本书认为，在基于学习成果导向课程体系设计框架下，改变知识评价为能力评价应该成为高校本科教学课程评价的重要趋势。坚持以学生的学习和发展为中心，依据课程教学评价结果整合优化课程体系，进而实现学生的核心能力培养目标，最根本的就是要改革传统的课程评价方式，重视对学生获取能力的考核与评价，为不同类型的能力制定相应的操作标准和评价方法，形成一个相对完整、全面、体现能力本位的课程教学评价体系。一是要明确能力评价标准。考试标准要与课程的能力培养目标相一致，这种一致性程度越高，则学生能力培养的效果就会越好。在考核评价标准的设置上，应增加侧重学生探究、解决问题的程序以及对解决问题过程的考评要求。二是要丰富考试形式。根据课程特点灵活应用闭卷考试、开卷考试、口试、成果性考试（如综合文献调研报告、课程设计、作品展示等）等不同的形式，以充分发挥不同测试形式在学生核心能力培养中的优势和作用。三是采用多元考核方法。"采取定性和定量相结合的方法，综合结果性考核与过程性考核，相对全面客观准确评价学生的学习效果。"[2]要将结果性评价和过程性评价相结合，利用分阶段考核将评价活动通过作业、课堂讨论、课堂测验等方式贯穿于整个教学过程中，引导学生的学习向核心能力培养的方向发展。而且，大数据时代的大数据思维方式使得过程性评价的可能性和科学性加强，因为以互联网作为载体，各式电脑和移动终端无时无刻不在记录人的思考、决策和行为，大数据有能力关注每个评价对象的微观表现。[3]四是开放性考试命题与柔性化评分标准相结合。考试命题要注重考查学生综合分析、解决问题的能力，鼓励创造性思维，体现开放性。考试评分标准要鼓励学生自己研究和实践得出的有创意并言之有理的答案，使学生在考试过程中成为一个与教师平等对话的个体，为独立思考和能力培养提供空间。

　　基于学习成果导向的课程体系设计框架下，课程体系的整合优化课遵循了向下设计和以学生为中心的基础原则，在形成课程理念、确定课程目标、选择课程内容后，有组织、有计划地将课程内容转化为学生的学习经验，并将学习

---

① 薛松梅、李树雯：《以能力和素质为导向的考试改革探索与实践》，《教育探索》2009年第1期。

② 陈飞：《应用型本科教育课程调整与改革研究》，博士学位论文，华东师范大学，2014。

③ 张燕南、赵中建：《大数据时代思维方式对教育的启示》，《教育发展研究》2013年第9期。

经验序列化、整合化、连续化形成有机的课程结构的过程，是检视并调整现有课程卓越之处、落差之处、重叠之处、可改进部分和可发展部分的历程。从课程现代化理论的视角来看，这一历程集中彰显了课程地图实现课程统整、优化课程体系的核心要义；从系统动力学的视角来看，这一历程集中体现了课程地图的编制是一个不断修订完善的动态过程，课程体系诸要素的相互作用构成了这个动态系统的内动力，而课程体系支撑实现人才培养目标以适应社会经济发展需要的相互作用构成了这个系统的外动力，内外动力共同构成了这个系统的动态平衡。

三、基于课程地图的高校学分互认机制创新

从高校学分互认机制的国际比较与实践探索来看，高校间学分互认的最基本诉求就是实现以"学习者"为中心，就其学习成果在时间与空间上的自由转移，从而围绕学习者的一生实现教育体系的有机融合与无缝对接。从课程地图理论内涵、价值分析以及课程地图与高校学分互认机制创新内涵的适切性来看，高校间学分互认机制创新的前提是教育理念的更新，关键是构建能够相互衔接和转换的整体课程体系，其基本原则是"课程体系相当、课程实质对等"。从国内外实践经验的启示借鉴和针对我国高校学分互认实践探索中存在的主要问题反思来看，高校间学分互认机制创新在操作层面主要包括高校合作育人机制、课程体系构建机制、学分转换操作机制、学分互认制度保障机制等方面。

（一）高校合作育人机制创新

1.树立开放办学的思想。开放性是高等教育发展的一个重要特征。高校之间合作育人要秉承开放办学的思想，就国内高校之间而言，要克服一定程度上存在的"校本位"观念，坚持资源共享、优势互补、合作双赢的原则，以有利于学生成长成才为根本，积极创造条件促进学生的交流学习。就中外高校合作办学而言，要顺应教育国际化潮流，坚持"扩大规模、提高层次、规范管理、保证质量、强化特色"的原则，积极学习借鉴国外高水平大学的课程体系，增加有利于提高学生国际理解能力和跨文化交流能力的课程。在推进开放办学过程中，要牢牢把握高校合作育人应以学生为本，关注学生在交流学习过程中真正获得的知识和能力，从而关注学生在校际交流学习期间所获得学分的"实质"。换言之，知识和能力是合作育人的"质"，是高校之间创新合作育人机制

的关键，学分是"量"，是一种教学管理的手段和方式。

2.践行高校课程地图理念。课程地图在理论上是课程时序图、课程结构图、课程分析图的总称，是包含了人才培养目标、课程设置（课程名称、学时学分、开课顺序）、学习成果分类与评价等核心要素的概念体系。一是课程地图作为一种课程体系设计工具，集中体现了以学生为中心的教育理念、学习成果导向的教育理念和能力本位的理念，这些理念贯穿于课程体系设计和实施的全过程，并以相对清晰明了的课程结构图或时序图呈现。二是课程地图更多针对专业而言，围绕的是人才培养的本体性功能，重点不是强调学科知识的完整性。课程地图一般围绕某一本科的人才培养，从学生核心能力培养目标分析入手，展开课程体系设计，并按照综合价值取向需求对课程结构予以调整优化，以确保人才培养目标的实现。当然，在课程体系设计（或课程地图编制）过程中，课程设置所体现的综合价值取向需求包括了社会、个人和学科知识等多方面的价值需求，集中回答了三个方面的基本问题：学生究竟要通过课程的教与学获得什么？具备什么样的素质和能力才会真正成为社会有用之人，从而实现个人价值与社会价值的统一？如何评价或判断前两个问题之间的统一性？三是课程地图本质上是课程体系的设计理念与方法，不针对具体课程的编制，但课程编制原理对课程体系的设计有同样的遵循价值。正如台湾学者王嘉陵指出的，高等教育课程地图表征一种课程设置秩序，当我们深入去检视课程地图的做法时会发现，它其实符合了泰勒在《课程与教学的基本原理》中提到的四个主要问题：【目标】学校应达成哪些教育目标？【设计】需要提供哪些教育经验，以达成所订的目标？【范围与顺序】这些教育经验如何能有效地加以组织？【评鉴】我们要如何确定这些目标是否已经达成？

3.建立高校学分互认合作联盟。学分互认机制需要高校之间的合作和协调。高校通过签署合作协议、共建共享课程、互选课程等方式提供教材资源和教学工具，以满足学生的多样化需求，使教育资源真正达到共享、学分真正做到互认、学生真正得到发展。在国内高校合作育人方面，高校间可以在专业互修、跨校选课、互相承认学分、促进优势互补的基础上，基于精品开放课程资源建设及在线学习平台建设情况，以课程资源建设为基础，以跨校修读学分为手段，设立专项经费，通过奖励资助等方式引导激励学生在线学习跨校修读学分。在中外高校合作办学方面，我国高校要根据国家中外合作办学条例，制定《国际教育合作联合培养学生项目实施办法》《学生出国（境）资助办法》《学生赴国（境）交流学习学分管理办法》等制度，设立学生出国（境）专项经费，鼓励学生出国（境）学习，努力让更多的学生在校期间就能通过留学、游学、访学、短期交流、国际交换生计划、国际学术会议、海外实习以及假期文化交流与实践项目等，实现求学经历的国际化，为学生将来成为具有全球视野和国际竞争力的人才打下坚实基础。同时，要在进一步深化大学英语教学改革的基础上，设立专项资金，通过组建"雅思课程教学团队"、选派教师接受雅思课程教学能力及考试技能专业培训等方式，为提高学生英语水平、帮助学生顺利通过出国类语言考试创造良好条件。在各类评奖评优中，对具有海外学习经历的学生，同等条件下予以优先。

（二）课程体系构建机制创新

1.重视课程设置与学生核心能力培养的匹配度。强调课程设置与学生核心能力培养的匹配度（或响应度），是美国、英国、加拿大和我国台湾地区高校在课程体系设计上的共同特点。如美国杜克大学"课程2000"计划强调课程体系不是课程的简单汇总，而是对多种学习体验与学习序列选择的组织，注重学生对课程的整体选择与个性选择、知识广度与知识深度的结合，从而确保本科生能够共享多种教育体验。哈佛大学通识教育课程体系改革的关键在于学校内部的DNA与外部的时代需要是否匹配。特别是第五次通识教育课程体系改革在整体知识观的指导下，注重课程的完整性，注重根据社会和科学、技术的发展及时调整课程内容，强调体验式和探究式的课程学习，以培养学生完整地理解、认识和适应现实世界的能力。英国高校应用型本科专业的人才培养都必须响应和满足行业需求的能力标准，注重在校期间使学生获得分析和解决实际问题的基本能力，如英国拉夫堡大学、里丁大学等高校在课程体系设计过程中对于核心能力的层次要求较高，与之相应的专业课程所占学时/学分的比例较大，对于强制性能力和可选择能力的层次要求相对较低，与之相对应的基础课程和选修课程所占学时/学分的比例较小；各平台课程学时/学分均应达到一定比例，其中技术类平台课程大多是各类能力要求的基础，故对技术平台课程的学时/学分应有最基本的保证，即所占学时/学分应较多。加拿大亚岗昆学院将学校良好的就业率在很大程度上归功于其围绕国家要求和市场需要、以基本就业能力培养为导向而设计的科学动态的通识教育课程体系。台中教育大学课程地图的特色与目的在于：提供各系所学生在校期间，可参考学校设计以基本素养与核心能力为导向的教学内容，了解相关职务所需之工作能力与各系所所开课程的相关性，学生在建构自己的学习计划时，可以了解到学校课程与生涯目标间的关联性，充分掌握必修课程、选修课程与职业生涯规划的互动关系，规划自己在毕业前应该修习的专门课程和通识课程。

2.体现课程地图的实施是一个持续改进的动态过程。从美国、英国、加拿大和我国台湾地区高校课程体系设计过程来看，高校课程地图的实施是一个课程检视的过程，检视中发现的各种问题成为调整课程结构、修正课程内容的重要依据。如美国迈阿密大学零售专业课程地图的形成过程，完整体现了课程体系的系统设计模式的两个阶段：在完成理想化课程体系的基础上，统筹考虑各种要素进行可行性调整完善，最终形成操作化的课程体系。迈阿密大学在零售专业课程体系从理想化转向可行化或可操作化阶段的过程中，充分考虑了教学质量评估要求、学分限制、财政和人员的限制以及现行课程体系的效果等因素。台湾东华大学的课程地图在实施过程中，将基于质量控制的 PDCA 现代企业质量管理理念引入到教育领域，对学生、教师、院系和学校等涉及教学活动的每一个环节都进行全方位的质量管控，将课程、教学目标和学生核心能力融合成评鉴的完整体系，彼此环环相扣，从整体上保证对教学质量的监控。

3.彰显课程体系设计的逆向谋划、正向实施思路。从美国、英国、加拿大和我国台湾地区高校课程体系设计、实施过程来看，都体现了逆向谋划、正向组织实施的基本思路。在课程体系设计阶段，从基本的社会发展、个人发展和学科知识传承创新等综合需求的素质和能力分析入手，明确将学习结果分类，并以此为依据设计课程结构、设置具体课程，建立具体课程与能力素质之间的匹配关系，完善课程教与学的考核评价体系，检核学生学习成果是否支撑实现了人才培养目标；在课程体系的实施阶段，围绕实现人才培养目标开展课程的教与学，在教学过程中不断调整课程结构、完善课程内容、改进教学方式方法，并依据课程与培养目标的匹配度测评学习成果，对照综合需求分析培养目标的达成度。如台湾大学确立的教育目标是培育具备健全品格、坚实学问、社会关怀与全球视野的社会中坚及领导人才，以增进人类福祉。依据学校教育目标，期待毕业生能够具备下列十项基本素养：（1）独立思考与创新；（2）专业知能；（3）道德思辨与实践；（4）身心健康管理；（5）履行公民责任；（6）人文关怀；

（7）沟通表达与团队合作；（8）国际视野；（9）了解尊重多元文化；（10）美感品味。这十项基本素养中，学校要求专业系所提供之课程应达成学生"专业知能"的培养，另外其他九项基本素养，除了借由学校通识课程的规划与实施来达成，亦可透过专业系所提供的正式课程、潜在课程，或是非属课程的校园活动，营造有助于培养学生基本素养的学习环境，并形成属于台湾大学的校园文化。

（三）学分转换操作机制创新

在高校学分转换或学分互认的具体操作层面，学分互认的规则一般为①：（1）等量互换。课程与课程之间的各个要素对比均一致，则这两门课程可以相互替代，采取等量互换。（2）当量互换。A课程只涵盖了B课程的部分内容，A、B两门课程之间存在着部分与整体的关系，则可以采取当量互换，互换学分均需乘以一定的比例系数。（3）打包互换。某高校（或某一种教育形式）的两门或两门以上课程合并才与另一高校（或另一种教育形式）的一门课程相当，则两门或两门以上课程打包后才能互换另一门课程的学分。学分互认与转换过程中的课程比对一般考查课程类别、教学内容、教学目标、教学实施、文字教材和考核方式等六个要素，这六个要素在一定程度上决定了课程的教学质量和学生的学习效果。每个要素的互认标准应考虑：（1）课程类别——在专业课程体系中所处地位相当；（2）教学内容——所涉及的专业知识内容在广度和深度上相同或部分相同；（3）教学目标——要求学生所掌握的专业知识和技能，运用专业知识于实践的能力等方面基本目标指向一致；（4）教学实施——教学过程基本吻合；（5）文字材料——教学内容的呈现方式基本一致；（6）考核方式——考核要求学生识记、理解、应用三个层次的内容、难易程度、命题原则、知识覆盖面等基本一致。在课程比对的前提下，学分认定与转换的具体程序如下：

1.学生赴国（境）外学习的课程学分认定与转换。课程成绩与学分认定范围既包括所在经学校批准赴国（境）外大学参加本校与国（境）外大学交流或合作培养本科生项目的学生，在学习期间所修读的各类课程成绩及学分，同时也包括学生因个人需要赴国（境）外大学学习，在学习期间所获得的各类课程

---

① 王国川：《高职教育与网络教育专业（课程）之间学分互认探索》，《高教探索》2014年第6期。

成绩及学分。

课程成绩与学分认定程序一般是：

（1）学生向学籍所在高校教务部门提出在国（境）外大学学习期间所取得的各科成绩的认定及转换申请。

（2）学生所在二级学院依据国（境）外大学提供的学生课程成绩与学分清单（原件），提出本校对应课程的成绩与学分。转换后的课程成绩单应明确列出与本校对应课程的课程名称、课程编码、成绩等级、学分数以及课程类型（专业必修、专业选修、公共必修、公共选修）等信息。

（3）教务部门会同国际合作交流部门对转换后的课程成绩单进行最终审核，审核通过后予以认可，安排记载、录入课程成绩并存档。

课程成绩与学分认定原则一般是：

（1）百分制或五级制成绩对等转换为百分制或五级制成绩。其中，A+与A−均视为A，其余类推。五级制成绩需换算为百分制成绩时，其换算标准如下：A=90分，B=80分，C=70分，D=60分，E或F=50分。"通过"或"合格"对应为"合格"。

（2）国（境）外大学提供的课程学分，原则上以学分总数对等予以认定。

（3）在国（境）外大学的专业实习（见习、实践考察）学分，可根据所参加专业实习（见习、实践考察）的实习计划、实习时间、实习日志、实习总结以及实习单位或指导教师的实习鉴定等有关材料，参照本校实习实践学分标准予以认定。

2.学生在国内高校所修课程学分认定与转换。学生赴国内高校交流学习期间应认真学习专业知识，按接收高校要求听课学习、参加考试、完成作业与论文。交流学习一学年的，原则应修读30～40学分的课程；交流学习一学期的，原则上应修读15～20学分的课程。课程成绩与学分认定程序一般是：

（1）交换生返校后，根据接收高校提供的成绩单，兑换认定成绩和学分。本人填写《交换生学分及成绩认定申请表》，提交所在学院审核。

（2）学院将初审合格后的《交换生学分及成绩认定申请表》统一交至学校教务部门审定。申请表中转换后的课程成绩单应明确列出与本校对应课程的课程名称、课程编码、成绩等级、学分数以及课程类型（专业必修、专业选修、公共必修、公共选修）等信息。

（3）教务部门会同学生所在学院对转换后的课程成绩单进行最终审核，审核通过后予以认可，安排记载、录入课程成绩并存档。课程成绩及学分一般按以下方式转换和认定：百分制或五级制成绩对等转换为百分制或五级制成绩。其中，A+与A–均视为A，其余类推。五级制成绩换算为百分制成绩时，其换算标准如下：A=90分，B=80分，C=70分，D=60分，E或F=50分。"通过"或"合格"对应为"合格"。课程学分按派出学校学分总数对等的原则予以认定。专业实习（见习、实践考察）学分，可根据实习计划、实习时间、实习日志、实习总结以及实习单位或指导教师的实习鉴定等相关材料，参照接收高校实习实践学分标准予以认定。

（四）学分互认制度保障机制创新

1.完善与学分制相适应的教学管理制度

学分制的完善发展是推动高校学分互认机制创新的基础。一是优化教学计划。学分制下的教学计划应该是富有弹性的指导性的教学计划，它是在保证学习质量和专业特色的前提下，给予学生较大选择空间，从而有利于学生自主学习，有利于实施因材施教，有利于培养多层次、多规格的人才[1]。二是完善学生选课制度。选课制是学分制的核心和基础，是允许学生在一定范围内自主选择专业、课程、教师、授课时间、修读方式和自主安排学习进程的一种教学制度。要建立完善基于课程地图理念的课程体系，为学生提供足够可选的高质量课程。三是完善本科生导师制度。要建立和完善本科生导师制，需要对导师的任职要求、配备、工作职责、工作考核以及组织领导和管理等方面做出明确具体的规定[2]。四是完善学业预警制度。通过学业预警制度，督促学生修正学业行为、改善学业状态；提供给教育管理者更为综合、立体的学生学业状态，从而更有针对性地开展学生工作；让家长及时了解学生情况，参与到对学生的教育管理工作中，形成教育合力；通过数据挖掘，深入分析学生学习过程中各环节的客观规律和发展趋势，为教育管理决策提供依据。五是改革课程考试制度。探索体现全面性、整体性、系统性、个性化、成长性、多元化的课程考核方式，注重课程理论考核与实践考核相结合、基础性与创新性相结合、集中制与分散制相

---

① 姚军：《我国普通高校实施学分制的障碍与对策》，《江苏高教》2011年第1期。
② 钟金霞：《我国高校学分制改革的政策分析及思考》，硕士学位论文，国防科技大学，2004。

结合、考核结果与改进相结合、课内与课外相结合①，既考核学生学到的知识又考核学生运用所学知识解决实际问题的能力。六是完善学籍管理制度。支持高校根据实际情况建立并实行灵活的学习制度，鼓励学生辅修本校其他专业或跨校修读课程。七是完善教学质量监控制度。要建立完善以教学管理规章制度为主，涵盖人才培养方案、课堂教学规范、实践教学、教学改革、教学研究、教学组织建设、教学评价等各个方面的教学质量监控制度，并在此基础上培育高校以学生为中心、体现成果导向、持续改进理念的教学质量文化。

2.加强学分互认系列制度建设

高校学分互认机制的制度保障主要包括高校合作办学框架协议、高校学分制管理办法、课程体系建设办法、学分互认与转换信息管理系统、学分互认与转换操作程序、教学质量评估与监督体系等方面的教学管理制度。基于课程地图视角审视当前我国高校学分互认工作中存在的问题，在学分互认制度保障机制创新方面需要重点做好以下几个方面的工作：

一是制定基于共同课程编码的学分指标体系。从实践层面来看，我国高校之间的学分制管理差异很大，有的高校实行学年制，有的实行学年学分制，有的正朝完全学分制过渡；从学分设置看，有的把17课时定为1学分，有的把16学时或15课时定为1学分。各学校规定学生每学期至少需修学分数及至多能修学分数也不尽相同。我国需要逐级建立国家专门机构，负责基于共同课程编码的学分指标体系的制定、验证、协调和实施，全面考察和研究国内外重点或特色高校的课程和学分设置，制定操作规范的学分指标体系。就共同课程编码而言，"在课程编码系统中，教师保持对课程编码过程的集体监督。他们是课程开发、建立课程等值标准的主要力量。教师通过教授会的课程委员会机制，负责实际课程内容评估，确保经过批准的课程具有较高的学术质量。一旦经过教授会评估、确认，形成可以接受的课程之后，这门课程就称为编码课程。所有经过教授会审定的等值课程，编撰成一个共同编码课程目录，不管学生在哪所大学或社区学院学习，只要是共同课程目录中具有同一课程编码的课程，都可以直接在合作高校之间实现学分互认"②。基于共同课程编码的学分标准体系，"其核心要素是将性质相近的专业视为一个整体，提炼其所需的共

---

① 魏颖：《新时代深化高校课程考核改革的思考》，《教育教学论坛》2022年第17期。

② 徐来群：《普通高校学分互认的四种模式及其特点分析》，《高教探索》2022年第6期。

同知识和技能"①。在高等教育国际化背景下，要推动构建国际化的课程结构，实施动态监控，确保学分指标体系的国际性、更新的及时性和针对不同学校的相对公平性。

二是加强数字化学分互认平台建设。当前，运用互联网、人工智能等现代信息技术进行教与学互动的新型教育方式已经成为教育服务的重要组成部分。高校要通过建立跨学校、跨地区、跨领域的数字化学分认证平台，利用网络将信息集中处理，以确保学分的准确记录和传递，实现学分的无缝转移和认证。要支持国内高校建立与学分制改革和弹性学习相适应的管理制度，加强校际学分互认与转化实践，在完善学分标准体系基础上逐步健全线上学分互认机制。充分利用现代信息技术，搭建高校间教育教学资源共享平台、学分互认的管理与咨询服务平台、学分认定与转换的简易操作平台，健全标准化的信息服务制度，为高校学分互认创建一个成熟、规范的服务体系。在江西省普通高校学分制改革试点工作中，参与学分互认试点高校的学生登录江西省高校学分互认管理信息系统进行网上选课，按要求参加课程学习，并通过课程考试后方能取得成绩和相应学分。除通识课学分可互认外，与人才培养方案中课程名称相同或相近，且教学内容相似率达到80%以上的专业课程也能实现互认。江西省教育厅研制开发的高校学分互认管理信息系统，能够为搭建全国普通高校学分互认管理与咨询服务平台提供经验借鉴。根据国内省（市）高校学分互认系统的运行实践，高校"学分互认管理信息系统不是一所高校可以独立完成的，应由系统内所有高校共同提供信息并定期（或及时）更新，其主要内容包括：学分相互认定的内容和课程结构；学分互换相关管理规定；学生选课指南；校际互选课程的课程简介及任课教师情况；各参与高校学分互换业务管理机构和负责人等"②。

三是加大高校间学分互认的经费保障。一方面存在着不同高校之间教学水平、教学管理模式以及教学体系方面不可否认的差别，另一方面学费的流失对高校而言也是制约其学分互认的一个重要因素。学分互认是为了沟通各种教育形式与不同教学管理模式之间的学习成果，高校间却因为学费收入的减少而影

① 杨晨、顾凤佳：《国外学分互认与转移的探索及启示》，《现代远距离教育》2011年第4期。

② 吴宏元、郑晓齐：《学分互换：高校教学联盟与合作的有效途径》，《教育发展研究》2006年第7期。

响促进学生交流、实现学分互认的积极性。因此，要积极探索政府对高校的办学经费补偿机制，在一定程度上调动高校对学分互认的积极性。

四是加大对学分互认工作的融通力度。鼓励支持同区域、同层次高等学校，按照自愿原则，采用协议、联盟等方式，通过课程互选互认、开设公共课、学生交流、联合培养等多种形式，科学简化课程认定程序，合理扩大课程认定范围，进行学分认定和转换，促进职业教育、普通教育、继续教育的学习成果融通、互认。在我国高等教育国际交流与合作的过程中，持续完善学位体系改革，建立与国际学位结构互认的资格体系，完善以学生学习结果为核心的学分互认机制；通过深化学分互认、学位互授，持续推进与国外大学之间的联合培养，实现国际教育与合作的深度发展与融合，努力提升国际高等教育合作的水平和质量。积极推进优质教学资源共建共享，引导更多的师生参与到学分互认工作中来，为构建完善具有中国特色的高校学分互认机制创造良好的氛围。

3.需要处理好四个基本关系

一是处理好课程教学活动与生活世界之间的关系。课程的教与学对于教师和学生来说是他们生活世界的主要内容，是教师和学生在教学活动中非主题性的、奠基性的、主观的、直观的存在，是教师和学生将课程教与学作为其生命存在的展现的过程。从课程规划的视角来审视，课程地图理念在实践中让教师和学生成为课程教学生活世界的主体，让教师协同参与课程规划、促进专业发展，以"地图"形式为学生课程学习提供方便，促进每一位学生"成长为自己的样子"。从课程统整的视角来审视，课程地图理念在实践中注重不同学科课程之间知识的横向链接、从课程设置上力求提升学校教育的全面性，注重目标导向和学习成果本位，提升学校教育在人才培养方面的适切性。从课程管理的微观视角来审视，相对于高校传统的人才培养方案、教学计划或课程大纲而言，课程地图理念对人才培养目标、学生核心能力、课程设置之间关系的深入分析和动态把握，是其在实践中彰显教育活动实践性与情境性的独特优势。

二是处理好通识教育与专业教育之间的关系。通识教育秉承"完人"的教育理念，被认为是扩展大学生知识综合运用能力的有效培养方式。哈佛红皮书将"通识教育"定义为"首先将学生教育成为民主社会中负责的人和公民的那一种教育"，认为通识教育的目的是培养具有社会责任感和全面发展的公民。通识教育往往贯穿于大学课程教与学的全过程，旨在培养学生宽阔的视野，并为其专业学习奠定坚实的基础。专业教育是指培养在一个专门领域从事某一职业或岗位的专门人才的教育，其课程设置与职业标准要求有很大的关联度。可以说，通识教育是专业教育的基础和延伸，专业教育是对通识教育的深化。目前我国大陆高校普遍坚持通识教育基础上的专业教育思想。从课程设置的视角简单理解，通识教育课程体系是全校学生或某一专业学生都要修读的课程，而专业教育课程体系仅要求某一专业的学生修读。

三是处理好必修课程与选修课程之间的关系。必修课程与选修课程是高校课程分类的一种方式，其中必修课程指高校中学习某一专业的学生必须修习的课程，通常包括公共课、基础课和专业课等；选修课程是对必修课程的补充，可供学生根据自己的职业生涯规划或学习兴趣需要自行选择。就课程地图理念下的课程体系设计而言，必修课程的设置要确保与学生核心能力匹配，确保人才培养目标的实现度；选修课程更多体现为扩大学生的学习自主权，学生可以通过选修课程充分实现个性发展，以便成长为自己的样子。

四是处理好教师与学生之间的关系。教师和学生在教育教学过程中结成的相互关系，包括了彼此所处的地位、作用和相互对待的态度等。和谐的师生关系是提升课程教学质量的重要保证，也是课程实施效果评价的重要方面。教育关系是师生关系中最基本的表现形式，也是师生关系的核心。一般来说，在教育活动中，教师是促进者、组织者和研究者，而学生一般是参与者、学习者，同时又是学习的主人和自我教育的主体。师生之间不仅有正式的教育关系，还有因情感的交往和交流而形成的心理关系，这种关系能把师生双方联结在一定的情感氛围和体验中，实现情感信息的传递和交流。师生关系也表现为一种鲜明的伦理关系，这种关系处于师生关系体系中的最高层次，对其他关系形式具有约束和规范作用。比如学生的道德观念有很大一部分是从教师那里直接获得的，教师会潜移默化地对学生施以道德方面的影响。在课程地图实践过程中，既要保证充分发挥教师的专业自主权，又要保证学生的学习自主权；既要体现以学生为中心的教育理念，又要防止"学生至上主义"的泛滥；既要发挥好教师在课程教学过程中的主导作用，又要发挥好学生在课程学习过程中的主体作用。

四、关于高校学分互认机制创新的政策建议

（一）通过国家层面的相关法律法规，为高校间学分互认提供政策支持

建议国家以立法形式，确保学分互认在我国高等教育领域内的合法性发展。具体操作方式可以适当借鉴韩国《终身教育法》或者日本《学校教育法》的一些内容，用专门的法律条款确立高校间学分互认的合法性[①]。高校依据国家法律法规，建立学分互认框架，构建学分互认机制，制定相关保障制度，明确学分互认的原则、标准和程序，对学分进行统一标准管理，确保学分互认的公平性和准确性。

（二）成立专门的组织机构指导协调高校间学分互认

学分互认在范围上应涉及各种类型的教育机构，涉及普通高等教育、职业教育、成人教育等各个领域的学习者，单靠某一所或几所大学的联合协议，难以建成覆盖范围更广的、具有相对独立性的协调机构。成立专门的组织机构，以开展深度调查各高校、各类利益相关者的诉求，进而从"课程体系相当、课程实质对等"的原则出发制定出覆盖范围更大的学分互认政策，以真正实现教育教学资源共享，促进教师和学生的流动和终身学习社会建设。这个专门的组织机构是构建高校之间学分互认机制的核心部分，须由参与学分互认的每一所高校的相关专家、教学管理人员组成，可以听取每所合作院校的意见，综合各高校的学科优势，以便于保证政策制定的专业性、合理性。该专门机构应该有相应的行政权力和研究水平，能够指导和协调各层级、各类型高校间的学分互认，同时能够对高校间学分互认过程进行质量监控。在高校学分互认的具体工作实践中，该专门机构还应做好前期统筹调研，完善相关工作制度，实时跟踪发展动态，根据新情况、新问题及时改进学分互认机制运行模式[②]。

（三）在高校中分步骤、分批次试行推广学分银行制度

在终身学习理念指导下建立的学分银行，可以被认为是学习成果的认证管理中心、终身学习的档案库和学分转换的服务平台。学分银行具有第三方认定机构的先天优势和适切性，通过对课程平台和课程的质量评价认定，可以为学

---

① 殷双绪、姚文建:《我国高等教育领域学分互认的典型案例分析及启示》,《中国远程教育》2012年第12期。

② 赵倩:《学分互认区域比较与重庆策略选择》,《成人教育》2018年第11期。

习者防范学习风险提供保护，也可以为共享共建课程、节约学分互认成本发挥重要作用①。多年来，我国在学分银行建设方面进行了积极探索，积累了一定的经验和运行机制研究成果。特别是对于实现慕课学分和高校课程学分的相互认定转换，吸引高等教育系统外的学习者参与学习，推动高校学生跨校选修外校优质课程，学分银行制度是一种可行的、合理的选择②。在具体实践层面，学分银行作为推进慕课与高校课程学分互认的载体和平台，与不同院校与慕课平台之间两两签订学分互认协议相比较，可以大幅度提高学分互认的覆盖面和转换效率③。

（四）研制系统规范的学分互认标准与流程制度

高校间学分互认只有从个案的尝试走向带有普遍性的制度建设时，其功能才能真正发挥出来。虽然我国部分高校间已经尝试做了一些积极探索，但健全的学分互认标准还未发展起来。根据国家比较的经验借鉴和国内高校间学分互认的主要模式分析，学分互认最终是以学习成果的等价性为前提的。也就是说，只有当学分互认的两门课程在学习时间、学习内容、考核评价等方面相等或类似时，学分互认才可能实现。在研制学分互认标准方面需坚持课程地图理念，以整体思维来设计各类高校的"框架课程"以及与其相适应配套的"桥梁"课程，在具体操作层面可适当借鉴欧盟的高等教育资格框架和韩国的标准化课程体系，研究制定适合我国教育实践的终身教育资格框架以及在此框架下的学分互认标准。同时还需要结合我国高校学生入学与学籍管理制度的实际情况，制定学分互认的相关流程与具体操作制度，以保证学分互认的可靠性和可信度。

① 刘红良：《大规模网络开放课程（MOOC）与学分银行制度对接探索》，《现代教育技术》2014年第10期。

② 孙淑萍：《基于MOOC的我国"学分银行"系统设计研究》，《成人教育》2015年第6期。

③ 厉毅：《基于学分银行的慕课学分互认探索》，《成人教育》2020年第9期。

参考文献

一、著作类

［1］弗兰斯·F.范富格特.国际高等教育政策比较研究［M］.杭州：浙江教育出版社，2001.

［2］菲利普·G.阿特巴赫.比较高等教育：知识、大学与发展［M］.北京：人民教育出版社，2001.

［3］麦克·杨.未来的课程［M］.谢维和，王晓阳，译.上海：华东师范大学出版社，2003.

［4］Heidi Hayes Jacobs.课程地图：统整课程与幼稚园到十二年级的评量［M］.卢美贵，谢美惠，许明珠，等译.台北：心理出版社，2006.

［5］Heidi Hayes Jacobs.课程地图：展现实践成果与行思［M］.卢美贵，薛晓华，等译.台北：心理出版社，2008.

［6］罗伯特·M.戴尔蒙德.课程与课程体系的设计与评价实用指南［M］.黄小苹，译.杭州：浙江大学出版社，2006.

［7］贝磊，鲍勃，梅森.比较教育研究路径与方法［M］.李梅主，译.北京：北京大学出版社，2010.

［8］德雷克·博克.回归大学之道：第2版［M］.侯定凯，梁爽，陈琼琼，译.上海：华东师范大学出版社，2012.

［9］哈瑞·刘易斯.失去灵魂的卓越：第2版［M］.侯定凯，等译.上海：华东师范大学出版社，2012.

［10］约翰·塞林.美国高等教育史：第2版［M］.北京：北京大学出版社，2014.

［11］格兰·琼斯.加拿大高等教育——不同体系与不同视角（扩展板）［M］.林

荣日,译.福州:福建教育出版社,2007.

[12]布尔迪厄,华康德.反思社会学导引[M].李猛,李康,译.北京:商务印书馆,2015.

[13]王承绪.比较教育学史[M].北京:人民教育出版社,1999.

[14]薛理银,顾明远.比较教育导论——教育与国家发展[M].北京:人民教育出版社,1998.

[15]陈时见.比较教育学[M].重庆:西南师范大学出版社,2012.

[16]靳玉乐.探寻课程世界的意义——课程理论的构建与课程实践的慎思[M].北京:北京师范大学出版社,2014.

[17]潘洪建.致知与致思:课程改革的知识论透视[M].济南:山东教育出版社,2015.

[18]王鉴.课程教学与基本原理[M].北京:人民教育出版社,2014.

[19]何克抗.信息技术与课程整合[M].北京:高等教育出版社,2007.

[20]刘旭东.现代课程的价值取向研究[M].兰州:甘肃教育出版社,2002.

[21]洪成文.现代教育知识论[M].太原:山西教育出版社,2004.

[22]王兆璟.改革开放以来教育研究的中国经验与自主性问题研究[M].北京:中国社会科学出版社,2014.

[23]王兆璟.西方民主教育政策研究[M].北京:民族出版社,2015.

[24]辛鸣.制度论:关于制度哲学的理论建构[M].北京:人民出版社,2005.

[25]李庆丰.大学课程知识选择的实践逻辑研究[M].北京:北京师范大学出版社,2014.

[26]唐德海.大学课程管理的理论与方法研究[M].北京:中国科学技术出版社,2002.

[27]朱晓刚.大学课程哲学——基于马克思主义实践哲学视域的探讨[M].青岛:中国海洋大学出版社,2012.

[28]胡弼成.大学课程体系现代化[M].长沙:湖南大学出版社,2007.

[29]常思亮.大学课程决策论[M].长沙:湖南大学出版社,2010.

[30]张红霞,吕林海,张志凤.大学课程与教学:原理与问题[M].北京:教育科学出版社,2015.

[31]高有华.大学课程基本问题研究[M].镇江:江苏大学出版社,2010.

［32］李海芬.普通高等院校本科基础课程研究［M］.杭州:浙江大学出版社,2008.

［33］万伟.课程的力量——学校课程规划、设计与实施［M］.上海:华东师范大学出版社,2017.

［34］侯立平.坚守与转向:文化转型与设计学课程设计的变革［M］.北京:清华大学出版社,2016.

［35］潘懋元.现代高等教育思想的演变［M］.广州:广东高等教育出版社,2008.

［36］何云峰,郭晓丽等.能力本位教育:地方农业院校的探索与实践［M］.北京:中国农业出版社,2016.

［37］严中华.国外职业教育核心理念解读——学习成果导向职业教育课程开发理论与实践［M］.北京:清华大学出版社,2017.

［38］于歆杰.以学生为中心的教与学——利用慕课资源实施翻转课堂的实践［M］.北京:高等教育出版社,2017.

［39］毛赞猷,朱良,周占鳌,韩雪培.新编地图学教程［M］.北京:高等教育出版社,2017.

［40］赵兴龙.“互联网+”教育:以学生为中心的教育变革［M］.北京:科学出版社,2017.

［41］张波,袁永根.系统思考和系统动力学的理论与实践——科学决策的思想、方法和工具［M］.北京:中国环境出版社出版,2010.

［42］冯苗.教育场域中的对话——基于教师视角的哲学解释学研究［M］.北京:教育科学出版社,2011.

［43］周勇.教育场域中的知识权力与精英学子［M］.北京:北京师范大学出版社,2010.

［44］王海东.学习成果认证制度研究［M］.北京:中国人民大学出版社,2017.

［45］蔡先金,宋尚桂.大学学分制的理论与实践［M］.青岛:中国海洋大学出版社,2006.

［46］郝克明.让学习伴随终身［M］.北京:高等教育出版社,2017.

［47］鄢小平.学分银行制度建设:模式选择与制度设计［M］.北京:中央广播电视大学出版社,2017.

［48］孙冬喆.通向终身学习的路径与机制——中国学分银行制度建设研究［M］.上海:华东师范大学出版社,2015.

［49］丁笑炯.边缘革命:中外合作办学对高等教育能力建设的影响［M］.上海:上海人民出版社,2019.

［50］韩艳梅.课程图谱［M］.上海:上海教育出版社,2019.

［51］洪俊,刘微.跨学科统整:国家课程的校本化实施［M］.上海:华东师范大学出版社,2020.

［52］KANDEL. Educational Yearbook New York, 1939［M］.New York: International Institute of Teachers College Columbia University, 1939.

［53］SUSAN DRAKE.Planning integrated curriculum:The call to adventure［M］. Alexandria, VA: Association for Supervision and Curriculum Development, 1993.

［54］JACOBS H H.Interdisciplinary Curriculun: Design and Implementation［M］. Alexandria, VA: Association for Supervision and Curriculum Developmen, 1989.

［55］HALE J A. A guide to Curriculum Mapping: planning, implementing, and sustaining the process［M］.Thousand Oaks, CA: Corwin press, 2008.

［56］HEIDI HAYES JACOBS. Mapping the Big Picture: Integrating Curriculum and Assessment K－12［M］.Alexandria, VA: Association for Suppervision and Curriculum Development, 1997.

［57］HEIDI HAYES JACOBS.Getting Results with Curriculum Mapping［M］.Alexandria, VA: Association for Suppervision and Curriculum Development, 2004.

［58］KALLICK B, COLOSIMO J.Using Curriculum Mapping and assessment data to improvelearning［M］.Thousand Oaks, CA: Corwin press. 2008.

［59］SUSAN UDELHOFEN. Keys to curriculum Mapping: Strategies and Tools to Make It Work［M］. Thousand Oaks, CA: Corwin press, 2005.

［60］TUCHMAN GLASS K. Curriculum Mapping: A step-by-step guide for creating curriculum year overviews［M］. Thousand Oaks, CA: Corwin Press, 2007.

［61］HALE J. A guide to curriculum mapping: planning, implementing, and sustaining the process［M］. Thousand Oaks, CA: Corwin Press, 2008.

二、学术期刊类

[1]Timothy G Willett,梅人朗.加拿大和英国医学院校的课程地图[J].复旦教育论坛,2010:90-93.

[2]袁利平.基于科际整合研究的比较教育方法论发展[J].比较教育研究,2015(8):1-5.

[3]胡赤弟.高等教育中的利益相关者分析[J].教育研究,2005(3):38-46.

[4]董文娜,巩建闽.课程地图是什么[J].教育发展研究,2014(17):56-64.

[5]巩建闽,萧蓓蕾.台湾高校课程地图对大陆课程地图发展的启示[J].中国高教研究,2014(5):105-110.

[6]柯晓玲.国外高校课程地图探析[J].高教探索,2012(1):59-62.

[7]王春梅,陆珂珂.质量视野中的台湾高校课程地图[J].复旦教育论坛,2014(3):78-82.

[8]季诚钧,张亚莉.高校课程地图的理念、要素与特征:基于台湾经验[J].中国高教研究,2015(12):78-81.

[9]李大字,朱群雄,李宏光.自动化专业课程地图的建设分析[J].国家教育行政学院学报,2012(8):38-42.

[10]李锋.课程标准与教学一致性构建:美国科罗拉多州经验[J].当代教育科学,2012(10):12-14.

[11]徐赟,马萍.欧洲大学质量文化建设:实践及启示[J].外国教育研究,2017(9):3-12.

[12]黄甫全.国外课程整合的发展走势及其启示[J].比较教育研究,1997(3):38-41.

[13]方润.高校教育中专业课程地图体系建设几点思考[J].教育教学论坛,2016(4):240-241.

[14]郭士清,庄宇,颜兵兵.基于成果导向与课程地图理念的高校课程规划探究[J].高教论坛,2016(1):60-63.

[15]巩建闽,萧蓓蕾,董文娜.框架模型:课程体系编制研究与实践的路径与方法[J].中国高教研究,2011(1):84-88.

[16]巩建闽,萧蓓蕾,董文娜.课程矩阵:一个课程体系设计分析框架探析[J].

高等工程教育研究,2014(6):178-184.

[17]王伟廉.高等学校课程编制理论建设的几个问题[J].江苏高教,2003 (5):38-41.

[18]黄继仁.课程地图的理论探源与实务应用:以十二年国教政策的课程实践为例[J].课程与教学,2014,17(3):85-118.

[19]卢美贵.课程地图在课程统整的应用——以嘉义大学附属幼儿园产学辅导为例[J].幼教研究汇刊,2008,2(1):1-28.

[20]彭韬,[德]底特利希·本纳.现代教育自身逻辑的问题史反思[J].北京大学教育评论,2017(3):109-122.

[21]黄海涛.美国高等教育中的"学生学习成果评估":内涵与特征[J].高等教育研究,2010(7):97-104.

[22]辛涛,李珍,姜宇,崇伟峰.美国教育标准化改革现状及其启示[J].清华大学教育研究,2011,32(6):69-75.

[23]刘彦军.地方本科高校转型发展模式研究[J].中国高教研究,2015(10):82-86.

[24]余国江.课程模块化:地方本科院校课程转型的路径探索[J].中国高教研究,2014(11):99-102.

[25]金忠伟,朱丽华.成果导向课程结构调整路径研究[J].职教论坛,2016(12):77-80.

[26]冯皓.高校专业设置、人才培养与市场需求间的错位研究[J].中国大学教学,2009(2):24-26.

[27]邹奇,孙鹤娟.困惑与超越:地方本科高校向应用型转型发展的路径选择[J].东北师范大学学报(哲学社会科学版),2017(3):167-171.

[28]车丽娜.论学校课程规划的基本向度[J].西北师范大学学报(社会科学版),2015(4):88-93.

[29]刘登辉,李凯.美国学校课程统整研究的进展与反思[J].外国教育研究,2017(10):73-85.

[30]李艾琳.基于课程地图的应用型人才培养体系构建——以人力资源管理专业为例[J].大学教育,2017(6):125-127.

[31]尚俊杰,曹培杰."互联网+"与高等教育改革——我国高等教育信息化发

展战略初探[J].北京大学教育评论,2017(1):173-182.

[32]赵蒙成,徐承萍.论比较教育研究范式的身体转向[J].比较教育研究,2017(12):15-22.

[33]陈鹏,肖龙.英国高中核心数学课程的缘起与运行框架[J].比较教育研究,2017(3):67-74.

[34]李春密,赵云赫.STEM相关学科课程整合模式国际比较研究[J].比较教育研究,2017(5):11-18.

[35]刘生全.论教育场域[J].北京大学教育评论,2006(4):78-91.

[36]马维娜.学校场域:一个关注弱势群体的新视角[J].南京师范大学学报(社会科学版),2003(2):64-70.

[37]吴刚平.课程资源的理论构想[J].教育研究,2001(9):59-63.

[38]胡弼成.高等学校课程体系的三种形态及其设计[J].大学教育科学,2007(1):23-27.

[39]赵中建,周蕾.作为一门学科的计算机科学——美国《K-12年级计算机科学框架》评述[J].全球教育展望,2017(4):52-66.

[40]俞婷婕,眭依凡.大学课程与人才培养——基于大学教学理性的思考[J].清华大学教育研究,2013(6):30-38.

[41]龚怡祖,陈万明.大学课程体系构造与大学课程资源配置[J].高等教育研究,2005(10):53-57.

[42]罗尧成,李利平.发达国家大学课程结构改革:背景、动向及启示[J].现代教育科学,2005(1):39-42.

[43]殷双绪,姚文建.我国高等教育领域学分互认的典型案例分析及启示[J].中国远程教育,2012(12):27-34.

[44]吴宏元,郑晓奇.学分互换:高校教学联盟与合作的有效途径[J].教育发展研究,2006(7):71-74.

[45]潘洁,翟红华.我国高校学分互认制度改革实践及推进策略研究[J].国家教育行政学院学报,2017(5):34-38.

[46]李芹,王雷震.南京高校校际学分互换探究——兼与上海比较[J].中国农业教育,2009(2):29-34.

[47]李联明.高等教育一体化进程中的欧洲学分转换系统[J].比较教育研

究,2002(10):27-30.

[48]杨黎明.从韩国学分累积制度看我国"学分银行"构建[J].上海教育,2008(3):61-64.

[49]郭翠,周晶晶.澳大利亚先前学习认证制度述评及对学分银行的启示[J].高等继续教育学报,2013(3):20-25.

[50]吴南中.学分认证机制的国际比较与中国模式选择[J].教育与职业,2017(17):12-18.

[51]袁松鹤.欧洲学分体系中ECTS和ECVET的分析与启示[J].中国远程教育,2011(5):30-39.

[52]白艳霞.欧洲学分转换系统运行机制、特征及对国内高等教育的启示[J].中国成人教育,2017(9):117-119.

[53]赵莹.荷兰终身学习成果认证、积累与转换制度研究[J].成人教育,2015(3):85-90.

[54]杨晨,顾凤佳.国外学分互认与转移的探索及启示[J].现代远距离教育,2011(4):9-14.

[55]陈静,王瑜.美国高校学分互认的实施途径与发展特征[J].现代教育科学,2014(1):138-142.

[56]陈静,曹春芳.美国高校学分转换保障体系述评[J].现代教育管理,2016(7):110-114.

[57]邱萍,刘丹.美国大学学分转换模式新探——以三所美国公立大学为例[J].比较教育研究,2012(11):39-43.

[58]米红,李国仓.美国大学与社区学院学分互认机制研究——以北卡罗莱纳州为例[J].比较教育研究,2007(10):46-49.

[59]陈斌.加拿大后中等学校学分转移实践发展研究[J].高教探索,2015(6):45-51.

[60]赵笤婷,徐明.加拿大高等教育学分累积与转移制度探析[J].外国教育研究,2015(12):67-68.

[61]胡夏楠,王亮.加拿大学分转移机制及其启示[J].开放学习研究,2018(2):36-42.

[62]谭兵,胡蓉.韩国高等教育学分银行制探析[J].开放学习研究,2009

（12）：65-68.

[63]陈晶晶,陈龙根.韩国学分银行制及其对我国构建完全学分制的启示[J].高等农业教育,2010(8):88-92.

[64]王涛涛.韩国终身教育体系的学习账户制探析[J].成人教育,2011(8):125-128.

[65]奇永花.韩国终身教育的发展与实务运作[J].成人教育,2009(3):10-16.

[66]徐辉.欧洲"博洛尼亚进程"的目标、内容及其影响[J].教育研究,2010(4):94-98.

[67]费坚.学分互换:价值探寻、实践反思与改进策略[J].教育发展研究,2014(21):30-35.

[68]王海东.我国学习成果认证制度探索与自学考试制度创新[J].中国高教研究,2015(8):57-61.

[69][英]安东尼·约翰·维克斯.欧洲学分互认体系——一个转换和积累体系[J].开放教育研究,2012(1):33-35.

[70]刘海涛.欧洲和北美高校学分转换体系的实践与思考[J].外国教育研究,2016(12):106-115.

[71]李长华.推进欧洲高等教育一体化的博洛尼亚进程[J].外国教育研究,2005(4):69-72.

[72]赵卫平,李颖.欧洲学分转换系统:从单一功能到双重功能的转变[J].外国教育研究,2004(10):31-34.

[73]杨彬.美国社区学院转学教育功能研究[J].外国教育研究,2004(3):73-76.

[74]邱萍,刘丹.美国大学学分转换模式新探[J].比较教育研究,2012(11):39-43.

[75]贾萍,方惠圻,王琳.中外高校学分互认比较研究[J].当代教育论坛(综合研究),2010(4):121-123.

[76]陈新忠,李忠云,胡瑞."以学生为中心"的本科教育实践误区及引导原则[J].中国高教研究,2012(11):57-63.

[77]刘献君.论"以学生为中心"[J].高等教育研究,2012(8):1-6.

[78]王国川.高职教育与网络教育专业(课程)之间学分互认探索[J].高教探

索,2014(6):148-151.

[79]李志义,朱泓,刘志军,夏远景.用成果导向教育理念引导高等工程教育教学改革[J].高等工程教育研究,2014(2):29-34.

[80]赵倩.学分互认区域比较与重庆策略选择[J].成人教育,2018(11):88-93.

[81]厉毅.基于学分银行的慕课学分互认探索[J].成人教育,2020(9):87-93.

[82]魏颖.新时代深化高校课程考核改革的思考[J].教育教学论坛,2022(17):93-96.

[83]徐来群.普通高校学分互认的四种模式及其特点分析[J].高教探索,2022(6):79-87.

[84]孟俊贞,杨建坡,高亚伟.智慧教育时代高校"1+X"学分互认机制构建与实践[J].河南教育(高等教育),2023(11):49-51.

[85]金明珠.课程地图的基本内涵、组织形态与绘制路径[J].上海教育研究,2023(2):6-11.

[86]郭玉婷,邬大光.重新认识学分制和绩点制的本质和功能[J].教育发展研究,2024(23):1-9.

[87]苑津山,张傲冲,吴亚雯.中国高校学分制高阶探赜:学分制调控功能的立意、变迁与时代因应[J].江苏高教,2022(5):73-80.

[88]徐晨盈.课程地图的意义和绘制程序[J].上海教育科研,2019(2):77-82.

[89]高芳祎,余亚东.运用课程地图提升课程思政实施质量:路径与条件[J].化工高等教育,2024(4):116-125.

[90]高书同.世界教育强国的形成与发展——以英、法、德、美为例[J].教育研究,2023(2):15-29.

[91]林金辉,周洵瑛,甘甜.教育强国背景下中外合作办学提升高等教育国际影响力策略研究[J].高等教育管理,2024(3):1-10.

[92]黄敏.政策工具视角下中外合作办学政策变迁与发展走向[J].高等理科教育,2024(1):104-113.

[93]陆静如,郭强.教育强国背景下中外合作办学机构的态势特征与发展路向[J].当代教育论坛,2024(6):1-10.

[94]丁晓彤,陈红丽,王青,等.澳门与内地合作共育学分互认项目的实践路

径及优化机制探索[J].中华护理教育,2024(12):1421-1426.

[95]UCHIYAMA K P, RADIN J L. Curriculum mapping in higher education: a vehicle for collaboration[J]. Innovative Higher Education,2009,33(4):67-75.

[96]DELGATY L.Curriculummapping:Are you thinking what I'm thinking? A visual comparison of standardized, prescriptive programmes[J]. Annual Review of Education Communication & Language Sciences,2009,6:35-58.

[97]LEON BENADE. A Critical Review of Curriculum Mapping: Implications for the Development of an Ethical Teacher Professionality [J]. New Zealand Journal of Teacher's Work,2008,5(2):93-104.

[98]SUMSION J, GOODFELLOW J. Identifying generic skills through curriculum mapping: A critical evaluation[J]. Higher Education Research & Development, 2004, 23(3), 329-346.

[99]BRITTON M, LETASSY N, MEDINA M S, ET AL. A curriculum review mapping process supported by an electronic database system [J].American journal of pharmaceutical education, 2008, 72(5):29-43.

[100]EISENBERG M.Microcomputer-Based Curriculum Mapping: A Data Management 83 Approach [J].Presented at the Mid-Year Meeting of the American Society for Information Science,1984(10):20-23.

[101]HERBOLD J.Curriculum Mapping and Research-Based Practice:Helping Students Find the Path to Full Potential[J].New Directions in Deaf Education,2012, 13:40-43.

[102]JACOBS H H. Connecting curriculum mapping and technology[J].Curriculum Technology Quarterly,2003,12(3): 1-8.

[103]KELLEY K A, MCAULEY J W, WALLACE L J, ET AL. Curriculum mapping: process and product [J]. American journal of pharmaceutical education,2008, 72(5):29-43.

[104]KOPPANG A. Curriculum Mapping Building Collaboration and Communication [J]. Intervention in School and Clinic,2004, 39(3): 154-161.

[105] LIU M, WROBBEL D, BLANKSON I. Rethinking program assessment through the use of program alignment mapping techmque[J].Communication Teacher,

2010,24(4): 238-246.

[106]PERKINS GOUGH D.Creating a timely curriculum: A conversation with Heidi Hayes Jacobs[J].Educational Leadership,2004,61(4): 12-17.

[107]PLAZA C M, DRAUGALIS J L R,SLACK M K,ET AL.Curriculum mapping in program assessment and evaluation[J].American Journal of Pharamaceutical Education,2007,71(2):20.

[108]RAHIMI A,BORUJENI SAMES HANI A R N,ET AL.Curriculummapping: a strategy for effective participation of faculty members in curriculum development[J]. Procedia-Social and Behavioral Sciences,2010,9: 2069-2073.

[109]ROWLEY J,DUNBAR-HALL R. Curriculum Mapping and Portfolios: Embedding a New Teachnology in Music Teacher Preparation [J].Australian Journal of Music Education,2012(1): 22-31.

[110]SPENCER D,RIDDLE M,KNEWSTUBB B.Curriculum mapping to embed graduate capabilities[J].Higher Education Research & Development,2012,31(2): 217-231.

[111]SUMSION J, GOODFELLOW J. Identifying generic skills through curriculum mapping: a critical evaluation[J]. Higher Education Research & Development, 2004,23(3): 329-346.

[112]VELTRI N F, WEBB H W,MATVEEV A G,ET AL.Curriculum mapping as a tool for continuous improvement of IS curriculum [J].Journal of Information Systems Educations,2011,22(1): 31.

[113]RUTLAND J D,SMITH A M.Information needs of the "frontline"publice health workforce[J].Publice health,2010,124(11):659-663.

[114]JENNER D, HILL A, GREENACRE J, ET AL. Developing the publice health intelligence workforce in the UK[J].Publice health,2010,124(11):248-252.

[115]SPADY W G,MARSHALL K J.Beyond traditional outcome-based education [J].Education Leadership,1991,49(2):67-72.

[116]TREVOR HUSSEY, PATRICK SMITH.Learning Outcomes: a Conceptual Analysis[J].Teaching in Higher Eduation,2008(1):107-115.

[117]HELEN S JOYNER. Curriculum Mapping: A Method to Assess and Refine

Undergraduate Degree Programs[J].Journal of Food Science Education,2016(15):83.

[118]SHEN A J.How to toward more effectively Implement of OBE[J].Jounal of LEEDS,2015(3):26.

[119]UCHIYAMA K P, RADIN J L. Curriculum mapping in higher education: a vehicle for collaboration[J]. Innovative Higher Education,2009,33(4):271-280.

[120]SUMSION J, GOODFELLOW J. Identifying generic skills through curriculum mapping: A critical evaluation[J]. Higher Education Research & Development, 2004,23(3):329-346.

[121]BASIM A-J, HAZIM A-A.Curriculum assessment as a direct tool in ABET outcomesassessment in a chemical engineering programme[J]. Eueopean Journal of Engineering Education,2010,35(5):489-505.

[122]WANG C L. Mapping or tracing? Rethinking curriculum mapping in higher education[J].Studies in Higher Education, 2015,40(9):11-17.

三、学位论文类

[1]郭德红.20世纪美国大学课程思想演变[D].河北大学博士论文,2005.

[2]巩建闽.高校专业课程体系编制研究[D].北京大学博士论文,2008.

[3]林子琪.20世纪90年代以来美国研究型大学本科课程体系研究[D].浙江师范大学硕士论文,2010.

[4]肖婕."以学习者为中心"的大学课程设计研究[D].华东师范大学硕士论文,2011.

[5]刘春香.美国基于共同标准的课程改革:策略与启发[D].华东师范大学博士论文,2014.

[6]陈飞.应用型本科教育课程调整与改革研究[D].华东师范大学博士论文,2015.

[7]曹鑫.基础教育阶段课程地图的理论与应用研究[D].华东师范大学硕士论文,2015.

[8]胡弼成.高等学校课程体系现代化研究[D].厦门大学博士论文,2004.

[9]李娜.校际学分互认系统的设计与实现[D].华中师范大学硕士论文,2007.

［10］徐跃.学分互换研究——以湖南省高校为例［D］.湖南大学硕士论文，2009.

［11］唐令辉.广西高等学校学分互认机制研究［D］.广西大学硕士论文，2011.

［12］叶芳君.韩国终身教育研究［D］.台湾师范大学硕士论文，2011.

［13］郭晓颖.高校课程地图的开发和应用研究［D］.福建师范大学硕士论文，2019.

［14］毛天颂.黑龙江高等学校学分互认研究［D］.东北农业大学硕士论文，2020.

［15］金明珠.课程地图应用于跨学科课程开发的行动研究［D］.华东师范大学硕士论文，2023.

［16］季童.场域理论视角下高等学校学分互认研究［D］.曲阜师范大学硕士论文，2024.

后　记

2018年6月，我在导师王兆璟教授的悉心指导下完成了博士学位论文《课程地图研究》。博士学习期间，在王老师的鼓励关心和精心指导下，获批教育部人文社会科学研究青年基金项目"基于课程地图的高等学校学分互认机制创新研究"，并于2019年9月顺利结项。本书是基于博士学位论文关于课程地图的研究，对该项目研究报告进一步修改完善而成的。

在本书即将付梓之际，我要特别感谢导师王兆璟教授对我多年来的鼓励、关心和指导！在学术研究的道路上，王老师一次次的鼓励关心和悉心指导给了我不懈努力的动力，王老师严谨求实的治学态度、开阔的视野和敏锐的思维给了我深深的启迪并将使我受益终生。感谢西北师范大学教育学院王嘉毅教授、万明钢教授、王鉴教授、刘旭东教授、张学强教授、姜峰教授、赵明仁教授、安富海教授、李泽林教授在我博士学习期间的精心授课和给予的悉心教诲！感谢远在美国的马元春同学，帮我搜集和邮寄了大量的外文资料。感谢西北师范大学教务处、党委组织部、办公室的各位领导和同事的关心帮助！感谢所有关心、帮助和支持我的朋友们！在本书写作过程中，参考了大量的著作和文章，许多学者的研究成果及写作思路给了我很大的启发，在此向所有参考文献的作者表示由衷的感谢！感谢我的家人对我的大力支持，他们的无私奉献和默默付出使我能够轻装上阵、逐梦而行。本书得以顺利出版，还要感谢陇东学院科技处张占军教授、天水师范学院教育学院闫文军副教授的关心和帮助！

由于本人水平有限以及研究的局限性，书中难免存在不完善与不精确之处，恳请不吝赐教，我将虚心接受并在今后学习中不断努力改进。

肖福赟

二〇二五年二月